Jor B. de Rocilly

V. 2706/I

25360

Remarques curieuses sur L'art de bien Chanter Et particulierement pour ce qui Regarde Le Chant François Par le sieur B.D.B.

TRAITÉ
DE LA
METHODE,
OU
ART DE BIEN CHANTER,

Par le moyen duquel on peut en peu de temps se perfectionner dans cet Art, & qui comprend toutes les Remarques curieuses que l'on y peut faire.

A PARIS,
Chez GUILLAUME DE LUYNE, au Palais, dans la Salle des Merciers, à la Iustice.
Et vis-à-vis la Croix des Petits Champs, chez vn Chandelier.

M. DC. LXXI.
AVEC PRIVILEGE DV ROY.

AVANT-PROPOS.

IL y a long-temps que je balance à donner au Public ces Remarques sur le Chant François, & quand j'en ay demandé auis à plusieurs rien n'a esté si different que les réponses que l'on m'en a faites. Les vns m'ont dit que c'estoit rendre publique vne connoissance qui m'estoit particuliere en instruisant des Maistres de l'Art qui d'ailleurs en seroient méconnoissans. Les autres tout au contraire m'en ont voulu dissuader en me disant que l'on n'y trouueroit pas de grandes lumieres pour le chant, qui consiste purement dans la pratique, & qu'à l'égard du François la pluspart des Maistres mesmes y estoient si grossiers faute d'auoir esté instruits de jeunesse dans les Lettres, qu'à peine sçauent-ils ce que c'est que *syllabe* ; que *consone* ; que *voyelle* ; que *pluriel* & *singulier*, que *masculin* & *feminin*. Les autres enfin m'en ont voulu détourner par l'apprehension des Critiques qui se

AVANT-PROPOS.

preparent de longue-main à fronder contre vn Ouurage qui traite de choses dont on ne s'est jamais auisé de traiter, soit en établissant des Regles de quantité qu'ils croyent estre purement *chimeriques*, soit en pretendant montrer le Chant par des Regles, & dogmatizer sur vn Art qui comme j'ay dit consiste entierement dans la Pratique.

Apres auoir bien examiné ces raisons j'ay resolu de passer outre, & sans auoir égard ny à l'ignorance incurable des vns, ny à l'ingratitude incorrigible des autres, ny à l'enuie & la censure des Critiques; l'ay suiuy le conseil de plusieurs Persónes de merite & de capacité qui ont pris plaisir à m'entendre parler sur ce qui est contenu dans ce Liure, & m'ont toûjours reproché le retardement que j'apportois à mettre au jour vn Ouurage, qui peut auoir quelque consideration par sa nouueauté (je veux dire par la raison que personne n'a jamais traité de cette matiere) si ce n'est par son excellence.

Ce qui me console dans la Critique que l'on pourra faire de ce Liure (quand ce ne seroit que par la raison que toutes les nouueautez ont peine à trouuer d'abord

AVANT-PROPOS.

de l'approbation, & que l'Enuie & la Presomption regne si fort parmy les gens de Musique, qu'ils ne peuuent souffrir qu'on leur donne des instructions; c'est que je la preuoy, & que je suis persuadé de toutes les objections que l'on me peut faire, & cette preuoyance fait qu'elles ne me seront pas si redoutables ny si fascheuses.

Ie ne doute point que l'on ne die *que le Chant ne s'apprend point par les liures; que ce n'est rien de donner des preceptes si l'on ne les sçait mettre en pratique; & que tel parle du Chant qui ne le sçait pas executer, & qu'ainsi il n'en est pas pour cela plus à estimer; Que ceux qui ont le goust bon sçauent assez la quantité des syllabes sans Regles lesquelles sont mesme souuent imaginaires; Que ces Regles ne font que gesner les Esprits qui seront desormais contraints de s'attacher à des longues & des bréfues pour quitter les belles Pensées, & les belles Expressions lors qu'il sera question de faire des Paroles aprés les Airs.*

Qu'enfin la pluspart des choses contenuës dans ce liure sont contestables, & que s'il y a des veritez elles sont si pal-

AVANT-PROPOS.

pables qu'elles sont connuës mesme des plus grossiers dans le Chant, & qu'elles se sentent assez bien qu'on ne puisse pas en rendre raison ny en discourir.

Pour répondre à tous ces discours d'ignorance ou d'enuie, je diray premierement que je suis fort persuadé que le Chant ne s'apprend pas precisément par la doctrine si elle n'est secondée de l'execution, aussi n'est-ce pas mon dessein de monstrer à faire par exemple des passages & diminutions suiuāt les interualles de Musique, & à les placer à propos comme pretendroient faire les Pedās de Musique; Mais je sçay que l'on peut apprendre du moins à éuiter mille fautes qui se pratiquent dans le Chant, particulierement pour les prononciations, & pour la quantité des paroles, & se desabuser de bien des opinions mal fondées qui se glissent tous les jours dans le commerce du Chant; ainsi l'on peut dire que du moins pour la Theorie du Chant cet Ouurage pourra estre fort vtile s'il ne l'est pour la Pratique.

En second lieu je demeure d'accord que l'execution du Chant est tres-considerable, & pour donner du plaisir, &

AVANT-PROPOS.

mesme pour instruire les autres dans la maniere de chanter ; mais on ne doit pas juger temerairement (comme font mille gens aisez à preocuper) de la bonne ou mauuaise execution de celuy qui chante ou par le rapport d'autruy, ou pour l'auoir oüy mesme plus d'vne fois chanter auec quelque enroûment, pourueu qu'il ne soit pas eternel, & j'ose dire que de ces gens à belles voix qui sont toûjours en estat de chanter à toutes les heures du jour, & pour ainsi dire en dormant, le chant est bien fade & peu animé, & ne fait qu'ennuyer à la longue par la pluralité des Airs qui paroissent tous la mesme chose faute d'expression qui en fait toute la varieté ; & lors qu'ils croyent auoir charmé les assistans, & que par vne presomption ridicule ils se leuent de leur siege en disant ces belles paroles, *voila ce qui s'appelle chanter*, on pourroit leur dire auec justice, *voila ce qui s'appelle vieller*.

Troisiesmement c'est vne temerité de se piquer de sçauoir la quantité des syllabes sans Regles, & pour vn qui aura ce goust fin il y en aura mille qui l'auront fort méchant, & dautant plus qu'ils

AVANT-PROPOS.

croyent l'auoir bon; Aussi l'on ne pouuoit pas rendre vn plus mauuais office à la plufpart que de mettre dans le Chant cette feuerité de longues & de bréfues, qui caufe vne si grande diftinction entre les Maiftres dont le merite auroit jadis efté confondu. Et quant aux Poëtes je ne doute point qu'ils ne foient vn peu gefnez lors qu'ils voudront faire des paroles apres les Airs, mais il ne faut pas pour cela qu'ils en ayent tant de chagrin, & qu'ils abandonnent les belles penfées pour s'attacher à choifir des mots qui puiffent s'accomoder aux notes de Mufique, pourueu qu'ils ayent affaire à des Compofiteurs qui fuppleent à ce defaut, & qui fçachent changer adroitement les chants foit pour la Mufique, foit pour la maniere de les executer.

Au refte je fçay que l'on trouuera à redire de ce que je n'ay point mis des Exemples en notes de Mufique, mais j'ay crû mieux faire en renuoyant aux liures grauez par Richer, dans lefquels font marquez autant qu'on le peut tous les agrémens du Chant, principalement dans vne feconde Edition à l'égard des liures *in octauo*, ou la plufpart des di-

AVANT-PROPOS.

minutions sont changées, & qui sont augmentez de plusieurs Airs nouueaux, outre ceux qui estoient dans les trois volumes qui sont reduits à deux plus gros pour vne plus grande commodité du renuoy des Exemples citez dans cet Ouurage.

Outre les *Errata* qui sont à la fin du Liure, il y en a encore vn fort considerable, qui est d'auoir rebatu deux fois *Chapitre second*; dans la troisiesme Partie de ce Traité, laquelle deuoit contenir sept Chapitres au lieu qu'il n'en paroist que six. Le Lecteur y prendra garde s'il luy plaist.

TABLE DES MATIERES.

Du Chant en general.

PREMIERE PARTIE.

CHAPITRE 1. *En quoy consiste l'art de bien chanter, & en quoy il differe de la Musique.*

Chap. 2. *Si l'on peut sçavoir la Methode de chanter sans sçavoir la Musique.*

Chap. 3. *De la difference des manieres de Chanter.*

Chap. 4. *S'il est necessaire d'accompagner le Chant d'vn Instrument de Musique.*

Chap. 5. *Si l'on peut bien pratiquer le Chant sans en connoistre les Regles.*

Chap. 6. *Des qualitez necessaires pour bien pratiquer le Chant.*

Chap. 7. *Des voix propres pour la methode de chanter.*

Chap 8 *De la Disposition.*

Chap. 9. *De l'oreille ou intelligence à l'égard du Chant.*

Table des matieres.

Chap. 10. *Du choix que l'on doit faire d'un Maistre pour s'instruire dans le Chant, & quelles qualitez il doit avoir.*

Chap. 11. *Des Airs & des differens sentimens touchant leur Composition.*

Chap. 12. *Des Ornemens du Chant. Du Port des voix. Des Cadences & Tremblemens. De l'accent ou aspiration. Du doublement du gosier, & du soûtien des finales. Du mouvement & de l'expression.*

Chap. 13. *Des Passages & diminutions.*

De l'application du Chant aux Paroles quant à la Prononciation.

SECONDE PARTIE.

Chapitre 1. *Du langage du Chant en general.*

Chap. 2. *De la Prononciation en general.*

Chap. 3. *De la Prononciation des voyelles.*

Chap. 4. *De la Prononciation de plusieurs voyelles composées.*

Chap. 5. *De la Prononciation des Consones.*

Chap. 6. *De la suspension des Consones*

Table des matieres.
auant que de faire sonner la voyelle qui les suit.

Chap. 7. *De la Prononciation des Consones finales.*

De l'application du Chant aux Paroles pour ce qui regarde la quantité.

TROISIESME PARTIE.

Chapitre 1. *De la quantité des syllabes en general.*
Chap. 2. *De la quantité des Monosyllabes.*
Chap. 2. *Moyens pour connoistre les Monosyllabes longs.*
Chap. 3. *De la quantité des mots de 2. syllabes, & premierement des feminins.*
Chap. 4. *De la quantité des Masculins de deux syllabes.*
Chap. 5. *Des Masculins de plusieurs syllabes.*
Chap. 6. *De la quantité des syllabes Masculines.*

Fin de la Table.

REMARQVES SVR L'ART DE BIEN CHANTER,

Et particulierement pour ce qui regarde le Chant François.

CEt Ouurage se diuise en trois Parties. Dans la Premiere, il est parlé du Chant en general. Dans la Seconde, de l'Application du Chant aux Paroles Françoises, quant à la Prononciation seulement. Et dans la Troisiéme, de la Quantité des Mots François qui se trouuent plus communément dans le Chant, & du Moyen de discerner les Syllabes longues d'auec les bréves, qui est la principale fin de ce Traité.

A

DV CHANT
EN GENERAL.

PREMIERE PARTIE.

BIEN que d'abord mon deffein n'ait efté que de donner des lumieres pour la veritable Prononciation, & pour la Quantité des Paroles Françoifes qui fe rencontrent dans le Chant, c'eft à dire de faire voir les defauts de l'vne, & établir des Regles infaillibles de l'autre; Toutesfois ie trouue à propos de parler du Chant en general, & mefme de donner des Preceptes pour le bien mettre en vfage, autant que le peut permettre vn Art qui femble confifter plutoft dans la Practique que dans les Regles que l'on en pourroit donner : Commençons par fa difference auec la Mufique, que plufieurs confondent l'vn auec l'autre.

CHAPITRE PREMIER.

En quoy consiste l'Art de bien Chanter, & en quoy il differe de la Musique.

QVoy que la fin de la Musique soit de contenter l'oreille par les sons harmonieux, & qu'ainsi elle doiue comprendre tout ce qui peut contribuër à cette fin, il n'y a pourtant rien de si équiuoque que le mot de *Musique*. Tantost on le prend pour l'Art de bien composer des Accords; & de cette maniere vn Homme peut estre parfait Musicien, bien qu'il n'ait aucun ton agreable dans la Voix, & qu'il ne sçache joüer d'aucun Instrument de Musique: Tantost on prend le mot de *Musique*, pour l'Art de chanter sa partie; de sorte que ce que l'on appelle communément sçauoir bien la Musique, c'est lors que l'on met bien en pratique toutes les marques & tous les caracteres de Musique; & de cette maniere celuy-là passe pour vn parfait Musicien qui peut chanter à Liure ouuert (c'est le terme) toute sorte de Musique; de sorte qu'il suffit d'auoir la Voix juste pour bien entonner les tons, sans l'auoir agreable ny flexible aux delicatesses du Chant.

Il est certain que la Musique dans dans toute l'étenduë de sa perfection ne deuroit point estre bornée, & que pour estre vn parfait Musicien, il faudroit non seulement sçauoir faire vn beau Chant, sçauoir composer de beaux Accords, sçauoir chanter à Liure ouuert les Pieces les plus difficiles; mais il seroit encore à propos d'auoir vne connoissance parfaite de tous les ornemens du Chant, & de tout ce qui peut charmer l'oreille, qui est le but de la Musique. Toutesfois on s'est auisé de donnder es bornes à la Musique, & dire que l'on peut la sçauoir sans sçauoir l'Art de bien Chanter; & l'on a mesme osé passer plus outre, & dire que l'on peut sçauoir fort bien la Maniere de chanter sans sçauoir aucune Notte de Musique.

Or comme dans tous les Arts, il y a ce qu'on appelle Theorie & Practique, il en est de mesme dans l'Art de bien Chanter : On peut sçauoir fort bien comme il faut chanter agreablement par la connoissance de tout ce qui peut plaire à l'oreille, sans pouuoir mettre cette connoissance en Pratique par le defaut de la Voix, & de la disposition, qui sont des auantages que donne la Nature, & qui ne s'aquerent point, mais seulement se perfectionnent par le trauail.

Ie parle de l'Art de bien Chanter, comme Practique, & ie dis qu'il consiste à bien entonner les tons dans leur justesse; à bien soûtenir la Voix; à la bien porter; à bien faire les Cadences & Tremblemens; à bien marquer du gosier quand il le faut; à ne pas tant marquer quand il ne le faut pas, mais glisser certains tons à propos; à bien faire les Accens, que l'on appelle vulgairement *Plaintes*, à bien former les Passages & les Diminutions : Et comme le Chant ne se pratique gueres sans Paroles; à les bien prononcer; à les bien exprimer, ou passionner à propos ; &

sur tout à bien obseruer la quantité des syllabes longues ou bréves, qui est la principale fin de cét Ouurage.

CHAPITRE II.

Si l'on peut sçauoir la Methode de Chanter sans sçauoir la Musique.

JE n'entens point parler de la Musique, en tant qu'elle est prise pour l'Art de composer; mais seulement ie la considere comme l'Art de chanter sa partie; & de cette maniere il est certain que l'on ne peut se rendre parfait dans le Chant sans le secours de la Musique; & c'est vne temerité, de vouloir auancer que sans sçauoir aucune Musique, on puisse fort bien chanter, ou du moins fort bien instruire les autres dans le Chant. Toutefois il faut demeurer d'accord qu'il n'est pas necessaire de sçauoir la Musique dans vne si grande perfection, qu'il faille sçauoir chanter à l'improuiste toutes sortes de Pieces de Musique, pour en suite y adjouſter tous les agrémens du Chant; & pour moy ie trouue que celuy qui aprés auoir étudié vn Air par l'eſpace d'vn jour entier, le chantera dans toute ſa politeſſe & dans toutes les circonſtances de la Methode, ſera plus habile que celuy qui d'abord l'executera ſans y obſeruer toutes les Regles du Chant, dont il n'a pas vne ſi parfaite connoiſſance que l'autre : Et c'eſt vne erreur que ie ne puis ſouffrir dans vn Homme qui eſt aſſeurément vn des grands Compoſiteurs du Siecle, qui voulant faire comparaiſon des François auec les Italiens, à l'égard de la Muſique, trouuoit qu'il eſtoit ridicule de tant exalter le merite d'vn François qui chantera vn Air fort agreablemét, aprés l'auoir examiné à loiſir; au lieu que les Italiens le chanteront d'abord auec autant de politeſſe que s'ils l'auoient étudié toute leur vie: Comme ſi vn Tableau fait dans toutes les Regles de la Peinture n'eſtoit pas plus conſiderable, quoy que le Peintre ait eſté vn an entier à le faire, que celuy qui ne ſera pas ſi parfait, à cauſe que le Peintre n'y aura pas mis tant de temps. C'eſt ce que i'ay appris d'vn

Seigneur aussi éleué par son Esprit que par sa Naissance & par sa Dignité, qui trouue fort à propos que c'est mal s'excuser de l'imperfection d'vn Ouurage de Poësie, en luy donnant le nom d'*Impromptu*, puisque sans doute il vaut mieux bien trauailler à loisir, que de faire mal les choses à la haste, & que d'ordinaire les Gens à *Impromptu* sont fort peu capables de bien faire, quelque temps qu'ils y employent. Le Chant a pour but de contenter l'oreille ; & par consequent celuy qui le fait auec plus de soin, doit passer pour le meilleur Chantre ; & l'Auditeur ne s'informera pas si l'on a long-temps étudié vn Air, pourueu que d'ailleurs il ait l'oreille satisfaite.

Il faut toutesfois bien prendre garde de tomber dans vne erreur aussi grande qu'elle est presque vniuerselle, qui est que l'on passe vn Chantre non seulement pour habile dans l'execution de l'Art de bien Chanter, mais mesme pour fort capable de la montrer aux autres, pourueu qu'on luy ait entendu chanter vn ou deux Airs agreablement, quoy qu'il ne sçache aucune Musique, & qu'il n'ait iamais oüy parler d'aucun

Precepte du Chant, tant il est vray que l'on ne considere souuent que la superficie des choses : C'est ce que le Chant a de particulier, & qui le distingue de tous les autres Talens, que pour-ueu qu'vn Chantre ait la Voix agreable, l'oreille bonne, & le gosier disposé à l'execution des choses qui regardent la Methode de chanter, il peut apprendre du premier coup vn Air auec tant de succez, que l'on pourra douter auec raison s'il sera sçauant dans la Methode de chanter, & s'il aura consommé beaucoup de temps pour y paruenir : ce qui ne se rencontre point dans les autres Arts, où quelque disposition que donne la Nature, il faut toûjours du temps & du trauail pour en produire quelque effet qui soit supportable.

Cét abus est si grand dans le Monde, que ie remarque qu'il n'y a que ceux qui chantent auec quelque agrément qui soient considerez; & ceux qui ont passé toute leur vie à acquerir le fonds de la Musique & de la Maniere de chanter, s'ils n'ont pas toutes les dispositions necessaires pour plaire en chantant, on les traite de Miserables; &

lors que l'âge leur a ôté tout ce que la Nature pouuoit leur auoir donné pour l'execution du Chant, ils courent risque de mourir de faim auec toute leur Science, s'ils n'ont eu le soin d'amasser du bien pour les faire subsister dans leur vieillesse.

Ce n'est pas que l'execution du Chant ne soit necessaire pour l'enseigner aux autres, comme ie diray plus au long dans la suite de ce Discours; mais que cette execution d'vn Air appris en vn jour, soit vne raison pertinente pour faire choix d'vn Maistre, & dire hautement qu'il a toute la Methode de celuy qui excelle en cet Art, & de qui il aura appris cet Air; il vaut bien mieux le qualifier du Titre de bon Escolier, & faire des vœux pour luy, afin qu'il plaise à son Maistre de continuër à luy montrer ses productions, sans le secours duquel il retourneroit dans le neant d'où il est sorty.

CHAPITRE III.

De la différence des Manieres de Chanter.

IL n'y a rien de plus commun dans le Monde, que de dire que chacun a sa Methode pour le Chant; de sorte que l'on demande ordinairement: De quelle maniere chantez-vous ? Est-ce de la maniere de celuy-cy, ou de celuy-là ? comme s'il y en auoit plusieurs bonnes, quoy que differentes.

Il est donc constant qu'il n'y a qu'vne bonne & veritable Methode de chanter, à quoy toutes les circonstances du Chant se doiuent rapporter; & l'on ne peut pas dire auec verité que chacun a sa Methode, pour excuser vn Chantre de ce qu'il ne suit pas les Preceptes de celuy qui passe pour exceller dans cet Art, soit qu'il en soit l'Inuenteur, soit qu'il ait eu plus de genie pour profiter des instructions qu'on luy a données, &

qu'il ait adjousté à ces instructions quelque chose du sien pour mettre le Chant dans la perfection où il est paruenu jusqu'à present, & d'où il y a bien de l'apparence qu'il pourra déchoir dans peu temps.

Ie sçay qu'autrefois que l'on ne faisoit consister la Maniere de chanter que dans les traits du Chant, sans auoir égard aux Paroles; chacun auoit sa Methode, c'est à dire chacun inuentoit selon son caprice plus ou moins de traits dans les Couplets des Airs, les vns d'vne façon, les autres d'vne autre, & tout cela passoit pour bon, ou du moins pour supportable : Mais dans ce temps icy, où l'on a poussé le Chant plus auant, & que l'on a grand égard aux prononciations des Paroles, à leur quantité, & à leur expression, que l'on a trouuée, & qui a esté presque inconnuë aux Anciens, le Chant est paruenu à vne finesse si grande, qu'il est aussi dangereux de faire des Diminutions sur certaines syllabes, qu'il est difficile d'inuenter celles qui conuiennent le mieux aux Paroles.

Ie ne doute point que mille Ignorans

ne viennent à la trauerse vous dire que c'est vne imagination que d'auoir mis tant de seuerité dans le Chant, & que celuy qui fait plus de traits de Chant, ou (pour me seruir des termes populaires) qui *fredonne* le plus est le plus habile: Cependant il n'y a rien de si vray, que pour peu qu'vn Homme ait de genie & d'oreille pour le Chant, on le desabusera de cette erreur, & on luy fera toucher au doigt que les Regles du Chan ne sont point fantastiques, mais fondées sur le bon sens.

Il y a pourtant quelques differentes Manieres pour l'execution du Chant qui peuuent estre bonnes, bien qu'elles ne le soient pas également ; & ie ne voudrois pas tenir pour ignorant celuy qui par vn defaut de nature, ou dans vn âge auancé, ne marqueroit pas assez du gosier certains traits du Chant, mais les glisseroit vn peu trop; non plus que celuy qui par vn semblable defaut de nature, ne prononceroit pas bien de certaines Consones de l'Alphabet, pourueu qu'il connust son foible, & ne voulust pas en faire vne Loy pour les autres. Mais lors qu'vn Homme voudra dire que l'on ne fait plus de passages dans le Chant, à cause qu'il ne les sçait pas executer, ie le tiendray pour vn ridicule, d'exclurre de la Musique vne chose qui de tout temps a passé pour son plus grand ornement, & qui l'est en effet, pourueu que l'on ait l'Art de les appliquer à propos aux Paroles que l'on chante.

Il faut aussi remarquer qu'il y en a qui affectent vne legereté dans le Chant, & qui s'en seruent en toutes rencontres, & d'autres qui affectent plus de poids & de solidité : l'vn & l'autre est bon, pourueu qu'il soit bien pratiqué, & auec jugement, selon la diuersité des Pieces de Musique gayes ou tristes, galantes ou serieuses, comme ie diray en parlant du Mouuement des Chants.

La legereté donne au Chant, ce qui s'appelle le *tour galant* ; mais la pesanteur donne la force aux Pieces serieuses, & qui demandent beaucoup d'expression : Celle-là conuient aux Personnes enioüées, & aux Voix délicates; & celle-cy aux Melancoliques, & aux Voix plus fortes: & comme il n'est pas toûjours bon de dire en loüant vn Chantre, qu'il chante fort legerement, quoy qu'il semble que le Chant en est plus épuré & plus détaché de la matiere ; il est aussi dangereux de le loüer par la grauité & la pesanteur qui semble estre opposée à la galanterie du Chant.

CHAPITRE IV.

S'il est necessaire d'accompagner le Chant, d'un Instrument de Musique.

JE ne parle point icy de l'vnion ou accompagnement des Voix & des Instrumens qui se pratique dans les Concerts & dans les Chœurs de Musique, qui est absolument necessaire pour les rendre parfaits ; mais seulement de l'accompagnement des Airs qui se chantent d'ordinaire à vne Voix seule.

De tous les Instrumens, ceux qui sont à present le plus en vsage, pour soûtenir la Voix, c'est le Clauessin, la Viole, & le Theorbe, car pour la Lire on ne s'en sert plus : La Viole mesme & le Clauessin, n'ont point la grace, ny la commodité qui se rencontre dans le Theorbe, qui est propre pour accompagner toutes sortes de Voix, quand ce ne seroit que par la seule raison de sa douceur, qui s'accommode aux Voix foibles & delicates; au lieu que les autres Instrumens les offusquent. On demande donc si pour rendre le Chant parfait, il est necessaire qu'il soit secondé du Theorbe?

Il ne faut pas douter que la beauté du Chant ne paroisse bien dauantage, lors qu'il est accompagné d'vn Instrument au defaut des Voix, qui pour rendre l'harmonie parfaite, pourroient se joindre à celle qui chante le *Sujet*, autrement le *Dessus* d'vn Air; & cette vnion est d'autant plus commode, que celle des Voix, dont la pluralité étouffe ce qu'il y a de plus fin dans le Chant par leur confusion, quoy qu'agreable pour l'harmonie; au lieu que celle du Theorbe ne fait que soûtenir agreablement la Voix sans en diminuër la beauté, ny la delicatesse des traits.

Mais il faut demeurer d'accord, que si l'on ne touche le Theorbe auec moderation, & que l'on y mesle trop de confusion, comme font la pluspart de ceux qui accompagnent plutost pour faire valoir la souplesse de leurs doigts, que pour faire paroiſtre la Voix à laquelle ils ſont obligez de s'accommoder ; c'eſt pour lors accompagner le Theorbe de la Voix, & non la Voix du Theorbe. Il faut donc ſe ménager en ce rencontre, & ne pas ſe figurer que dans ce mariage le Theorbe ſoit nommé le *Mary de la Voix*, pour l'accabler & la gourmander, mais bien pour la flatter, l'adoucir, & en cacher les defauts.

Ie trouuerois donc fort à propos que ceux qui veulent ſe perfectionner dans le Chant, s'appliquaſſent auſſi au Theorbe, pourueu qu'ils euſſent aſſez de patience, & ſe donnaſſent aſſez de peine pour paruenir à vn poinct qui les puſt rendre conſiderables par deſſus les autres ; mais comme la pluſpart veulent ſouuent la fin ſans ſe donner la peine de ſonger aux moyens pour y paruenir, ils demeurent toûjours en chemin, & ne tirent iamais d'autre auantage de s'y eſtre embarquez, que la honte d'auoir entrepris vne choſe qui ne leur fait aucun honneur.

Pour ce qui eſt de l'accompagnement qui ſe fait par les mains d'autruy, c'eſt encore vne chose qui n'a pas tout l'auantage que l'on pourroit souhaiter; & ie trouue que c'est faire le Precieux, ou la Precieuse, de se piquer de ne point chanter sans Theorbe, comme font la pluspart des Gens, puis qu'il est vray qu'il se presente mille occasions, où l'on n'a pas à point nommé, ny le Theorbe, ny celuy qui le touche.

Cependant c'est ce que les Maistres du Chant inspirent à leurs Disciples, & dont ils se preualent, pour peu qu'ils sçachent toucher trois ou quatre Accords, plus propres à amuser le tapis, qu'à contribuër à faire de bonnes & solides Leçons.

Ils leur disent à tout moment, que l'on ne peut chanter juste sans cela; que c'est danser sans Violon, que de chanter sans Instrument; qu'on ne peut bien donner le mouuement aux Airs; & le persuadent si bien, que la moitié des Gens s'y laissent aller: Mais ces pauures abusez ne considerent pas que le Maistre a pour but son interest, plutost que celuy de son Disciple, & que ce qu'il en fait, c'est pour s'épargner la peine de chanter, & de faire de viue voix ce que l'Instrument ne fait que par des sons muets, & qui ne font qu'imiter la Voix.

Il faut donc demeurer d'accord, que l'accompagnement d'vne Voix juste, & qui chante à l'Vnison, ou à l'Octaue d'vne autre Voix, est bien plus propre à inspirer la justesse, que l'Instrument, qui n'en est que le Singe, & qui d'ailleurs ne produit pour l'ordinaire que des Quartes, des Quintes, des Sixtes, & autres Accords, qui ne se discernent que par des Personnes sçauantes en composition de Musique.

Au reste quand il seroit vray que l'accompagnement du Theorbe seroit vtile pour faire entonner juste, & chanter de mouuement & de mesure, il arriue vn inconuenient fascheux, qui est que les Maistres ne s'attachent pour l'ordinaire qu'à ces circonstances, & laissent glisser cent fautes considerables dans les prononciations des Paroles, dans la maniere d'executer les traits & les agrémens du Chant, soit qu'ils ne les connoissent pas eux-mesmes, ou que voulant les corriger il faudroit interrompre à chaque instant le cours de leur Instrument; ce qui non seulement les embarrasseroit fort, mais mesme osteroit toute la grace & tout l'auantage qu'ils pretendent tirer de leur accompagnement : De maniere que presque toutes les Leçons se passent à faire arrester aux Pauses qui se rencontrent dans les Airs, & qui sont non-seulement inutiles, mais mesme embarrassantes, lors qu'il est question de chanter sans Instrument ; ce qui arriue presque toûjours, & qu'il faut supprimer ces sortes de Vuides. Ie pourrois encore adjouster que les Leçons en sont bien plus courtes, & qu'il se passe la moitié du temps à accorder le Theorbe, à préluder, à changer vne corde fausse, & autres superfluitez qui font dire aux Critiques, non sans quelque fondement de raillerie, qu'il est tres-rare d'entendre joüer du Theorbe, mais tres-commun de l'entendre accorder.

CHAPITRE V.

Si l'on peut bien prattiquer le Chant sans en connoistre les Regles.

IL n'y a rien de si commun que d'entendre dire, que pour fort bien chanter, il seroit à propos de sçauoir la Musique, & mesme de sçauoir les Regles & les Maximes du Chant, pour n'auoir pas eternellement besoin d'vn Maistre, & pouuoir de soy chanter vn Air notté non seulement selon les Regles de la Musique, c'est à dire bien obseruer la mesure & la valeur des Nottes & des Pauses; mais mesme suiuant les Regles du Chant, c'est à dire adjouster les ports de Voix necessaires, les Accens, & autres circonstances de la Maniere de chanter, qui ne sont point marquées sur le papier, ou mesme qui ne se peuuent marquer, comme ie diray dans la suite.

Ce qui a donné lieu à cette proposition, c'est que l'on ne peut pas se figurer que le Chant, qui ne semble qu'vne bagatelle en comparaison des autres Arts, soit si difficile à acquerir, que l'on ait toûjours besoin d'vn Maistre pour le bien mettre en pratique.

On ne manque pas d'alleguer qu'estant à la Campagne, & éloigné de Paris, qui est le centre des Illustres dans toutes sortes d'Arts & de Sciences, on ne pourroit iamais rien sçauoir de nouueau dans le Chant, s'il estoit vray que la connoissance des Nottes de Musique & des Regles du Chant, ne pust suppléer à ce defaut.

Il faut donc répondre à cette objection & dire que dans le Chant, il y a des Maximes generales que l'on peut fort bien apprendre, & dont on se peut fort vtilement seruir dans l'occasion; mais qu'il y en a qui ont tant d'exceptions, qu'elles ne se peuuent reconnoistre que dans l'vsage que l'on appelle vulgairement *Routine*; de sorte qu'estant éloigné vous pouuez grossierement déchiffrer vne Piece de Musique fique par la connoissance que vous auez de quelques Regles generales ; mais de la pouuoir chanter tout à fait selon l'intention de l'Autheur qui l'aura composée, pourueu qu'il sçache luy-mesme la maniere de chanter, c'est vn abus & vne erreur.

On peut donc bien chanter vn Air sur la Notte, & y adjouster vne partie des ornemens qui regardent le Chant, comme par exemple ; on peut bien obseruer la justesse des tons, suiuant l'habitude que l'oreille aura acquise à force d'auoir chanté ; donner l'Expression & la Prononciation necessaire aux Paroles ; bien former les Cadences, bien marquer du gosier les Diminutions qui se rencontrent dans les seconds Couplets, pourueu qu'elles soient marquées sur le papier, & autres circonstances qui regardent le Chant en general, & qui s'apprennent par le long vsage & le bon exercice.

Mais de pouuoir adjouster aux premiers Couplets, ou Simples, comme on les appelle ordinairement, certains a-grémens qui ne se marquent point ; les Ports de Voix, les Accens, certains

B

Doublemens de Nottes presque imperceptibles, mesme les Tremblemens sur les syllabes necessaires, & les appliquer à point-nommé à ce mot, & à cette syllabe, il faut vne Practique du Chant si grande, que cela n'appartient qu'à vn tres-petit nombre de Gens; & les Maistres mesmes ont tellement besoin de sçauoir de viue voix toutes ces Obseruations, qu'auec toute leur Doctrine, ils courent risque de donner du nez en terre, & souffrir la Censure d'vne Personne qui n'aura presque iamais pratiqué le Chant dans vn Air qu'ils voudront chanter auec toutes les Obseruations de l'Autheur dequi cette Personne l'aura appris.

Aussi vous remarquerez que la pluspart des Gens qui chantent parfaitement, bien qu'ils sçachent la Musique, ne s'en seruent presque point pour apprendre les Airs, mais ont recours aux Autheurs, ou à ceux qui ont le bonheur de les approcher; & tel sçaura vn Air plus fidellement (pour la maniere de chanter, & non pour la Musique précisément) quoy qu'il ne l'ait appris que d'vn Particulier qui le tiendra de l'Autheur, qu'vn autre qui l'aura notté, quelque peine qu'il prenne pour en chercher les agrémens.

Cette verité se remarque dans les Airs que l'Autheur ne voudra point donner nottez au Public, soit par caprice, soit pour estre toûjours en droict de les changer, soit pour auoir seul l'auantage par dessus les Maistres, de pouuoir les chanter dans toute leur perfection, particulierement pour ce qui regarde la veritable mesure qu'il pretend y estre obseruée; soit pour ne les pas rendre si communs & leur conseruer le titre de la nouueauté, qui est ce qui flate extremement nostre Nation.

Ces sortes d'Airs de reserue, ne s'apprennent que par Tradition; & comme asseurément ils sont plus recherchez que les autres; soit par la difficulté de les auoir, qui est vn charme pour la pluspart des Esprits qui n'estiment que les choses qui sont difficiles à acquerir; soit qu'en effet ils soient plus considerables de soy, & par le Nom celebre de celuy qui les a composez, chacun a soin de les sçauoir & de les voler, ou à l'Autheur, ou à ceux qui ont le droict de le voir ou de l'entendre ; & c'est mal à propos se piquer d'honneur, de ne vouloir pas se reduire à vne mendicité de cette nature, laquelle peut estre reparée, lors que l'on a le droict d'Echange, & que l'on peut donner en prenant, c'est à dire que l'on s'est rendu capable de produire des Ouurages qui peuuent entrer en comparaison auec ceux que l'on veut auoir des autres Compositeurs.

Et ie diray cecy en passant, qu'il vaut bien mieux s'humilier iusques à ce poinct, que de se piquer de ne chanter que de ses Ouurages, lesquels n'entrent point dans le commerce du beau Monde & demeurent dans le Magasin des Autheurs, ou ne sont connus que par des Gens obscurs, qui n'ont pas assez de credit pour donner du cours à des Ouurages qui d'ailleurs sont défectueux, si ce n'est à l'égard de la composition de l'Air, du moins à l'égard des Paroles, lesquelles pour l'ordinaire ne tombent pas entre les mains des mediocres Compositeurs de Musique, & qui sont donnez soigneusement aux grands Maistres de l'Art de Chanter, par Messieurs les

Poëtes Lyriques, que l'on nomme d'ordinaire du Nom barbare de *Paroliers*, du moment qu'elles sont écloses, autrement elles demeureroient dans vne obscurité qui seroit contre leur intention, quelque soin qu'ils semblent vouloir prendre pour cacher leurs Noms, en recommandant vn secret qu'ils seroient fort faschez qu'il ne fust pas connu de tout le Monde.

Disons donc qu'il y a dans le Chant vne Methode generale que l'on peut apprendre; mais la particuliere qui est l'application de cette Methode à cet Air particulier, à ce Mot, à cette Syllabe, c'est vne chose si difficile, qu'il n'y a souuent que le bon goust qui en soit la Regle; & de mesme que dans le milieu des Vertus, il s'en faut rapporter au jugement d'vn Homme prudent, il faut aussi bien souuent se rapporter de mille circonstances du Chant, à ceux qui passent pour y auoir plus d'acquis, & par dériuaison à ceux qui les ont plus pratiquez, & qui se sont trouuez auoir plus de genie & de disposition, pour profiter de leurs Instructions: De leurs Instructions, dis-je, ou verbales, ou équiualantes; car il est certain que le Chant ne s'apprend pas toûjours par Preceptes, & que pourueu que l'on ait du genie & de la disposition, on n'a qu'à bien écouter le Maistre, sans qu'il entre en raisonnement du Chant, & qu'il soit necessaire qu'il en fasse remarquer en particulier toutes les circonstances.

Ie passe bien plus outre, & dis qu'asseurément vn Maistre qui executera vn Air dans toute sa politesse & dans tous ses agrémens, l'imprimera mille fois mieux dans l'oreille de son Disciple en le chantant trois ou quatre fois, que ne fera vn autre qui n'a pas tous les auantages de l'execution, à force de dogmatiser, tant il est vray que le Chant ne s'apprend que par imitation, & que le Disciple contracte jusqu'aux gestes & aux grimaces du Maistre.

C'est donc vne erreur bien grande de dire qu'vn Maistre ne chante pas bien, mais qu'il montre fort bien; car si le Maistre ne forme pas bien les choses, c'est à dire si par exemple il a la Voix fausse, comment pourra-t'il inspirer la justesse? s'il a vne méchante

Cadence, comment pourra-t'il corriger celle de son Disciple ? S'il n'a pas de gosier pour marquer les traits, comment pourra-t'il se faire entendre ? Et sur tout s'il a de la dureté dans la Voix & de la rudesse, comment pourra-t'il persuader la douceur, la legereté & la delicatesse ? Il faut qu'il se sauue sur la fidelité des Passages & des Diminutions qui se rencontrent dans les Couplets, lesquels il chante toûjours assez pour les faire comprendre à ceux qui sont versez dans la Methode de Chanter, & qu'il se pique de les sçauoir des premiers, pour se faire valoir par la nouueauté ; qu'il fronde tous les autres Ouurages qu'il ignore, ou qu'il affecte d'ignorer, comme indignes de sa curiosité, de peur que l'on ne remarque son foible, s'il veut se mesler de les chanter sans auoir consulté les Autheurs.

Il a beau dire ne prenez pas garde comme i'execute, prenez seulement garde à mes Preceptes : On luy répondra, faites vous-mesme ce que vous voulez que ie fasse, & ie le connoistray bien mieux que par tout ce long circuit de raisonnemens.

En vain, me dira-t'on, vous auez entrepris de traiter de la Maniere de Chanter, si elle ne s'apprend que par Vsage & par Routine: A cela ie réponds, qu'il y a plusieurs sortes d'obseruations dans le Chant qui se peuuent apprendre par les Preceptes, & specialement les veritables Regles de la Prononciation des Paroles & de la Quantité des Syllabes longues ou bréves, à l'égard du Chant, qui est la principale fin de ce Traité. Outre qu'en parlant des traits du Chant, qui ne s'apprennent que par l'exemple & par l'imitation, ie pretends seulement parler de l'execution, & non pas de la connoissance qu'on en peut auoir, & qui dans l'ordre des choses, doit preceder l'execution.

CHAPITRE VI.

Des Qualitez neceſſaires pour bien pratiquer le Chant.

IL y a trois choſes pour paruenir à bien chanter, qui ſont trois dons de Nature fort diferens les vns des autres; à ſçauoir, la Voix, la Diſpoſition & l'Oreille, ou l'Intelligence, leſquels auantages le vulgaire confond mal à propos, donnant tout le merite du Chant, à la Voix qui le produit, ſans conſiderer que fort ſouuent on a de la Voix, ſans bien chanter & meſme ſans pouuoir iamais y paruenir, faute de Diſpoſition, ou d'Intelligence.

Il faut encore adjouſter vne condition ſans laquelle il eſt impoſſible de bien Chanter, quelque belle que ſoit la Voix, quelque fine que ſoit l'oreille, & quelque bonne que ſoit la Diſpoſition du goſier; qui eſt le choix d'vn bon Maiſtre, & qui ait les qualitez requiſes pour bien enseigner le Chant. Ie traiteray de chacune de ces Qualitez en particulier, & en feray autant de Chapitres differens.

CHAPITRE VII.

Des Voix propres pour la Maniere de Chanter.

ON dit d'ordinaire que l'Esprit est si bien partagé, que chacun croit en auoir tant ou plus que son Compagnon. l'en pourrois dire de mesme de la Voix, puisque pour peu que l'on en ait, on croit en estre fort bien pourueu. Les vns se piquent de l'auoir grande; les autres de l'auoir petite, & ne manquent pas de citer le sentiment des grands Maistres de l'Art, qui aiment mieux cultiuer les petites Voix que les grandes. D'autres se vantent d'auoir la Voix plus haute; & d'autres qui l'ont plus basse, disent que de Chanter haut, c'est *Glapir*. Ceux qui ont la Voix naturelle, méprisent les Voix de Fausset, comme fausses & glapissantes; & ceux-cy tiennent que le fin du Chant paroist bien plus dans vne

Voix éclatante, telle que l'ont ceux qui chantent en Fausset, que dans vne Voix de Taille naturelle, qui pour l'ordinaire n'a pas tant d'éclat, bien qu'elle ait plus de justesse. Enfin les vns se piquent d'auoir la Voix touchante, & les autres trouuent que dans ces sortes de Voix la derniere justesse ne se rencontre pas toûjours, ny la legereté dans les Airs de mouuement, ny mesme la fine Prononciation.

Ceux-mesme qui n'en ont que pour parler, s'embarquent impudemment dans le Chant, & croyent que pourueu qu'ils apprennent d'vn bon Maistre, ils paruiendront du moins à Chanter *Caualierement*, c'est le terme dont ils se seruent pour excuser leur ignorance.

Ce n'est pas que la Voix ne puisse s'aquerir par le grand exercice, ou pour mieux dire, se rétablir lors qu'elle s'est perduë par la muance qui arriue d'ordinaire entre l'âge de quinze & de vingt ans, dans le Sexe masculin seulement; & l'on en a veu mesme qui poussez de desespoir de se voir priuez d'vn auantage si charmant, ont forcé, par vn trauail aussi penible que desagreable, la Nature à leur rendre ce qu'elle leur auoit osté, & sont enfin paruenus à vn haut degré de perfection dans l'Art de bien Chanter, à force de pousser des Tons, qu'à bon droit l'on auroit pris pour des Cris & des Clameurs, plutost que pour des Sons harmonieux.

L'experience nous apprend que tout le monde n'a pas de la Voix pour chanter, comme pour parler, & qu'en vain on se seruiroit d'vn bon Maistre pour forcer la Nature à donner de la Voix, s'il n'y en a quelque apparence, & sur tout de l'oreille.

On peut bien corriger le defaut d'vne Voix, mesme la faire sortir, au lieu qu'elle estoit comme enfermée, & ce par l'exercice continuel ; si elle est grossiere, la rendre delicate ; si elle est fausse, la rendre juste ; l'adoucir, si elle est rude.

Mais de rien on ne peut rien faire, & il faut toûjours en auoir ou bonne, ou mauuaise, auant que de songer à la cultiuer. Voicy comme il faut raisonner des Voix capables de bien chanter.

Premierement, je mets vne grande difference entre vne belle & vne bonne Voix. La belle Voix eſt celle qui d'vn ſeul ton peut eſtre agreable à l'oreille, à cauſe de ſa netteté & de ſa douceur, & ſur tout de la belle cadence, qui d'ordinaire l'accompagne : Mais la bonne Voix au contraire, eſt celle qui bien qu'elle n'ait pas toute cette douceur & cette cadence naturelle, ne laiſſe pas de charmer par ſa vigueur, ſa fermeté, & par ſa diſpoſition à chanter de mouuement, qui eſt l'ame du Chant, & dont ces belles Voix naturelles ne ſont d'ordinaire point capables, la Nature ayant voulu partager ſes dons en ce rencontre comme en tout autre.

On peut encore diſtinguer les belles Voix d'auec les Voix jolies, & dire que celles-là ſont appellées Belles, qui ont vne grande harmonie & vne grande étenduë, & que la qualité de *jolie* conuient ſeulement aux petites Voix.

Les Voix qui ſont dans cette grande beauté, ſont d'ordinaire fort lentes, & par conſequent n'ont point ce feu &

de bien Chanter.

cette disposition qu'il faut auoir pour former ce qui anime le Chant; plaisent d'abord, & principalement au vulguaire, & ennuyent dans la continuation; manquent mesme souuent d'oreille, & ainsi sont longues à instruire, pour la diminution & les traits du Chant, qui demandent quelquesfois de la fermeté qu'elles n'ont point; n'ont pas besoin de grand exercice pour l'entretien de leur douceur, qui leur est si naturelle, qu'en tout temps & en toute saison elles sont prestes à chanter, & sont rarement enrhumées; sont d'ordinaire timides (qui est vn grand defaut dans le Chant) & par consequent sont plus propres pour le Concert, & pour se joindre aux autres, qui les encouragent par leur accompagnement; outre qu'il n'est besoin pour l'ordinaire que de force, de netteté, & de justesse dans le Concert, où mille beautez & mille agrémens du Chant sont inutiles, & sont étouffées par la multitude. Sont plus communes parmy les Femmes, à cause de la pituite qui domine en elles, & qui cause cette enteur & cette douceur inanimée; ont grande repugnance à bien articuler les Paroles, sur tout à prononcer les R, par la préoccupation qu'elles ont de la rudesse que causent les solides prononciations ; en affectent mesme souuent de badines, & qui ne leur sont nullement naturelles : ce que l'on remarque mesme en quelques Maistres du Chant, qui est l'erreur du monde la plus ridicule & la plus niaise, & qui les abuse d'autant plus, qu'elle trouue mille approbations dans le Sexe feminin.

Là où celles qui n'ont qu'vne beauté mediocre, peuuent estre fort bonnes, par le moyen de l'art & de l'exercice continuel dont ils ont besoin pour s'entretenir & pour chasser vn peu d'enroûment qui d'ordinaire les accompagne, à cause du temperament bilieux dont elles procedent, & qui leur donne ce feu & ce mouuement, & sur tout l'expression des Paroles. Ces sortes de Voix sont fort propres pour bien cultiuer le Chant, parce qu'ils ont souuent l'oreille meilleure que les autres, le gosier plus propre à executer certains petits tremblemens de feu, qui font toute l'expreſſion, & ce que l'on appelle l'Eſprit du Chant, ou le Chant de Teſte, qui eſt vne certaine application au ſens des Paroles, & à leur veritable & ſolide prononciation. Ont beſoin de preparation, c'eſt à dire de l'exercice du matin, auant que d'auoir mangé, qui eſt vn antidote contre l'enroûment, qui leur eſt aſſez naturel, & par ce moyen ſont plus aſſurées de leur diſpoſition pour toute la journée, & ſont moins ſujettes à vne eſpece de toux qui leur eſt frequente en chantant, & qui diminuë beaucoup de l'approbation des Auditeurs, & principalement des ignorans, qui ne jugent de la bonté du Chant que par la beauté de la Voix, & par ſa facilité; au lieu que les Sçauans, & ceux qui ont le bon gouſt, excuſent volontiers ces petits accidens, pourueu que d'ailleurs ils ſoient ſatisfaits.

Secondement, les Voix ſont ou grandes ou petites, fortes ou foibles, brillantes ou touchantes. Les grandes Voix ſont propres pour chanter en Concert, & par conſequent n'ont pas beſoin de tant d'art, dout elles ſont moins ſuſceptibles que les autres : Ou ſi elles chantent seules, il faut qu'elles soient vn peu éloignées, afin que l'éloignement corrige la dureté qui est en elles; ont de la peine à se flechir aux ornemens du Chant, à cause du gosier qu'ils ont moins serré : ou si elles veulent executer les passages, c'est pour l'ordinaire auec rudesse, & iamais auec toute la politesse necessaire, faute de finesse de gosier (car qui dit fin, dit petit, & iamais on n'a appellé fin, ce qui est grand;) ou faute d'oreille, dont elles manquent presque toûjours.

Cependant comme dans la taille d'vne grande Personne, les defauts paroissent bien dauantage que dans vne taille mediocre, il en est de mesme des grandes Voix, qui sont obligées à mieux chanter que les autres, & ont le malheur de chanter moins bien aux oreilles des Sçauans, soit que les petites Voix n'ayent pas les defauts des grandes, ou qu'ils parroissent moins en elles, & qu'ils soient en quelque façon cachez sous la petitesse de la Voix.

Or comme les grandes Voix sont d'ordinaire rudes, il ne faut pas s'imaginer que pour oster cette rudesse, il faille les moderer, autrement vous leur osteriez tout leur son; mais il faut que l'exercice continuel fasse cet effet, de mesme que l'on diminuë vn morceau de Fer à coups de marteau & de lime d'abord fort rude, auant que de le vouloir polir auec vne lime plus douce. Cependant c'est l'auis que l'on donne d'ordinaire à ceux qui ont la Voix trop forte, & qui ont la cadence rude, à sçauoir, qu'il faut se relâcher & ne pas pousser tant la Voix, laquelle en se renfermant ainsi, n'a plus le son qu'elle doit auoir, qui consiste dans l'étenduë que la Nature luy a donnée, & dont vous aneantissez l'harmonie en la moderant.

Pour ce qui est des petites Voix, elles ont sans doute bien de l'auantage par dessus les grandes, en ce qu'elles sont plus flexibles aux agrémens du Chant; à cause de l'organe qui est plus délicat & plus propre à couler certains tons qui ne doiuent point estre marquez; sont d'ordinaire recompensées de la Nature par vne finesse d'oreille que les grandes Voix n'ont que fort rarement.

Si elles ont quelques defauts, comme par exemple si elles chantent vn peu du nez, cela ne paroist quasi point en elles.

Mais il faut bien prendre garde de confondre le Nom de *Petit* auec celuy de *Foible*. Il y a des Voix qui sont Grandes & Foibles tout ensemble, & qui ne se soûtiennent point dans leurs Tons, là où il en est de petites, & qui ne laissent pas d'estre ramassées dans leur petitesse.

Il faut encore mettre de la difference entre les Voix Touchantes & les Voix Brillantes. La plusparr ont du brillant dans la Voix sans auoir du touchant, & d'autres ont seulement ce qui touche; Les Voix Brillantes sont propres à executer les Pieces de mouuement, prononcent d'ordinaire mieux les Paroles, & par consequent elles reüssissent mieux pour Chanter en Public, que celles qui sont puremét Touchantes, lesquelles veritablement sont plus propres pour les Expressions Tendres, & pour les Airs qui ont moins de mouuement; mais d'vn autre costé n'ont pas toute la justesse possible (ce qui se reconnoist par l'accompagnement des Instrumens) ne prononcent pas d'ordinaire auec aſſez de ſoin & d'application, particulierement certaines voyelles; ce qui fait que dans les grandes Aſſemblées, comme dans les Ballets, il n'y a que ceux qui en ſont proches qui entendent diſtinctement les Paroles; au lieuque ceux qui en ſont eloignez n'entendent qu'vn ſon confus, à cauſe du peu de ſoin qu'elles ont de bien articuler les ſyllabes.

Troiſiémement, ſi l'on conſidere la Voix par l'étenduë, ſuiuant la diuiſion qu'en font les Muſiciens, en *Superius*, Hautecontres, Tailles, Baſſes, &c. il eſt certain que bien que toutes ſortes de Voix ſoient propres à mettre en practique la Maniere de Chanter, elle paroiſt bien dauátage dans les Voix hautes de Ton, principalement pour l'expreſſion de la plûſpart des paſſions; & les Baſſes ne ſont quaſi propres qu'à exprimer celle de la Colere, qui eſt rare dans les Airs François. Ainſi ces ſortes de Voix ſe contentent de Chanter en Partie, & s'en tiennent à celle que la Nature ſemble leur auoir deſtinée, chantant toûjours la Baſſe des

Airs, plutoſt que les Sujets.

Par cette Obſeruation, il eſt conſtant que les Voix Feminines auroient bien de l'auantage par deſſus les Maſculines, ſi celles-cy n'auoient plus de vigueur & de fermeté pour executer les traits du Chant, & plus de Talent pour exprimer les paſſions que les autres. Par la meſme raiſon les Voix de Fauſſet font bien plus paroiſtre ce qu'elles chantent que les Voix naturelles; mais d'ailleurs elles ont de l'aigreur, & manquent ſouuent de juſteſſe, à moins que d'eſtre ſi bien cultiuées, qu'elles ſemblent eſtre paſſées en nature. Au reſte ie ne puis m'empeſcher de faire mention en paſſant d'vne erreur fort commune dans le Monde, touchant certaines Voix de Fauſſet, que l'on compte quaſi pour rien (bien qu'elles ſe faſſent entendre de fort loin) ſoit parce que l'on ſe l'eſt mis mal à propos dans l'Eſprit, ſoit peut-eſtre parce que ces ſortes de Voix eſtant en quelque façon contre Nature, on ſe porte plus facilement à les mépriſer, & dire mal à propos de ceux qui les poſſedent, qu'ils n'en ont point, quoy que ſi l'on y faisoit bien reflexion, on remarqueroit qu'ils doiuent tout ce qu'ils ont de particulier dans la Maniere de Chanter à leur Voix ainsi éleuée en Fausset, qui fait paroistre certains Ports de Voix, certains Interuales, & autres Charmes du Chant, tout autrement que dans la Voix de Taille.

Il y a encore vne Remarque à faire dans la difference des Voix, par le plus ou le moins de son & d'harmonie qu'elles produisent, c'est à dire qu'il en est qui remplissent, ou pour parler dans les termes de l'Art, qui *nourrissent* mieux l'oreille que d'autres plus deliées, & que dans le langage ordinaire on nomme des *Filets de Voix*, bien qu'elles se fassent entendre d'aussi loin, qu'elles ayent autant ou plus d'étenduë que les premieres.

Venons à la seconde Qualité du Chant, que l'on nomme vulgairement *Disposition*.

CHAPITRE VIII.

De la Disposition.

J'Ay dit dans le Chapitre precedent que la Voix est vn Don de Nature, & mesme assez commun dans le Monde; mais il n'en est pas de mesme de la Disposition que la Nature a déniée à la plusdart des Voix, & qui est vne certaine facilité d'executer tout ce qui concerne la Maniere de Chanter, & qui a son siege dans le gosier, lequel peut naturellement estre si bien disposé, qu'en moins de rien & sans auoir quasi iamais exercé, on peut chanter quelque chose agreablement & dans les Regles, de sorte qu'on a raison de douter si celuy qui chante a long-temps appris sous vn Maistre, ou s'il a simplement eu vne ou deux Leçons.

C'est ce que le Chant a de singulier entre tous les autres Talens, où quelque Disposition que donne la Nature, faut toûjours vn temps considerable pour les acquerir, au lieu que dans le Chant on peut faire voir en peu de jours vn plus grand progrez que dans les Instrumens, dans la Danse, & autres Exercices en bien des années.

Mais c'est vne chose bien rare parmy ceux qui chantent, que cette disposition du gosier, preste à former toutes sortes d'agrémens; car si les vns ont le gosier propre à marquer les Passages & Diminutions, ils l'ont trop serré pour adoucir quand il le faut pour certains Doublemens de Notte qui sont quasi imperceptibles. D'autres qui ont le gosier propre à adoucir ne l'ont pas pour marquer ce qu'il faut, & auec la fermeté necessaire, ou n'ont pas assez de souplesse pour executer auec legereté, qui est vn des grands poincts du Chant, & des plus considerables.

Le vray secret pour acquerir cette qualité, ou du moins pour la perfectionner, est de s'exercer dés le matin dans l'execution du Chant, en marquant d'abord auec poids & solidité, & sur tout du fonds du gosier pour l'accoustumer à la justesse, puis apres en poussant auec vitesse, pour acquerir de la legereté, les Traits qui se prattiquent dans l'Art de Chanter; Et enfin en adoucissant les Tons dans les endroits qui le requerent, comme ie feray voir plus amplement dans les Chapitres suiuans, en parlant de la Iustesse, & sur tout des Passages & Diminutions.

On peut aussi comprendre sous le nom de *Disposition*, l'haleine, qui est encore fort necessaire pour l'execution du Chant, à moins que de vouloir souuent couper vn mot, ou vne syllabe en deux, comme font beaucoup de gens; ce qui fait vn tres-mauuais effet.

Bien que cette qualité semble dépendre entierement de la bonne constitution du poulmon, il est constant qu'elle s'acquiert & s'augmente par l'exercice, aussi bien que les autres circonstances du Chant.

CHAPITRE IX.

De l'Oreille, ou Intelligence, à l'égard du Chant.

LE troisiéme auantage que donne la Nature pour le Chant, & sans lequel les autres ne sont d'aucun bon vsage, c'est l'Oreille, autrement appellée Intelligence, qui est encore vn don presque aussi rare que celuy de la Disposition du gosier, & qui est fort inégal parmy ceux qui aspirent à l'Art de bien Chanter. Aussi est-ce vne Question la plus ridicule du monde, sçauoir combien il faut de temps pour y paruenir? puisqu'il est vray que cela dépend du plus ou du moins de Disposition & d'Oreille.

Cependant il n'y a rien de si commun, que cette impertinente Demande, à laquelle il est plus expedient de ne point répondre, que de s'embarquer à faire vn long Discours sur vne matiere qui passe ces sortes de Curieux impertinens qui ne se contentent pas de vous voir vser vostre poulmon à les diuertir par vostre Chant; mais ils veulent encore vous acheuer à force d'interrogations sur vne matiere qui ne s'entend que par ceux qui sont versez dans la Practique de la chose.

Or il faut remarquer qu'il y a plusieurs especes d'Oreilles dans le Chant, & qui ne se rencontrent pas toutes à la fois dans vne mesme Personne, d'où vient que souuent on se pique mal à propos d'auoir bien de l'Oreille pour le Chant, à cause que l'on danse fort bien suiuant la Cadence du Violon. Ie sçay que c'est quelque chose d'auoir de l'Oreille pour la Cadence & pour la Mesure; mais nous voyons par experience que cela ne contribuë en rien à l'Intelligence des Traits dont le Chant est remply, & que tel sçaura vn Air en vn moment, quant à la Mesure (en quoy le Chant & la Danse ont quelque rapport) qui seroit vn Siecle entier à apprendre vn second Couplet ou Diminution.

Il faut encore remarquer que cette espece d'Intelligence est tellement differente de l'Esprit, (bien qu'il semble que ce soit la mesme chose, & que plusieurs les confondent l'vn auec l'autre) que telle personne qui aura infiniment de l'Esprit, mesme de la Voix & de la Disposition, n'aura pas d'Oreille pour le Chant; & i'en ay veu qui auec ces auantages, ayans voulu s'y embarquer, ont esté contraints d'y renoncer faute d'Oreille; là où bien des Gens sans beaucoup d'esprit apprennent auec facilité ce qui paroist assez bizarre & assez extraordinaire.

Nous en voyons qui ont de l'Oreille pour vn Chant Vny, & qui n'en ont quasi point pour vn Double. D'autres qui en ont pour ce qui est fort appuyé du gosier, & qui en manquent pour ce qui ne l'est que legerement. D'autres enfin qui en ont pour quelques agrémens, & n'en ont pas pour les plus considerables; ou bien ont de l'Intelligence pour les grands Airs, & n'en ont point pour les Airs de mouuement; & de là vient la difficulté d'apprendre, & surquoy l'on doit se regler pour sçauoir s'il faut plus ou moins de temps pour acquerir la Methode de Chanter, & auec plus ou moins de perfection.

Mais il y en a qui auec de la Voix, ont si peu d'Intelligence, qu'ils ne distinguent pas seulement les tons qui sont ou plus hauts & plus bas, & mesme qui croyent baisser, lors qu'ils haussent : Ces Gens là peuuent estre nommez dans le Chant, *des Incurables*.

Cependant c'est auec cette Qualité que l'on paruient à bien Chanter, sans laquelle celle de la Voix & de la Disposition ne sont quasi rien. C'est par elle que la Voix se rectifie quand elle est fausse ; s'adoucit quand elle est rude ; se modere quand elle est trop forte ; se soûtient quand elle est tremblante. C'est par elle que le gosier s'accoustume à marquer ce qu'il faut, & à couler ce qu'il ne faut marquer que legerement ; & pour tout dire, c'est par elle que l'on paruient à bien comprendre tout ce qui se prattique dans l'Art de bien Chanter ; mesme on peut dire qu'auec beaucoup d'Oreille, on peut acquerir de la Voix, & la faire quasi sortir du neant, par le trauail, & sur tout estant secondé d'vn bon Maistre, comme ie diray dans le Chapitre suiuant.

Pour ce qui est de l'Intelligence des Passages & Diminutions, elle peut s'acquerir par le moyen de la Musique, quand ce ne seroit que pour remarquer sur le papier le haut & le bas des Tons, & le nombre des Nottes. Mais pour la finesse de l'execution des Traits dont le Chant est orné & remply, rarement elle s'acquiert jusqu'au poinct qu'il faudroit; & à moins qu'elle soit naturelle, on a beau dire qu'auec le Temps & l'Exercice on pourra en venir à bout.

Auant que de venir au Chapitre du Choix d'vn Maistre pour l'Art de Chanter, ie trouue à propos de parler en passant de la Iustesse du Chant, qui semble dépendre de ces trois Qualitez dont ie viens de traiter; à sçauoir de la Voix, de la Disposition & de l'Intelligence.

Le mot de *Iustesse* est fort équiuoque dans le Chant : Les vns appellent *Chanter juste*, lors qu'on chante vn Air dans sa fidelité, & selon l'intention de l'Autheur, pour ce qui concerne seulement les traits, sans considerer la veritable justesse de la Voix, mais simple-

C iiij

ment le rapport fidele des ornemens que l'Autheur veut eſtre adjouſtez à l'Air qu'il a compoſé : Les autres au contraire, appellent *Chanter juſte*, lors que la Voix ſe porte à bien entonner chaque Notte en particulier, quoy que d'ailleurs elle manque pour la fidelité des Traits qu'elle ignore dans vn Air qu'on ne luy aura pas bien appris.

D'autres nomment *Chanter juſte*, lors que l'on obſerue la Meſure & le Mouuement des Chants, principalement de ceux qui ont leur Meſure reglée, comme ſont les Gauottes, Sarabandes, Menuets, &c.

Or comme il n'y a rien de plus en horreur parmy les Muſiciens, que de Chanter faux, il faut faire diſtinction du mot de *faux*, & ne pas donner inconſiderément cette méchante qualité à ceux qui chantent. On peut donc chanter faux, ou par vn méchant caractere de Voix qui n'eſt point aſſurée dans ſes tons, mais tantoſt entonnera juſte, & tantoſt faux, manque d'oreille, & meſme comme ie dis, par vne fauſſeté eſſentielle ; & de cette maniere l'on peut impunément appeller ces sortes de Voix fausses, & les accuser hardiment de Chanter faux.

Mais il y a vne autre maniere de Chanter faux, lors que par ignorance des Tons & Semitons, on prend quelquefois l'vn pour l'autre, principalement dans les Croches & Doubles-Croches, qui passent si legerement, que sans y penser on perd le soin de les entonner dans leur veritable justesse, ou que par exemple faute d'auoir bien entonné la Notte qui précede la Cadence, la finale qui la suit en porte la peine, & n'est pas dans la derniere justesse. Pour lors cela ne doit pas s'appeller Chanter faux (que par ceux qui ne sont pas d'humeur à excuser les defauts d'autruy) mais on doit adoucir le mot de faux, en vsant de circonlocution, & dire seulement que c'est ne porter pas juste, ne pas bien appuyer auant la Cadence, n'auoir pas l'attention aux Tons, & aux Semi tons, mais les prendre souuent les vns pour les autres.

Pour remedier à ces sortes de faussetez, & premierement à celle qui procede d'vn méchant fonds de Voix qui est absolument sans remede quand on manque d'Oreille) il faut auoir soin de choisir vn Maistre qui ait luy-mesme la justesse de la Voix, laquelle en chantant toûjours ensemble, se peut sans doute communiquer par la suite du temps, moyennant que l'on prenne les tons autant que l'on pourra du fonds du gosier, qui est le seul gouuernail de la justesse du Chant.

Ce n'est donc rien de s'exercer à la Musique, pour corriger le defaut essentiel de la fausseté d'vne Voix, à moins que le Maistre de Musique n'ait luy-mesme la Voix juste; ou au contraire s'il ne l'a pas, il augmente encore dauantage vostre defaut, & le rend tout à fait incorrigible, par vne méchante habitude, qui est vne seconde nature.

Pour ce qui est de l'autre espece de fausseté (s'il est permis de l'appeller telle) comme elle ne procede souuent que de l'ignorance des Tons & Semitons, il est constant que la connoissance des Nottes peut beaucoup contribuër à la corriger; & toutesfois la pluspart des Voix, pourueu qu'elles soient secondées d'vne bonne Oreille, se portent naturellement à bien entonner

de bien Chanter.

au moindre auis qu'on leur en donne, & ce par vn genie particulier, que l'on peut appeller Musique naturelle.

CHAPITRE X.

Du Choix que l'on doit faire d'un Maistre pour s'instruire dans le Chant, & quelles Qualitez il doit avoir.

AVparauant que d'entamer cette matiere, il est bon de dire que dans l'vsage ordinaire du Chant, il y a de toutes sortes de Compositeurs, qui ne voudroient pour quoy que ce fust ceder les vns aux autres ; & il en est qui sont tellement jaloux de leurs Ouurages, & si préoccupez de leur capacité, qu'ils ne veulent montrer que ce qui part de leur genie, qui souuent est tres-imparfait, & méprisent les productions des autres, ou du moins font semblant de les mépriser, soit pour s'épargner le soin & la difficulté qu'il y a de les auoir des Autheurs, soit qu'ils doutent de leur credit pour obtenir vne grace, dont peut-estre ils se sont rendus indignes par leur procedé.

2. Il faut sçauoir qu'il y a bien des Maistres de Chant qui ne composent aucuns Airs, soit manque de genie pour les beaux Chants, ou qu'ils ne les sçachent pas appliquer aux Paroles, faute d'en bien connoistre le sens, & sur tout les Regles de Quantité ; soit qu'ils jugent qu'ils n'y reussiroient pas comme d'autres qui sont en possession de les bien faire, & auec l'approbation generale de tout le monde. Au reste parmy ceux qui font de beaux Airs, il n'y en a presque point qui sçachent leur donner tout ce que contient la Methode de Chanter en toutes ses circonstances.

3. Il y en a plusieurs, qui bien qu'ils ne composent aucuns Chants, toutesfois par la connoissance qu'ils ont de la Maniere de Chanter, ils donnent l'ornement aux Ouurages d'autruy, & patticulierement aux seconds Couplets des Airs, tel qu'estoit autrefois Monsieur le Bailly, qui s'appliquoit entierement aux ajustemens des Ouurages d'autruy, sans mettre au jour aucuns Airs de sa composition.

4. L'on en void qui ne sçauent rien faire, ny pour la Composition, ny pour l'Inuention des Traits du Chant, ny mesme pour l'Application, mais qui payent d'Execution, & ainsi ne sont que de perpetuels Copistes; mais qui pour l'ordinaire ont bien plus de credit & d'approbation dans le Monde que les Originaux mesmes, s'ils sont priuez de cet auantage fort considerable, sur tout parmy les Gens qui ne font cas que de ce qui leur chatoüille l'oreille, dont le nombre est fort grand.

Mais de trouuer vn Maistre qui sçache tout ensemble faire de beaux Chants, les bien appliquer aux Paroles, leur donner tout l'agrément qui concerne la Maniere de Chanter, tant pour l'Inuention, que pour l'Execution, faire des seconds Couplets qui soient autant parfaits qu'ils le puissent estre, & ne pechent point contre les Regles de la Quantité; bien obseruer en chantant les veritables Prononciations, & les Expressions des Paroles, & bien entrer dans la pensée du Poëte qui les a composées; en vn mot sçauoir bien Chanter & bien Declamer

tout à la fois ; adjouſtez encore l'accompagnement du Theorbe, c'eſt ce
qu'on n'a point veu dans les Siecles
paſſez, & ce qui eſt tres-rare dans celuy-cy, & c'eſt ce qui s'appelle vn veritable Maiſtre, indépendant des autres, ou pluroſt de qui tous les autres
dépendent, en ce qu'il faut abſolument
l'auoir pratiqué quelque temps, pour
ſçauoir la bonne Maniere d'executer
le Chant & en auoir conſerué vne
bonne idée, & en outre ſe donner le
ſoin d'auoir ſes Ouurages à meſure
qu'il les met au jour, & d'en ſçauoir
les ornemens ſuiuant ſon intention, ou
par luy-meſme, ou par tradition ; autrement on eſt ſouuent pris ſans verd,
lors que l'on n'eſt pas garny de ces
ſortes d'Airs qui ont vne approbation
generale, & vn cours tout autre que
ceux qui n'en ont que par vne cabale
qui ne s'étend pas fort loin, & parmy
vn fort petit nombre de Gens.

Il faut auſſi conſiderer deux poinɉts
dans l'vſage du Chant ; à ſçauoir, bien
Chanter, & Chanter de bonnes choſes.
L'on peut quelquefois chanter bien de
méchans Ouurages, & en mal chanter

de bons; ce qui arriue par le bon ou mauuais Choix des Maiſtres, dont il y en a qui font de méchans Airs, & qui les montrent à leurs Diſciples, comme bons, ſans que pour cela il y ait pour ainſi dire aucune faute dans la maniere dont ils veulent qu'ils ſoient executez: D'autres au contraire qui montrent de fort bons Airs, mais qui faute de cónoiſſance dans l'Art de bien Chanter, ou de ſoin de ſçauoir l'intétion de l'Autheur, les montrent tout de trauers, principalement quand ils veulent ſe piquer de faire de leur teſte des ſeconds Couplets en diminution, à cauſe qu'ils connoiſſent fort bien les Accords du Sujet auec la Baſſe, de meſme qu'vn Homme qui ſe piqueroit d'eſtre bon Sculpteur, à cauſe qu'il eſt bon Charpentier.

De ces Obſeruations il eſt aiſé d'établir les Qualitez qu'vn Maiſtre doit auoir pour bien faire profiter ſes Diſciples dans la Maniere de Chanter.

Premierement, il faut qu'vn Maiſtre du Chant ait de la Voix, & ſur tout de la juſteſſe de la Voix, dis-je, pour ſe faire entendre; car enfin on n'apprend point le Chant par les Liures, ny par des Preceptes, à moins que la viue Voix ne les seconde. Et quel moyen de soûtenir la Voix d'vn Disciple, & de la rendre juste, si le Maistre ne l'a pas juste luy-mesme, puis qu'il n'y a que ce moyen pour acquerir la justesse? Cette Qualité est absolument necessaire dans vn Maistre.

2. Il faut par la mesme raison, qu'il ait de la disposition pour bien executer les traits du Chant, afin qu'à son imitation le Disciple la puisse acquerir, le Chant s'apprenant plus par l'exemple, que par toute autre sorte d'instruction.

3. Il est tres-dangereux de se seruir d'vn Maistre qui chante du nez, & qui execute de la làngue, d'autant que ces defauts se communiquent facilement.

4. Il faut qu'vn Maistre sçache connoistre le fort & le foible des Voix, & la disposition de ceux qui apprennent, afin de ne leur rien donner à executer qui ne soit de leur portée; & c'est vn des grands secrets de l'Art de montrer à Chanter, mais qui n'a guere de lieu, au regard de ceux qui apprennent, qui veulent absolument qu'on

leur donne du plus fin, croyant estre capables de l'executer, & s'imaginent ne sçauoir pas bien vn Air, s'ils ne le sçauent de poinct en poinct, comme ils l'ont oüy dire aux autres, sans considerer qu'il y a plusieurs Manieres également bonnes pour ce qui est des ornemens du Chant. Il est bon mesme qu'vn Maistre sçache faire remarquer les defauts de l'execution du Chant, des Prononciations, & ainsi du reste, en les contrefaisant luy-mesme, afin que cela fasse plus d'impression sur ceux qui ne connoissent le bon que par son contraire, & qui s'imaginent dire bien, à moins qu'on leur fasse connoistre par ce moyen la diference de la bonne ou mauuaise execution, en affectant de mal faire comme eux, & puis leur montrer la Maniere de bien faire.

5. Il est à propos qu'vn Maistre sçache bien la Langue Françoise, non pas comme le vulgaire; mais ie veux dire qu'il connoisse fort bien le sens des Paroles, la Prononciation, & la Quantité. Mais au contraire on en voit de si ignorans (qui toutefois ont vne fausse reputation) qu'ils couchent sur le pa-

pier des Paroles où il n'y a, comme on dit vulgairement, *ny rime ny raison*, en prenant vn mot pour l'autre, ou le coupant en quatre, & dont ie veux taire cent exemples, qui se remarquent tous les jours, ou plutost qui ne se remarquent point, car enfin on les renuoyeroit à l'École. Et c'est vne erreur de dire qu'il n'importe point, pourueu que d'ailleurs ils les fassent bien proferer à leurs Disciples; car ie maintiens que quand ainsi seroit (ce qui est presque incroyable) cela supose toûjours vn grand foible dans vn Maistre, de n'entendre pas ce qu'il chante, sans quoy il ne sçauroit ny bien faire exprimer le sens des Paroles, ny reparer les defauts qui se rencontrent à l'égard de la Quantité, dans la diference des Couplets, comme ie diray en parlant des longues & des bréves.

6. La Musique est encore necessaire à vn Maistre, c'est à dire la connoissance des Nottes & des Mesures, non pas dans vne perfection si grande, qu'il faille qu'il chante à l'improuiste, mais il suffit qu'il sçache déchifrer vn Air soit à loisir, soit tout d'vn coup,

& mesme il est à propos qu'il y sçache adjouster le plus qu'il pourra de veritables ornemens, pour n'auoir pas, comme i'ay dit, besoin eternellement du secours d'autruy, qui est vn foible qu'on a bien de la peine d'excuser des Disciples mesmes. Pour cet effet ie serois d'auis que l'on mist les Maistres à l'épreuue, en leur donnant vne Piece nottée qu'ils n'auroient point preueuë, afin de voir comme quoy ils s'en acquiteroient; mais il semble que l'on aide à se tromper soy-mesme en ce rencontre, comme en bien d'autres.

Voila pour ce qui est du Chant en general, & pour ne point contracter de mauuaises habitudes.

Mais comme il ne suffit pas d'aprendre à chanter, pour ne pas faire de fautes dans le Chant, & qu'il faut encore sçauoir chanter ce qui est de beau & de bon dans le commerce de la Musique (car enfin on n'apprend à chanter que pour cela) voicy d'autres Qualitez à considerer dans le choix d'vn bon Maistre, presque aussi necessaires que celles dont ie viens de parler.

Premierement, il seroit à propos

qu'vn Maistre fist de soy de beaux Airs, & pour cet effet qu'il eust beaucoup de génie, qu'il se connust en Paroles propres pour cela, & qu'il eust soin d'en auoir souuent de ceux qui les font, s'il ne les sçait faire luy-mesme (ce qui seroit encore bien mieux) afin de ne dépendre point tout à fait d'autruy, & auoir dequoy contenter la curiosité de ses Disciples qui aiment la nouueauté, conformement à l'humeur de nostre Nation : outre qu'en faisant des Airs qui fussent approuuez, ils auroient plus de moyen d'auoir ceux des autres par droict d'échange; ce que ne peuuent pas faire que fort difficilement ceux qui ne mettent rien au jour de leur génie. A ce propos ie diray que pour vn bon Air il ne suffit pas que le Chant soit beau, mais il faut encore que les Paroles soient belles, ou du moins passables, & sur-tout qu'il n'y ait rien de choquant; car enfin qui dit vn Air, dit vn mariage d'vn beau Chant auec de belles Paroles: C'est donc vne erreur de dire qu'vn Air est beau, dont les Paroles ne valent rien. Or est-il que ceux qui font de belles

Paroles, les donnent toûjours au[x] grands Compositeurs, & qui sont e[n] reputation, comme i'ay dit dans l[e] Chapitre precedent. Ainsi il n'y en [a] que fort peu dont les Airs soient receu[s] parmy le Monde.

Secondement, il faut du moins qu'v[n] Maistre ait le soin d'auoir non seulement les bons Airs, mais encore le[s] seconds Couplets ou Diminution, & su[r] tout la maniere de chanter les premiers selon l'intention des Autheurs qui sont en reputation ; car autrement ils sont sujets à montrer souuent ce qu'ils ne sçauent pas eux-mesmes, la Musique estant vn foible secours pour se garantir de cette peine, & mesme la Methode de Chanter generalement parlant. Mais comme il n'y a quasi personne qui reüssisse dans la Diminution, & que les Disciples en veulent, cela cause vn grand embarras dans l'Esprit des Maistres qui ne sont pas de la premiere Classe.

Cette circonstance fait remarquer, que souuent ceux qui ont accés auptes des Autheurs illustres, reüssissent mieux pour montrer certains Airs, (principalement lors qu'ils ont affaire à des Voix & des Dispositions toutes formées) bien qu'ils ne soient que des Copistes, que ne feront de mediocres Originaux. Mais aussi il arriue vn autre inconuenient, qui est que ces sortes de Maistres sont bornez à vn fort petit nombre d'Airs, & n'osent se hazarder d'en montrer d'autres, dont ils ignorent les traits & les ajustemens, conformément à l'intention de l'Autheur; & mesme s'il arriue que ces sortes de Copistes viennent à déchoir du credit dont ils se préualoient aupres de leur Original, ils ne sont plus rien, & c'est à quoy on deuroit bien prendre garde; car en pensant auoir vn bon Maistre, vous n'auez plus qu'vn Disciple disgracié, & qui ne subsistoit que par le secours d'autruy dont il est priué. Cependant on s'aueugle tellement du faux merite de ces sortes de Maistres, que lors mesme qu'ils sont cassez, on ne laisse pas de s'en seruir sur le pied de Gens fort habiles & comme ils se sont érigez dans le Monde en Maistres de Reputation, ils ne laissent pas de continuër à montrer jusqu'à ce qu'enfin on se soit apperceu de leur foible; ce qui ne se fait qu'apres vn long espace de temps.

Ie donnerois volontiers auis à ceux qui prennent ces Maistres dépendans d'autruy, de faire connoissance familiere auec des Disciples de l'Original mesme qui ne font point profession de montrer, ils y trouueroient bien mieux leur compte, car ils en apprendroient d'autant plus, qu'ils en joüiroient plus facilement & plus à loisir : ce qui se remarque dans les Familles, où vne Personne qui apprend d'vn excellent Maistre, montre à toutes les autres de la Famille, & leur insinuë le Chant insensiblement, pour peu qu'elles y ayent de disposition, bien mieux que ne feroient des Maistres de la Ville, qui ne font que des leçons rares, & qui passent en vn moment : Mais on s'imagine mal à propos que le nom de Maistre contribuë extrémement à inspirer la Maniere de Chanter; & l'on ne peut se persuader qu'vne Fille ait plus d'auantage en ce rencontre que tous les Maistres ensemble, qui ne consulteront point l'Original.

Il en arriue encore vn autre plus grand, qui est que bien qu'vn Maistre soit capable de subsister de soy, si toutesfois on l'a reconnu fort assidu à cultiuer les grands Maistres de l'Art, & qu'on vienne à s'apperceuoir qu'il n'a plus cette grande attache, on le taxe tout aussi-tost d'incapacité, & l'on dit fort ridiculement, qu'il a eu de la Methode, mais qu'il ne l'a plus ; & jusques à ce que par la suite du temps il ait fait connoistre son indépendance, on le passe pour vn proscrit & vn ignorant, & on le met au rang de ces Copistes dont ie viens de parler.

Il y a encore des Qualitez étrangeres qui ne sont pas essentielles pour vn bon Maistre, & qui toutesfois font le plus d'impression sur les Esprits, comme par exemple l'assiduité (qui certes est fort considerable) la complaisance, &c. mais sur tout Chanter sans grimace, sur quoy on se fonde extrémement pour le choix des Maistres, comme sur vne qualité essentielle, parce qu'on pretend que le defaut de grimacer se communique facilement ; ce que ie tiens pour vn grand abus (si ce n'est que ce defaut soit si grand qu'il soit inexcusable) puis que d'ordinaire cela dépend des Prononciations qui ne se peuuent former sans faire quelques figures de la bouche, qui passent souuent pour grimaces effectiues, quoy qu'elles ne soient qu'imaginaires.

Mais ce qui passe dans le Monde pour vn grand defaut, & que l'on attribuë souuent auec bien de l'injustice aux Maistres Illustres, non seulement dans le Chant, mais dans tous les autres Exercices, c'est la qualité de bizarre; de sorte que lors qu'on veut décrier vn habile Homme, & que l'on ne peut donner aucune atteinte à sa capacité, on dit aussi-tost que c'est vn bourru, vn fantasque, & vn Homme que l'on ne peut gouuerner; & les Esprits foibles donnent incontinent dans le panneau, (sans considerer que souuent ces Calomniateurs sont Gens qui en ont mal vsé eux-mesmes, ou qui parlent sur le rapport d'autruy) au lieu d'éprouuer si cela est veritable ou non, & pour lors ils trouueroient tout le contraire, & verroient que si l'on a de la bizarrerie pour les vns, on a de la complaisance pour les autres quand ils s'en rendent dignes par leur procedé.

D'ailleurs l'on nomme souuent *Bizarrerie*, ce qu'on deuroit nommer *exactitude, seuerité*, & vn desir trop ardent de faire profiter le Disciple; là où tout au contraire l'on passe pour vn bon Maistre celuy qui par vne lasche complaisance laisse passer cent fautes sans les corriger, & vous accable de loüanges, disant qu'il n'y a rien de mieux (pendant que les autres vous tournent en ridicule) le publient mesme dans le monde; au lieu qu'vn Maistre qui agit sincerement, se croit obligé de dire les choses comme elles sont, pour mettre son honneur à couuert, & afin qu'on ne luy impute pas à ignorance d'estimer vne chose qui est fort imparfaite; ce que les Esprits mal tournez appellent *médire*, comme si cela alloit à attaquer les mœurs, & à déchirer la reputation.

On connoist encore le merite d'vn Maistre par le progrez de ses Disciples, & lors que l'on en voit qui auec peu d'auantage de la Nature, sont paruenus à bien Chanter ; mais il faut bien prendre garde de donner au merite du Maiſtre, ce qui ne procede que du genie, de la Diſpoſition & de l'Oreille d'vn Diſciple, qui paroiſt fort bien Chanter, à cauſe qu'il a ces talens que la Nature luy a donnez, & toutesfois fait cent fautes contre les Regles, qui ne ſont connuës que par les Experts ; & tout au contraire il ne faut pas mépriſer vn bon Maiſtre, dont le Diſciple n'aura pas fait vn grand progrez, à cauſe qu'il eſt dépourueu de ce qu'il faut pour cét effet.

Toutesfois quoy que l'on doiue juger du bon Maiſtre par cette experience, nous remarquons qu'elle fait fort peu d'impreſſion ſur la pluſpart des Eſprits, qui ne s'attachent qu'à l'aparence & à la ſuperficie des choſes, & qui choiſiront vn Maiſtre par le nombre de Perſonnes de Qualité auſquelles il montre, qui ſe le donnent ſouuent les vns aux autres, par d'autres raiſons que celle de la capacité, & d'autant plus aiſément qu'ils n'ont pas grande application au Chant, & ne prennent vn Maiſtre que pour ſçauoir ce qui court de nouueau dans le Monde.

Au reste, c'est encore vn fort grand abus dans le Monde, de se seruir d'vn Maistre mediocrement capable dans les commencemens, pour ébaucher (dit-on) la Voix, puis que des bons commencemens dépend tout le progrez, & que comme l'on dit ordinairement, & toutesfois que l'on ne pratique guere, il y a deux peines en ce rencontre pour vn bon Maistre, qui trouue à retrancher de mauuaises habitudes & de mauuais principes qui n'ont déja pris que trop de racine, & à en donner de bons. Mais le mal est que souuent on prend vn Maistre de la main de celuy que l'on croit exceller dans la chose, & que l'on ne considere pas qu'il seroit mauuais politique d'en donner vn qui ne fust pas infiniment au dessous de luy, afin de le pouuoir détruire quand il voudra, & qu'il ne luy puisse pas secoüer le joug auec le temps, comme font d'ordinaire les Maistres ingrats, lors qu'ils se voyent vn peu en credit,

Pour conclusion ie diray que le meilleur Maistre que l'on puisse choisir, soit pour apprendre bien le Chant, ou pour la curiosité d'auoir toûjours du nouueau, c'est à dire comme i'ay dit cy-deuant, pour bien Chanter, & pour Chanter les bonnes choses, est celuy qui outre la connoissance des Regles generales de la Maniere de Chanter, le genie de les appliquer à propos aux Paroles, l'Art de faire bien prononcer, & sur tout de bien faire obseruer les longues & les bréves, fait quand il veut des Airs agreables pour empescher le dégoust qu'il y a de chanter toûjours les mesmes choses, & en outre a le soin d'auoir les Airs d'autruy pour ceux qui les demandent, quand mesme ils ne seroient pas tout à fait à son gré, le Maistre n'ayant pas seulement à se contenter, mais à satisfaire ses Disciples. Quand ie dis qu'il faut qu'il ait le soin de sçauoir les Airs des autres Compositeurs, i'entens les sçauoir selon leur intention, si ce sont des Autheurs qui soient en reputation pour la Maniere de Chanter, & ne pas se piquer de trouuer de soy tous les agrémens qui ne sont que sous-entendus dans les Airs; car c'est vne présomption qui souuent ne produit que de fort mauuais effets: Et il est constant qu'vn Autheur qui aura long-temps ruminé son Air, y aura trouué quelque chose que les autres ne rencontreroient pas, à moins que d'estre fort éclairez, & d'auoir pour ainsi dire toutes les lumieres du Chant.

Mais le mal est que d'ordinaire on prend vn Maistre, ou par vne reputation mal fondée qu'il aura acquise, ou sur le rapport du Maistre que l'on croit exceller en cét Art (ce qui est vn grand abus, comme ie viens de dire) ou sur la voix publique, qui juge souuent du merite par oüy dire, & par des qualitez qui sont tout à fait éloignées de celles qu'il faut considerer, ou bien parce qu'vn Amy l'aura indiqué, lequel Amy n'aura pas manqué de donner vn Maistre pour qui il a plus d'affection, plutost que celuy qui a plus de merite; & quand vne fois on a choisi vn Maistre, on croit estre obligé par hõneur à ne le plus changer: au lieu que l'on deuroit faire l'épreuue de chaque Maistre en particulier pendant quelque temps, & puis s'en tenir au meilleur; ce qu'enfin on pourroit fort bien reconnoistre dans la suite du temps, à moins que d'estre priué de tout discernement.

On fait d'ordinaire vne Question, sçauoir à quel âge on doit commencer à cultiuer le Chant, qui est quasi de la mesme nature que celle qui se fait du temps qu'il faut pour paruenir à le bien sçauoir. Cela dépend donc du plus ou du moins de force & de complexion. Il y a des Enfans qui a cinq & six ans ont plus de Voix & de Disposition que d'autres à quinze : Ainsi il n'y a point de Regle certaine pour cela, & il est constant que le plutost que l'on peut cultiuer la Voix, c'est le mieux, par la raison qu'elle se porte à chanter d'elle-mesme cent pauuretez que l'on entend du tiers & du quart, qui ne font que luy donner vn mauuais ply & vn mauuais tour, outre qu'elle s'augmente fort par le bon exercice, moyennant qu'il ne soit pas violent; ce qui se doit regler par la prudence des Maistres.

Il arriue toutesfois vn inconuenient dans le Sexe masculin, que l'on ne peut préuoir, & dont l'autre Sexe est exempt, qui est que quand on a bien pris de la peine de cultiuer la Voix d'vn

Garçon, elle se perd dans la muance qui arriue d'ordinaire entre l'âge de quinze ou vingt ans (comme i'ay déja dit.) Il est vray qu'en ce cas il luy reste toûjours vne connoissance de la chose pour la mieux gouster & mieux juger de sa bonté & de sa perfection, & s'en peut seruir s'il luy prend enuie d'apprendre à joüer de quelque Instrument, à quoy la connoissance du Chant n'est pas inutile.

Auant que de finir ce Chapitre, ie ne veux pas oublier vn abus fort commun parmy ceux qui apprennent à Chanter, qui est de loüer vn Maistre par la seule raison qu'il n'est point chiche de son temps, & qu'il fait des Leçons fort amples; comme aussi de ce qu'il est liberal de nouueautez, & qu'à chaque Leçon il donne vn Air, & mesme le second Couplet en Diminution.

Car premierement outre que ce n'est pas le temps qui regle les bonnes Leçons, mais le soin que l'on prend de les bien faire, & que cela dépend sur tout de la capacité à l'égard du Maistre, & de la complaisance à l'égard du Disciple, c'est qu'il n'y a rien qui rebute si fort vn Maiſtre, que de le vouloir forcer à vous donner du temps au delà de ce qu'il a deſtiné pour chaque Leçon; & il eſt certain qu'en penſant l'obliger à vne choſe qu'il croit eſtre contre la raiſon, vous luy oſtez le courage de vous corriger des fautes eſſentielles qui ne ſe corrigent qu'auec vn grand ſoin, & vne application qui emporte bien du temps: Si bien que tous ces momens que vous croyez exiger de luy, ſont non ſeulement inutiles pour le progrez que vous pretendez faire par vos Leçons, mais méme nuiſibles, en ce qu'il eſt contraint de vous applaudir dans vos defauts, pour auoir la liberté de ſe retirer.

Secondement, c'eſt fort mal à propos loüer vn Maiſtre par la multitude d'Airs dont il eſt ſi liberal enuers ſon Diſciple, car outre qu'il s'en fait fort peu de bons & qui meritent d'eſtre montrez, c'eſt qu'en ſe chargeant la memoire de tant de choſes, ce n'eſt pas le moyen de faire vn grand progrez dans le fin du Chant; & il eſt certain qu'à moins que d'auoir vne oreille admirable & vne Disposition prodigieuse, il ne se peut que dans cette auidité de sçauoir beaucoup d'Airs, vous n'obmettiez mille agrémens dans le Chant, qui ne s'aquierent qu'auec vn soin & vne attache particuliere; de sorte que vous en demeurez toûjours au grossier, & n'en sçauez iamais le fin: encore si vous voulez comprendre dans le mot de *grossier*, ce qui seroit plus à propos de nommer *solide*, les Principes & les fondemens du Chant, comme sont les Cadences, les Ports de Voix, le Soûtien des Finales, & autres Nottes longues; & sur tout la iustesse, sans laquelle tout l'ordre du Chant est renuersé, vous ne sçauriez acquerir ces choses, si vous employez voitre temps à apprendre seulement les Nottes & les Traits d'vn Air, suiuant le Prouerbe Latin.

Pluribus intentus minor est ad singula sensus.

Et c'est ce qui s'appelle vouloir peindre auant que de sçauoir dessigner : Ainsi il faut vous resoudre d'abord à combattre les defauts essentiels qui se glissent dans ces sortes de Principes, autrement vous courez risque de ne les corriger iamais dans la suite du temps; & lors que vous croyez estre fort auancé dans le Chant, pour ne pas reculer & retourner sur vos pas pour apprendre ce que vous auez negligé dans les commencemens, cela s'appelle en bon François r'ouurir vne Playe que vous n'auez pas d'abord assez bien pansée, & que vous auez trop tost fermée, ou comme ie viens de dire, recommencer tout de nouueau à apprendre à dessigner, lors que vous croyez estre fort auancé dans la Peinture.

Ce n'est pas qu'il ne faille que le Maistre ait soin d'auoir tout ce qui se fait d'agreable dans la Musique, comme i'ay déja dit, & il ne suffit pas de composer soy-mesme de beaux Airs, & mesme de les bien executer & bien enseigner aux autres selon toutes les Regles de l'Art; en vn mot il faut ces deux choses à la fois, *sçauoir & auoir*, sçauoir fort bien montrer, & auoir dequoy contenter la curiosité de ses Disciples sur le fait de la nouueauté, qui d'ordinaire les flatte extrémement.

Mais ie tiendrois vn Maiſtre bien miſerable, s'il faloit qu'il ſe chargeaſt de mille *rapſodies* qui ſe font pour contenter les Eſprits de méchant gouſt, lequel il doit plutoſt s'efforcer de corriger lors qu'il eſt ſi déprané, & remettre ces ſortes d'Eſprits dans le bon chemin, que de s'expoſer par vne lâche complaiſance au blâme d'vn choix indigne de luy, en ſe chargeant de mille badineries ridicules & impertinentes. Cependant c'eſt à quoy les Maiſtres ont bien de la peine à paruenir, & ce que ie trouue de rude & de ſingulier dans le commerce du Chant, & qui ne ſe pratique point dans les autres Exercices, à ſçauoir, dans la Danſe & dans les Inſtrumens, où les années entieres ſe paſſent à apprendre vn fort petit nombre de Pieces, & preſque ſans affectation de nouueauté; car enfin toute la Danſe roule ſur fort peu de Pieces; & quant aux Inſtrumens, on ſe contente d'abord de quelques bagatelles anciennes, pour rompre la main; & lorsque l'on eſt plus auancé, on en apprend de plus importantes, mais toûjours sans s'informer si elles sont nouuelles: au lieu que dans le Chant on est toûjours exposé à la peine de chercher les Ouurages des bons Autheurs, qui de leur costé ont souuent la manie de les tenir cachez le plus qu'ils peuuent, & de ne les donner que lors qu'ils sont suranez; ce qui fait que la pluspart des Maistres qui ne font rien de leur chef, rebutez de tout cet embarras, se contentent d'auoir des Airs *de la Basse-cour* (que leur donnent les Compositeurs d'autant plus volontiers qu'ils croyent que cela les met en reputation & fait connoistre leur merite) mais aussi ils sont toûjours à la veille d'estre congediez lors qu'on vient à s'apperceuoir de leur peu de soin, ou de leur peu de credit, pour auoir les Ouurages des bons Autheurs.

Mais si les Disciples sont blâmables de se charger la memoire de mille pauuretez, & de vouloir mesler les beaux Airs parmy des Airs ridicules; il faut aussi les condamner lors qu'ils ont trop d'affectation pour certains Airs particuliers dont le merite ne leur est connu que par le nom de l'Autheur, & qu'ils se laissent trop facilement persuader par leurs Maistres, qu'il n'y a que ceux-là qui soient dignes d'estre appris, & que tous les autres sont defectueux, & ne valent pas la peine que l'on s'y attache. Ainsi par cette affectation comme ils ignorent le plus souuent ce qui est le plus approuué (car enfin il y a plusieurs Compositeurs qui reüssissent dans les Airs, & qui ne cederoient pas les vns aux autres) ils ne s'apperçoiuent pas qu'on les tourne en ridicule eux & leurs Maistres, qui sont rauis de trouuer de ces Duppes, afin, comme i'ay dit, de s'exempter d'vne peine & d'vn embarras aussi grand que celuy de chercher les Airs de chaque Autheur, & d'en sçauoir l'intention (si c'est vn Autheur qui soit sçauant dans la Maniere de Chanter, ce qui ne se rencontre pas toûjours) & les veritables ornemens.

CHAPITRE XI.

Des Airs, & des differens sentimens touchant leur Composition.

I'Ay dit dans le troisiéme Chapitre de cette premiere Partie, qu'il n'y auoit qu'vne bonne Maniere de Chanter, à laquelle toutes les circonstances du Chant se doiuent rapporter, & que (pour excuser vn mauuais Chantre) c'est vn abus de dire que chacun a sa maniere, & de pretendre appuyer cette proposition sur la Maxime vulgaire qui dit, *qu'il ne faut point disputer des gousts*, qui est aussi mal fondée que l'autre, à moins que d'estre bien interpretée.

Toutesfois comme les Pieces de Musique sont fort differentes les vnes des autres, soit pour la Mesure, soit pour le Mouuement, soit pour l'Expression des Paroles, on pourroit dire qu'il y a autant de diuerses Manieres de Chanter, qu'il y a de Mouuemens & d'Expressions differentes, & que tel reüssit pour l'execution d'vn grand Air, d'vn Air *de Recit*, & dont la Mesure sera lente, ou si vous voulez d'vne Leçon de Ieremie, qui ne reüssira pas dans vn Air de Mouuement, dans vn Air de Ballet, vne Gauotte, vne Chanson Bachique, & autres semblables qui demandent plus de legereté; au lieu que les premiers veulent plus de poids, de fermeté, & de force d'Expression. Mais comme ces Manieres de Chanter ne sont differentes que selon le plus & le moins de force ou de legereté, d'appuy ou d'adoucissement, on doit toûjours les rapporter à vn mesme principe de bonté, & il n'y a que le mauuais vsage & la mauuaise application qui les rendent vitieuses. Là où tout au contraire dans le Chant de la pluspart des Musiciens qui n'ont iamais eu de bonnes instructions, il y a des choses qui ne peuuent iamais estre bonnes de soy, & sans en considerer l'aplication, comme par exemple de chanter du nez, de porter mal la Voix, de faire mal les Cadences, les Accens ou *Plaintes*, & de les placer mal à propos à la fin des Airs, ou des Ports de Voix, de faire les Passages de la Langue, & auec certaine inégalité & précipitation, sur tout de mal prononcer & confondre les longues & les bréues; c'est ce qui s'appelle vne méchante Methode de Chanter, & qui ne peut iamais auoir d'approbation que parmy ceux qui ne se repaissent que de Belle Voix & de Disposition, c'est à dire de *fredon*, pour parler en termes vulgaires, qui sont des dons purement de Nature, & où l'Art & la connoissance du Chant n'ont souuent aucune part.

Mais il me semble que ie m'écarte vn peu trop du dessein que ie me suis proposé de parler des Airs & de leurs Diffrences, non seulement pour la Mesure & pour le Mouuement, mais mesme à l'égard de la Composition & du iugement que l'on en doit faire de bonne foy & sans préoccupation.

Disons donc premierement que dans le commerce de la Musique les sentimens sont fort diferens, touchant les Airs Italiens & les Airs François; les vns disent que les derniers ne sont pas comparables aux premiers, principalement lors qu'ils font executez par les françois; les autres tiennent que c'est vne opinion qui s'est glissée dans les Esprits qui n'estiment bien souuent que les choses qu'ils n'entendent point, ou qui jugent de leur bonté, parce qu'ils l'ont oüy vanter aux autres, & qu'il vaut bien mieux s'en tenir à nos Airs qui nous sont plus familiers: Les autres enfin, disent qu'vn Air Italien ne sied point dans la bouche d'vn François, & qu'il perd toute sa force & toute son expression; de sorte qu'ils ne content pour rien toutes les delicatesses qu'vn illustre François adjouste aux Chansons Italiennes, & croyent dire vn Oracle, lors qu'ils disent que cela n'est pas bons sans la Langue Italienne, comme si ce qui charme l'oreille, & selon toutes les Regles du Chant, n'estoit pas bon en quelque Langue qu'il soit chanté.

Les Airs Italiens ont asseurément quelque auantage par dessus les François, particulierement pour les grands *Recits*; mais ie ne sçay si cet auantage n'est pas fondé sur ce que la Langue Italienne a bien des Licences que la

Françoise n'a pas, dont la seuerité (peut-estre trop grande) tient les Compositeurs en bride, & les empesche souuent de faire tout ce que leur génie leur inspire; car outre les Licences qui se pratiquent dans la Langue Italienne, comme par exemple les Elisions que l'on supprime quand l'on veut (ce qui ne se permet point dans le François;) il est permis de repeter les Paroles Italiennes, tant qu'il plaist aux Compositeurs : de sorte que de quatre petits Vers on peut faire vn fort grand Air, à force de Repetitions (ce qui se pratique encore dans le Latin) & mesme des Repetitions de mots qui semblent n'en valoir pas la peine, & qui seroient ridicules dans nostre Langue, où par vn vsage (peut-estre, comme i'ay dit, trop seuere) il n'est permis de repeter que bien à propos les Paroles, qui d'ailleurs doiuent estre d'vn certain caractere doux & familier dans nos Airs; au lieu que dans le Chant Italien ou Latin, toutes sortes de termes peuuent estre vsitez, sans que les Critiques y puissent trouuer à redire. Les Eclairs, les Tonnerres, les Astres, le

Purgatoire, l'Enfer, & mille autres mots semblables, tout cela est bon dans les Airs Italiens; comme aussi quantité d'Expressions qui sembleroient bizarres dans le François, par exemple de dire en parlant à la Liberté, dans l'Air, *O cara Liberta*, qu'elle est

  Le Tresor des Esprits,
  Le Ciel des Viuans.

  Sei Tesoro d'elle Menti,
  Sei vn Cielo de Viuenti.

Ou dans l'Air, *Mai n'ol diro*, en voulant exprimer la fidelité d'vn Amant pour sa Maistresse, de dire qu'elle regnera eternellement sur le siege de la foy.

  Sù la sede
  Di mia fede
  Sempiterna regnera.

Lesquelles Expressions passeroient pour barbares dans les Airs François, qui ne souffrent que des mots doux & coulans & des Expressions familieres; de sorte que pour décrier vn Air François, il suffit d'y trouuer vn mot extraordinaire & qui n'y soit pas encore connu : Sçauoir si c'est sans raison, ou auec fondement que cela se pratique, c'est ce qui n'est pas encore decidé ; & comme il semble que c'est vne rigueur trop grande que cette exclusion de ces sortes de termes & d'expressions, qui hors la Chanson sont non seulement bonnes, mais qui sont mesme souuent de grands poids & de grande consideration dans la Poësie ; il semble aussi que c'est vne temerité à vn Autheur qui d'ailleurs n'aura pas toute l'authorité possible dans la Musique, de pretendre les instaler dans les Airs, contre l'vsage qui doit plutost en estre la regle que le jugement d'vn particulier.

Il faut donc en cela suiure l'vsage present, iusques à ce que la suite du temps en ait autrement ordonné, & que l'on s'accoustume peu à peu à souffrir toutes sortes de mots dans les Airs, pourueu qu'ils soient François & qu'ils ne soient point barbares, comme on en a souffert autrefois, qui presentement le seroient au dernier poinct, ainsi que l'on peut voir par ce Fragment tiré d'vne Ode d'Anacreon Poëte Grec, lequel Fragment iadis tourné en François, ou plutost en *Gaulois*, on auoit mis en Air, & qui peut-estre en ce temps-là passoit pour vn fort bon Couplet de Chanson.

Trop amer est il de n'aimer,
Mais aimer est trop plus amer,
Et le plus amer que l'on voye,
Est aimant faillir à sa proye.

Mais que depuis quelques années vn Illustre du Siecle a tourné fort poliment en ces termes.

Il est fascheux de n'aimer rien,
Fascheux d'aimer, & plus fascheux encore
De n'estre point aimé lors que l'on aime bien.

Ce qui fait voir que selon la diuersité des temps le langage François change non seulement pour parler, mais mesme pour Chanter. A ce propos il me souuient d'vn Autheur assez celebre pour la Poësie, qui vouloit obliger vn Compositeur de Musique à faire vn Air sur vn Couplet qui commençoit par ces mots.

*L'Amour est vn Oyseau qui vole
En vn moment, de l'vn à l'autre Pole.*

Ce debut effraya tellement le Muſicien, qu'on pouuoit dire qu'il ſe vit *hors de game*; & cependant ſi ces mots eſtoient tournez en Italien, & donnez à vn de leurs Muſiciens, il en ſortiroit fort bien à ſon honneur, & en feroit peut-eſtre vn Air qui ſeroit admiré de toute l'Italie.

Il y a encore vne autre Obſeruation à faire dans le François, touchant les *e* que l'on nomme *muets* ou *feminins*, qui aſſeurément rendent le Chant plus fade, & qui font qu'il ſe ſoûtient bien moins dans noſtre Langue que dans l'Italienne, dans laquelle bien qu'il y ait des *o* qui ſemblent répondre à ces ſortes de *e*, ils ſont ſi peu frequens en comparaiſon des *e* François, que cela ne diminuë en rien de la force & de la grauité des Airs Italiens.

Il ne faut donc pas attribuër au genie de la Nation Italienne par deſſus la Françoiſe, tout l'auantage de faire des Airs plus beaux & plus magnifiques

(ſi

(si ce n'est dans la verité, du moins dans l'opinion,) mais à leur langage qui permet des choses qui ne seroient pas approuuées dans le François; & pour preuue de ce que ie dis, c'est qu'asseurément si vn Compositeur Italien, tel qu'estoit l'Illustre Signor Luiggi, vouloit mettre en Air des Paroles Françoises, il ne reüssiroit peut-estre pas ny mieux, ny si bien que nos François, quand mesme il en sçauroit aussi bien qu'eux la Langue, en toutes ses circonstances.

Vous me direz qu'il n'importe de quelle maniere, ou par quelle raison les Airs Italiens ayent quelque auantage, & quelque prerogatiue par dessus les nostres, pourueu qu'en effect ils en ayent; soit que le genie de la Nation en soit la cause, ou que cet auantage soit seulement fondé sur ce que la Langue Italienne est plus propre pour faire de beaux Airs que la nostre.

A cela ie répons, que quand il seroit vray que nos Compositions auroient quelque desauantage au regard de celles des Italiens (ce qui en tout cas n'auroit lieu que pour les Recits &

pour les Pieces de longue haleine) il le faudroit beaucoup moins attribuer au peu de genie des Compositeurs, & mesme au defaut du Langage, qu'à l'humeur de nostre Nation, qui s'est imaginée jusqu'à present qu'il n'estoit pas propre pour les Pieces de longue haleine, comme sont les Pastorales & autres Pieces de Theatre, parce qu'elle n'y est pas accoustumée.

J'adjouste encore, que les Italiens mesmes demeurent d'accord que nous auons en France quantité de petits Airs, fort jolis & fort diuertissans, comme sont nos Gauottes, nos Sarabandes, nos Menuets, & autres semblables qui ont leur merite comme les grands Airs, & qui sont de la portée de mille Gens qui seroient priuez d'vn exercice aussi agreable que celuy du Chant, si l'on ne composoit que de grands Airs.

Au reste ie ne puis assez admirer l'opinion ridicule qui s'est glissée dans le Monde touchant quelques Personnes Illustres dans le Chant que l'on dit ne pas bien Chanter les Airs François, mais seulement les Italiens, puis qu'il est vray que tout le fort, tout le fin, &

tout le délicat du Chant se trouue dans les Airs Italiens, & qu'ainsi il est impossible de bien reüssir dans les vns, & mal dans les autres ; & l'on pourroit dire le contraire auec bien plus de fondement ; car enfin il y a bien plus d'apparence d'errer dans vne Langue étrangere, & que l'on ne connoist pas à fonds, que dans celle qui nous est familiere, & dont apparemment nous sçauons mieux toutes les circonstances.

Quant aux Airs François, il n'y a rien de si different que les jugemens que l'on en fait ; ce n'est que cabale, que préoccupation, que caprice, & souuent qu'ignorance, & quasi point de bonne foy, ny de connoissance du merite des Compositeurs.

Ceux qui veulent critiquer vn Air, ce qui se fait pour l'ordinaire selon que l'on est mal intentionné pour l'Autheur, comme il en est de tous les autres Ouurages ; Ceux, dis-je, qui veulent parler d'vn Air auec mépris, & qui ne peuuent y trouuer à redire, quant aux Regles de la Composition, ne manquent pas de dire ; *Qu'il est trop long, & que c'est vne Histoire ; Qu'il est* bizarre; Qu'il est commun; Qu'il est de pieces rapportées, & emprunté de mille autres Airs; Qu'il ressemble à vn Chant d'Eglise, sur tout à vne Lamentation de Ieremie; Que les Paroles en sont plattes, & qu'il n'y a ny sel ny sausse, pour parler en leurs termes; Qu'elles sont rudes, ou bien qu'il est taillé comme on dit en plein drap, & que les Paroles estant faites apres l'Air, toute la gloire en doit estre attribuée à celuy qui les a composées, & qui les a si bien appliquées à l'Air: Enfin que le Chant ne conuient pas aux Paroles quand elles sont faites les premieres, & qu'il n'en exprime pas bien le sens; ou pour parler en leur termes, que le Musicien n'a pas bien entré dans la pensée du Poëte.

Voila le langage ordinaire de ces Iuges préoccupez, ou d'ignorance, ou de malice, auquel il est à propos de répondre, & dire premierement, que dans vn Air la longueur n'est pas vn defaut, qu'il y a des Histoires si agreables qu'elles n'ennuyent point, pour longues qu'elles soient, & qu'ainsi c'est mal à propos vouloir décrier vn Air, en le qualifiant du nom d'*Histoire*.

2. Pour la qualité de *Bizarre*, que

l'on donne à vn Air, lors qu'on ne peut le traiter de triuial & de commun, on la confond souuent auec celle de *recherché*, & d'*extraordinaire*, & tel Air paroist bizarre pour les Nottes, qui par le moyen de l'Art de bien Chanter, & des ornemens que l'on y adjouste, deuient non seulement naturel & familier, mais mesme si agreable, que l'on ne peut se lasser de l'entendre; au lieu que des Airs qui sont communs & qui plaisent d'abord, on s'en dégouste aussitost; mais le mal est, que quand vne fois on a donné son jugement d'vne maniere ou d'autre, il semble qu'il y va de son honneur de n'en point démordre: ainsi malheur à ceux qui trauaillent de cette maniere, s'ils tombent entre les mains de ces Iuges aisez à préoccuper, dont le nombre n'est que trop grand.

Il faut aussi demeurer d'accord, qu'il y a des Compositeurs qui s'enyurent tellement de leurs Ouurages, qu'on pourroit les accuser d'vne pareille opiniastreté à ne les vouloir point changer, depuis qu'vne fois ils les ont composez, & qu'ils se sont laissez conduire, pour ainſi dire, à l'harmonie de leur Theorbe, qui les mene ſouuent par vn chemin qui n'a point encore eſté frayé, dans vn Pays que l'on peut appeller inconnu, & des Eſpaces ſi éloignées, que l'on pourroit les nommer dans la Muſique, des *Eſpaces Imaginaires*; & comme c'eſt d'ordinaire par vn excez d'eſprit & de viuacité, joint auec quelque fierté, que ces Compoſiteurs veulent ainſi éuiter ce qui leur paroiſt commun, pour faire de l'extraordinaire, ou pour mieux dire du *bizarre*, il n'y a pas preſſe à leur donner des conſeils qui ne ſeroient point ſuiuis, & ſur vne matiere où ils croyent de longue main exceller par deſſus tous les autres; ainſi on ſe contente d'admirer leurs Airs en leur preſence, & lors qu'ils ſont accompagnez du Theorbe qui eſt pour eux vn fard ſi conſiderable, que depuis qu'ils en ſont priuez, comme l'approbation en eſt fort rare, le debit en eſt tres mediocre, & l'on peut dire que ce ſont des Airs faits pour groſſir les Liures, & que l'on met au jour pour ne ſe montrer iamais.

5. Quant à la qualité de *Commun*, qui est celle que l'on donne d'ordinaire aux Airs que l'on veut méprifer, on la confond aussi fort souuent auec celle de *Naturel*; car enfin pourueu que le Chant conuienne bien aux Paroles, c'est déja vn grand préjugé pour estre à couuert du titre fafcheux de *Commun*.

Nous n'auons dans nos Airs François, comme i'ay déja dit, qu'vn certain nombre de Mots, & mefme d'Expreffions aufquelles nous fommes bornez, & qui roulent prefque toutes fur les mefmes Penfées : Comment donc le Muficien peut-il s'empefcher d'employer fouuent des mefmes Nottes, lorsqu'vne fois il les a appliquées aux Paroles auec tant de fuccez, qu'il femble que l'on ne pouuoit prefque pas faire autrement ? & ne vaut-il pas mieux en vfer de cette maniere, lors qu'il s'en est bien trouué & qu'elle a bien reüssy, que d'aller rechercher des Chants bizarres, & qui ne font point naturels pour vouloir trop fortir hors du commun ?

Cependant c'est le reproche que l'on

fait à quelques Illustres Musiciens, lesquels asseurément feroient aussi bien que les autres, des Chants extraordinaires & recherchez, s'ils ne jugeoient que pour contenter le caprice d'vn petit nombre de Critiques, leurs Airs n'auroient pas le succez qu'ils pretendent, & demeureroient dans l'obscurité, qui seroit vne fin tout à fait contraire à ces sortes de galanteries, qui ne sont faites que pour courir dans le Monde ; & n'en déplaise à ces Censeurs incommodes, ce n'est pas toûjours vne inuectiue contre vn Air, que de dire, qu'il est fait, ou *pour le Pontneuf*, ou *pour aller au Vin*, principalement pour les petits Airs, puis qu'il est vray que c'est vne marque infaillible qu'ils sont naturels, qui est vne qualité fort considerable dans le Chant.

A ce propos ie diray, que ces sortes d'Airs, qui paroissent communs sur le papier, ou qui le sont en effet, sont bien releuez de ce defaut par les ornemens que l'on y adjouste, & par la maniere de les executer, qui est ce qu'il faut extremement considerer dans les Airs, & dont parmy vn assez grand nombre de Compositeurs, fort peu s'aquitent comme ils deuroient.

Il y a aussi de certains petits Airs, qui sont ou d'vne Mesure reglée, comme sont les Gauottes, Sarabandes, Menuets, ou d'vne Mesure libre, comme sont les *Vilanelles* : c'est le nom que l'on a donné à ces sortes de Chansons dans lesquelles vn Gentilhomme Prouincial nommé *Du Viuier*, a excellé par dessus tous les autres, & qui faisoit luy-mesme l'Air, & les Paroles, par vn naturel admirable, & sans sçauoir aucune composition de Musique, lesquelles Chansonnettes, il est quasi necessaire de rendre communes, ou pour mieux dire *Naturelles*, & qui n'auroient pas cet agrément, ny cette tendresse qui les fait tant estimer, si le Chant en estoit trop recherché, ie veux dire trop particulier : d'où vient que presque toutes ces sortes d'Airs se ressemblent sur le papier ; & comme ils sont de peu d'étenduë, & quasi toûjours sur certains *Modes*, (c'est le terme de composition) qui leur conuiennent preferablement aux autres Tons, tout leur auantage consiste dans l'ajustement que l'on y met, & dans leur agreable execution, qui fait dire que ce sont *des petits Riens, qui dans la bouche de celuy qui chante paroissent des Merueilles;* mais ceux qui le disent, ne considerent pas que ce sont des *Riens* choisis, & que parmy vne infinité de ces sortes de bagatelles, qui d'ordinaire sont les plus vieilles & les plus connuës de tout le monde, ou qui sont composées sur vn caractere ancien, il n'y en a qu'vn tres-petit nombre que l'on a trouuées propres à mettre dans le lustre où elles sont paruenuës, qui asseurément les fait valoir mesme audelà des grands Airs.

Au reste ie ne veux pas oublier que c'est mal à propos reprendre celuy qui chante ces sortes de Chansonnettes, lors que pour les rendre plus tendres, & se donner le loisir d'y adjouster les agrémens qu'il juge à propos, il les alentit, & mesme quelquefois en corrompt la Mesure; ce qui se remarque principalement dans certaines Gauottes anciennes qui veulent estre executées auec plus de Tendresse, comme sont celles-cy.

L'Amour qui me presse,
Cause ma langueur, &c.

Ah! petite Brunette, &c.

Ah! ma chere Maistresse, &c.

Et autres semblables dans lesquelles on rompt la Mesure de la Danse, afin de leur donner plus d'éclat, & les tourner de cent manieres l'vne plus agreable que l'autre, & selon tout l'Art & toute la Methode de bien Chanter, mesme pour mieux exprimer certaines Exclamations, & auec plus d'agrément. Il ne faut pas, dis-je, blâmer ces manieres d'executer & dire mal à propos, comme font mille Ignorans, que l'on ne pourroit pas y danser, comme si c'estoit l'intention de celuy qui les chante, de les faire danser, & leur seruir de Violon.

Cette obseruation toutesfois n'a lieu que pour certaines Gauottes, desquelles il est permis non seulement d'alentir la mesure, mais mesme de l'alterer, pour se donner plus de temps d'y

E vj

adjouster les ornemens du Chant; car pour les autres Chansons qui ont leur mesure reglée, il est bien permis de la rendre plus lente; mais il faut toûjours en conseruer la proportion, & ne pas faire d'vn Menuet, ou d'vne Sarabande, vn Chant qui soit d'vne Mesure libre, comme font ceux que nous appellons précisement *Airs*. Il y a mesme des Critiques qui ne veulent pas que l'on donne à ces sortes de Chansonnettes vne Mesure plus lente, & qui trouuent qu'elles sont faites précisémet pour la Danse; mais ie suis d'auis qu'on les laisse danser tant qu'il leur plaira, pendant que ceux qui aiment le Chant, trouueront que les ornemens que l'on y adjouste (pourueu que ce soit bien à propos) enrichissent extrémement ces petits Airs, & font que l'on ne s'en dégouste pas si-tost, principalement quand les Paroles que l'on y a composées ne sont pas de simples *Canenas*, mais faites auec esprit.

4. Vn Air ne doit pas estre censuré, pour estre *de Pieces Rapportées*, ou si vous voulez emprunté des autres Airs; car outre qu'on ne peut rien dire qui

n'ait esté dit, & que toute la Musique ne roule que sur six ou sept Nottes, on croit souuent vn Chant emprunté, qui ne l'est point dans l'intention de l'Autheur, qui bien qu'il ait tombé dans la mesme pensée qu'vn autre, ç'a esté sans le sçauoir, & sans auoir iamais oüy parler de l'ouurage dans lequel on l'accuse d'auoir pillé; & ie repete encore, que quand mesme cela seroit, il vaut souuent mieux copier sur ce qui est bon, que de vouloir mal à propos faire l'Original & l'Inuenteur.

5. Ie tiens qu'il y a des Chants d'Eglise qui sont tres-agreables, & qu'vn Air ne doit pas estre méprisé pour y auoir du rapport, lequel n'est souuent fondé que sur ce que l'on veut à quelque prix que ce soit y trouuer à redire; car enfin ce sont les mesmes Nottes qui se rencontrent & dans le Plain-Chant, & dans la Musique, qui sont, comme i'ay dit, en si petit nombre, qu'il est impossible qu'à force de chercher on ne trouue quelque ressemblance de tons. Voila pour ce qui est des premiers Couplets; mais pour les Seconds en

Diminution, il n'y a rien de si ordinaire dans la bouche de tout le monde, mesme de ceux qui ne songent pas précisément à les critiquer, que de dire qu'ils ressemblent fort à vne Leçon de Ieremie, sur tout lorsqu'ils sont sur le mesme Ton, que l'on nomme *b quarre*, autrement dit *majeur*; de sorte que c'est le moyen de fronder la moitié des Airs qui sont sur ce Ton, pour vn seul passage que l'on aura trouué auoir esté employé dans vne de ces *Lamentations*, ce qui est le plus ridicule du monde; car outre qu'il est impossible que cela n'arriue dans tous les Airs, c'est que ce n'est pas vn grand malheur que d'y faire des Traits qui se pratiquent dans ces grandes Pieces, où tout le fin du Chant, & tout le delicat, est renfermé auec d'autant plus de soin & de trauail de la part des Compositeurs, que ce sont des choses Publiques, que ces sortes d'*Opera*, qui les font extrémement valoir, & leur donnent vne grande reputation dans la Maniere de Chanter.

Il faut donc conclurre, que ce sont mesme les plus beaux Airs & les plus enrichis qui ont plus de rapport auec les Leçons de Ieremie, & que s'ils en eſ-toient moins eſtimez, les petits Airs & les Bagatelles auroient bien de l'a-uantage par deſſus eux, en ce qu'ils ſe-roient à couuert de ce mépris par leur mouuement precipité, & tout à fait oppoſé à ces grands Ouurages.

6. Pour ce qui regarde les Paroles, il en eſt ſans doute de ſi miſerables, que c'eſt vne erreur que de pretendre les releuer par vn Chant, quelque beau qu'il ſoit; & ie tiens que c'eſt mal ex-cuſer vn Autheur dont l'on pretend faire valoir l'Air qu'il aura compoſé, en diſant que ce n'eſt pas ſa faute, car c'en eſt toûjours vne grande d'em-ployer ſon temps à mettre en œuure ce qui n'en vaut pas la peine, c'eſt à dire vouloir enchaſſer vn diamant dans du plomb, à moins qu'il n'y ſoit obligé par complaiſance pour vn Amy, ou par reſ-pect, & par déference pour quelque Per-ſonne de Qualité (ce qui arriue aſſez ſouuent) qui s'eſtant mis en teſte de verſifier, aura donné, vaille que vaille, ſon Madrigal à mettre en Chant; en ce cas on le peut, mais à condition de ne le

point rendre public, & de ne le chanter que dans la presence de ces Messieurs.

Mais aussi il est des Paroles, qui pourueu qu'il y ait de la passion, n'en ont pas moins de merite, bien qu'elles ne soient pas fort magnifiques, ny fort releuées pour les pensées, i'entens pour ce qui regarde la composition d'vn Air que ie viens de dire passer souuent pour commun, à cause qu'il est naturel. Il en est de mesme des Paroles, qui ne doiuent pas estre ny ampoullées, comme sont celles-cy, que i'ay déja citées dans ce Chapitre,

L'Amour est vn Oyseau qui vole, &c.

Ny mesme inusitées dans le Chant, quelques élegantes qu'elles soient; cependant c'est ce qui fait que l'on accuse certains Compositeurs de Musique, de n'auoir que de méchantes Paroles, à cause du choix qu'il fait de termes doux & coulans, qu'il affecte preferablement à d'autres qui ont plus de poids, & qui sont plus Poëtiques; & certes ce sentiment fait d'autant plus d'impreſſion ſur les Eſprits credules, qu'il part de la bouche des plus grands *Connoiſſeurs*, ie veux dire des Autheurs en Poëſie, meſme des plus conſiderables, qui indignez de ce qu'vn Compoſiteur ayant receu de leur main liberale quelque Sixain, l'ayant loüé & admiré deuant eux, cependant le laiſſera croupir des années entieres dans ſa poche ſans ſonger à le mettre en Air, pendant que ces Meſſieurs publient dans le Monde qu'au premier jour l'on verra vn Air du bon Ouurier ſur leurs Paroles, & ſe voyant déceus de leur eſperance, les donnent à vn autre que dans leur conſcience ils eſtiment peut-eſtre moins habile, & pourtant le font valoir infiniment par deſſus celuy qui les a ainſi mépriſez, lequel par vne repreſaille, de laquelle ils ne reuiennent iamais, ils mépriſent à leur tour, & continuënt toûjours à le décrier, ſur ce qu'il ne fait rien que de commun, & ſur des Paroles fort miſerables.

Il eſt certain que dans les Paroles Françoiſes, comme i'ay dit cy-deuant, il y a ces deux choſes à éuiter pour ce qui regarde le Chant; à ſçauoir, qu'elles soient rudes, ou qu'elles soient plates, & sur tout il faut qu'il y ait du bon sens, sans pointe & mesme sans équiuoque, ce qui ne se pratiquoit pas de mesme au temps jadis, où l'on aimoit les pointes par dessus les plus belles pensées. Quand ie dis *rudes*, i'entens qu'elles le soient, ou en effet, ou mesme dans l'opinion, ie veux dire que c'est assez pour passer pour rudes, lors que l'on ne les a pas encore appriuoisées dans le Chant & non pas au pied de la lettre, & au regard de certaines consones seulement, comme vn Maistre de Chant s'imaginoit vn iour, lors qu'estant repris par vn autre de ce qu'il auoit écrit ces mots dans son Liure.

Quel est l'Astre du jour dans ses douces chaleurs,

Au lieu de

Tel est l'Astre du jour, &c.

Il se rendit aussi-tost, en disant qu'il estoit vray que *Tel* estoit bien plus doux que *Quel*, sans connoistre d'autre raison pour preferer l'vn à l'autre, que p celle de la Confonne, & iamais il ne fut poſſible à l'autre de luy faire comprendre, que par le mot de *Quel* le ſens du Couplet eſtoit renuerſé, tant le ſien eſtoit groſſier.

Vne autre maniere de critiquer les Airs du temps, c'eſt de dire lors qu'ils ſont faits auant les Paroles, qu'il eſt bien aiſé de compoſer de cette maniere & lors que l'on n'eſt point geſné, ie veux dire que l'on n'eſt point obligé de s'accommoder à la penſée du Poëte, ny de s'aſſujettir à des longues & des brefves, qui ne font qu'embarraſſer dans la quantité des Syllabes: De ſorte que ſi vn Air fait de cette maniere vient à reüſſir, on en attribuë toute la gloire à celuy qui a fait les Paroles.

Il ſemble d'abord que ce Diſcours ſoit tout à fait plauſible & fondé ſur le bon ſens, & cependant nous voyons tous les jours le contraire dans vn Sonnet fait ſur des Bouts-rimez, qui bien qu'ils paroiſſent geſner ceux qui le font, veu meſme que l'on en détermine d'ordinaire le ſens & le ſujet, qui eſt encore vne double contrainte; Ces Bouts-rimez, dis-je, leur aident plutost à trouuer ce dont ils ne se seroient iamais auisez, & leur fournissent de la matiere pour reüssir tout autremét qu'ils n'auroient fait, s'ils auoient esté libres & dans le Sujet, & dans les Pensées, & dans les Paroles.

Il n'est donc pas vray que la gloire soit toute entiere pour l'Autheur des Paroles; mais on peut dire que bien qu'elle soit partagée, elle n'en est pas moindre pour l'vn ny pour l'autre, principalement lors que les Paroles ne sont pas comme la pluspart que l'on qualifie du mot de *Caneuas*, afin de preuenir le juste mépris que l'on en pourroit faire, lesquels ne se font d'ordinaire que sur des petits Airs de mouuement, ou sur des Chansons qui ont leur mesure reglée; ie veux dire sur des Menuets, des Courantes, des Bourrées, des Sarabandes, & autres Pieces que l'on compose premierement pour les Instrumens (entr'autres sur le Violon) puis en suite chacun y fait de ces sortes de *Caneuas*, qui sont des Paroles que l'on pourroit nommer à bon droit des *Paroles Oyseuses*, & qui pourtant ont le priuilege d'ériger mille ge en Autheurs, & mesme les faire passer pour *Illustres*, qui est vne qualité que l'on donne presentement à juste prix, mais non pas à juste Titre.

Si ces Poëtes à la douzaine faisoient reflexion sur ce qu'ils voyent tous les jours, ils renonceroient bien-tost à remplir le Monde de leurs miserables productions: Oüy si ces Autheurs (ie ne dis pas seulement ces faiseurs de *Caneuas*, mais mesme ceux qui ont quelque reputation dans le Parnasse) consideroient ce que nous auons de plus extraordinaire, & que l'on peut nommer la merueille de nos jours, & dans vn Sexe qui donne bien de la confusion au nostre, non seulement pour ce qui regarde la Poësie en general, mais particulierement pour la fine & la delicate Poësie qui est celle de nos Airs, selon le commun sentiment de tous les Connoisseurs, ils renonceroient bientost au mestier de Poëte, voyant qu'vne Dame, (mais vne Dame illustre par sa naissance, & encore dauantage par mille belles qualitez) a mis ce genre de Poësie dans vn si haut poinct de perfection, que l'on peut dire que cette

Dame leur a *damé le Pion*. Comme il seroit mal seant de la nommer, il seroit encore plus inutile, & tout le Monde sçait assez qui elle est; mais ce qui est de plus admirable, c'est d'auoir trouué le secret d'accommoder des Paroles aux Airs auec tant de justesse, & d'auoir sceu si bien marier l'vn auec l'autre, qu'il semble que dans ce mariage on n'auroit pas sceu faire autrement, tant cela paroist naturel. Voila ce qui s'appelle donner aux Airs des habits, mais des habits magnifiques, des habits riches, des habits precieux, & non pas de miserables *Caneuas*.

Mais comme la pluspart ignorent vn auantage si considerable, & n'admirent seulement que la beauté des pensées, que l'élegance des Paroles, leur douceur, & leur expression, sans prendre garde à l'adresse de les auoir si bien assorties à l'Air, ie veux leur rafraischir la memoire de quelques Airs faits de cette maniere : Entr'autres d'vn qui est presentement en reputation, qui commence par ces mots,

Ah! qui peut tranquillement attendre, &c.

Et de deux autres qui ont paru n'agueres, dont l'vn commence par,

Ah! fuyons ce dangereux séjour, &c.

Et l'autre par,

Bois écartez, demeures sombres, &c.

Dans lesquels Airs, ceux qui ont la moindre lumiere pour la Poësie, voyent assez que cette Incomparable a esté obligée de s'attacher seulement à la rime, conformément aux Cadences de l'Air, ausquelles il a fallu s'assujettir, & qu'ainsi la plusparc de ces Vers ne sont pas proprement Vers, mais seulement de la Prose rimée ; c'est par où l'on void clairement que le Chant est fait auant les Paroles, pour peu de reflexion que l'on y fasse : Cependant ie voy que la plusparc, ou par ignorance dans la Poësie, ou faute d'y faire reflexion, ne donnent pas l'éloge qui est dû à vn Genie si prodigieux, duquel on verroit encore toute autre chose (s'il est vray qu'on puisse aller plus loin) s'il n'estoit point contraint de suiure le Chant de poinct en poinct, qui est vne gesne si grande, que nous voyons presque tous ceux qui veulent ainsi appliquer des Paroles aux Airs, principalement aux Airs serieux & de longue haleine, donner du nez en terre, & faire des Paroles qui n'ont quasi point de cours ; au lieu que celles-cy entretiennent le commerce du Chant des années entieres, sans que la nouueauté des autres Airs les puissent détruire.

La derniere Critique des Airs, la plus commune, & que l'on peut dire n'estre pas tout à fait sans raison & sans fondement, c'est lors que l'on trouue que le Chant ne conuient pas aux Paroles. Il est vray que la pluspart des Compositeurs tombent dans ce defaut, ou par ignorance du François, ou mesme pour ainsi dire par preuention de leur propre capacité, & pour vouloir trop philosopher & raffiner sur la signification des mots, & bien souuent sans considerer, comme ils deuroient, toute la Phrase ensemble.

Mais

Mais aussi on peut dire, que s'il est des Compositeurs qui pechent pour vouloir faire trop les capables, il en est de mesme de ceux qui les censurent souuent mal à propos, & pour vouloir aussi trop raffiner sur les termes, sans considerer le sens, & le dessein de tout vn Madrigal; & mesme il en est de si grossiers, qu'ils croiroient qu'vn Air seroit méchant, si l'Autheur auoit manqué de mettre des Nottes hautes sur des mots qui signifient des choses éleuées, comme *le Ciel, les Etoiles, les Nuës, les Montagnes, les Rochers, les Dieux, les Astres,* ou des Nottes plus basses sur les mots de *Terre, Mer, Fontaines, Valées, &c.* Il en est d'autres qui croyent qu'vn Chant est mal appliqué aux Paroles, s'il n'exprime le sens de chaque mot en particulier, & mesme qui pretendent qu'il y a des marques de Musique qui sont précisement affectées pour la signification, & pour l'expression, comme sont *le Diæse,* & le *b mol* pour les expressions tendres & passionnées; de sorte qu'ils ne hesitent point à traiter d'ignorant vn Compositeur qui aura manqué à mettre vne de ces mar-

F

ques sur les mots de *langueur*, *martyre*, *tristesse*, *tourment*, *pitié*, *souffrir*, *mourir*, *soûpirer*, *pleurer*, *gemir*, *severe*, *cruelle*, ou bien sur les interjections, *Ah! Helas! ô Dieux!* ou bien s'il n'a pas marqué vn tremblement sur le mot de *trembler*, ou vn soûpir deuant ou apres le mot de *soûpirer*; ou tout au contraire s'il a mis les marques du *Diœse* & du *b mol*, sur des mots qui ne signifient rien de passionné ; comme vn Homme qui passe pour illustre dans la Musique, & qui l'est en effet, mais non pas dans le Chant, reprenoit mal à propos vn Autheur d'auoir marqué vn *Diœse* sur le mot de *Vient*, dans ce Couplet, *D'où vient que de ce Bocage*, &c. voulant dire que ce mot ne signifioit rien qui meritast vn caractere si tendre, si precieux & si estimé dans la Musique, ne considerant pas que tout le Couplet ensemble estoit vne Plainte touchant vne Absence, & qu'ainsi il pouuoit & deuoit estre traité d'vne maniere tendre, & qui marquast de la tristesse depuis le premier mot iusqu'au dernier, sans exception aucune, & sans aller faire vn détail de chacun en particulier, & distinguer en Pedant le Nom, le Pronom, & le Verbe.

J'auouë qu'il y a quelquefois des mots qui demandent que l'on ait égard à leur signification, pour les mettre dans la mesure qui leur est plus conuenable : Cela se remarque particulierement en certains Monosyllabes, qui demandent que l'on arreste tout court, comme sont ceux de *Oüy*, de *Non*, de *Va*, & autres semblables, par exemple dans les mots, *Non n'apprehendez pas*, &c. qui est dans la page 24. du Liure in 4. où quoy que l'Autheur ait marqué vne Notte assez longue pour le mot de *non*, ainsi que dans la page 66. du mesme Liure, pour ces mots, *Non, si ie meurs*, &c. son intention est de couper ce *non* tout court, & de mettre le soûpir apres, bien qu'il soit auparauant. Le mot de *va* doit aussi estre dit tout court dans cet exemple du second Couplet d'vn qui a paru ces derniers jours.

Va, fuy Volage,
L'Inconstant qui s'engage, &c.

Le mot de *courir*, ainsi que ceux de *moment* & de *instant*, semblent aussi demander à plus forte raison quelque mesure qui réponde à la vitesse qu'ils signifient, comme on remarque dans ces mots, *allons, marchons, courons*, dans l'Air, *Las c'est trop consulter*, &c. ainsi que ces mots de *long-temps* & de *lentement*, en demandent vne plus lente, & toutesfois c'est selon ce qui les suit, ou ce qui les precede; car il peut arriuer que ce mot de *moment* sera joint auec d'autres, qui empescheront qu'on ne le passe auec tant de vîtesse, comme on peut voir dans l'exemple suiuant,

Que les momens me semblent longs, &c.

Qui est dans la page 18. du 2. Liure in 8. Ainsi que dans cet autre exemple,

Ie n'ay pas long-temps à souffrir, &c.

Où l'on peut voir que le mot de *long-temps*, ne doit pas estre pris au pied de la lettre, & demande vne mesure moins lente, que s'il y auoit,

J'ay long-temps à souffrir, &c.

Ou mesme,

C'est trop long-temps souffrir, &c.

Qui tient comme le milieu entre ces significations, c'est à dire qui ne comprend pas tout à fait ny l'affirmatiue, ny la negatiue; mais qui participe de l'vne & de l'autre; de l'affirmatiue, à l'égard du passé, & de la negatiue pour l'auenir.

Mais de dire que par exemple sur le mot de *onde*, ou sur celuy de *balancer*, il faille expressement marquer sur le papier vne douzaine de Nottes hautes & basses alternatiuement, pour signifier aux yeux ce qui ne doit s'adresser qu'à l'oreille, c'est vne chose tout à fait badine & puerile.

Pour ce qui est des mots de *haut* & de *bas*, c'est auec quelque fondement que l'on affecte de leur donner des Nottes conformes à leur signification, encore faut-il le faire auec la précaution necessaire; car enfin il pourroit arriuer qu'il n'y auroit rien de si badin, que de le pratiquer en certains endroits: comme par exemple, lors que haut & bas ne sont pas pris selon ce qui est superieur, ou inferieur, mais pour exprimer les mots de *fort* & *de foible*, pour lors ce n'est plus vn fait de Composition, mais de maniere de Chanter, & l'on ne doit pas s'attacher à mettre des Nottes ou plus hautes, ou plus basses, mais plutost à pousser la Voix, ou la moderer suiuant l'expression, qui est vne circonstance de l'Art de Chanter, & qui ne se marque point en caracteres de Musique.

Voila à peu pres tout ce qui se peut dire touchant les Airs que l'on veut critiquer; mais il y a vne maniere de les faire valoir, que ie ne veux pas oublier, qui est pour l'ordinaire aussi mal fondée, qu'elle est commune parmy ceux qui se piquent de s'y connoistre. I'ay déja dit plusieurs fois que le Titre de *Nouueau* estoit ce qui flattoit extrémement nostre Nation, non seulement pour les Airs, mais pour bien d'autres choses.

Cependant il en est qui tout au contraire n'eſtiment que les Airs anciens; & ie dis bien dauantage, que meſme ceux qui demandent de la nouueauté, vn moment apres croyent eſtre obligez pour faire les capables, de changer de batterie, par ce diſcours, qui eſt vn certain jargon que l'on affecte bien ſouuent en Perroquet, & ſans penſer à ce qu'on dit; *Qu'il n'eſt rien tel que les Airs anciens, & qu'on ne fait plus rien qui en approche*; mais ces Meſſieurs demeurent muets, lors que l'on vient à leur demander l'explication de leur langage, & quels Airs ils comprennent ſous le mot de *Anciens* : Il en eſt de meſme de ceux qui par vne autre *routine*, & comme par vne eſpece de preambule, pour obliger vn Chantre à leur donner vn plat de ſon meſtier, luy demandent, *s'il y a bien des Airs Nouueaux*; car enfin c'eſt vne queſtion à laquelle on ne peut répondre directement & ſans explication, puis que tel Air paſſera pour nouueau à ceux qui ne l'ont point oüy, lequel ne le ſera plus pour ces *Queſtionneurs*, quand il ne ſeroit fait que depuis trois jours; & l'on void que c'eſt aſſez pour trouuer vn Air ſuranné, lors qu'on l'a, dis-je, oüy chanter par la Ville.

Cependant, bien qu'vn Air ait la beauté & la nouueauté tout enſemble, qui eſt tout ce qu'apparemment l'on a à ſouhaiter, ce n'eſt encore rien, s'il n'eſt à la mode; ce qui ſemble détruire ce que ie viens d'auancer, qu'il faut qu'il ſoit pour ainſi dire inconnu, pour paſſer pour nouueau; ſi bien que ie ne trouue rien qui ſoit ſi difficile à démeſler que cette qualité de *Nouueau* au pied de la lettre.

Il y aura des Airs qui n'auront iamais paru, & que l'Autheur voudra garder quelque temps auant que de les donner au Public : ſi l'on vient à ſçauoir qu'il y a du temps qu'il les ait compoſez, c'eſt aſſez pour dire qu'ils ſont vieux; & tout au contraire il y en aura de fort anciens, qui parce qu'ils ſeront remis en vogue, c'eſt aſſez pour les mettre au nombre des plus nouueaux.

Mais pour reuenir aux Airs anciens, & à cette maxime ſi commune dans la bouche des Gens delicats, & qui ſe piquent de bon gouſt, *Que l'on ne fait point d'Airs qui ſoient comparables aux anciens*, ie voudrois leur demander depuis quel temps ils pretendent qu'vn Air ait le droit d'ancienneté : Les vns vous citeront des Airs faits depuis deux ou trois ans ; les autres iront plus loin, & vous en nommeront de quinze & de vingt ans : mais les plus importans passent bien au delà, & vont jusqu'aux Airs de feu Monsieur Boësset, & mesme jusqu'à Monsieur Guedron; si bien que nous en voyons qui n'estiment rien qui ne soit de Monsieur Boësset, sans en pouuoir dire la raison, & mesme sans les discerner d'auec les plus modernes qu'on leur fait à toute heure passer pour ces Airs precieux à qui ils donnent tout l'auantage.

Ceux qui vont iusqu'aux Airs de Monsieur Guedron, ce sont d'ordinaire certains Vieillards, qui pour l'honneur de leur caducité, sont rauis de citer les Ouurages de leur temps, & d'entendre debiter dans le Monde (si mesme ils ne s'émancipent iusqu'à les vouloir chanter & fredonner de leur ton lugubre, moitié menton, moitié machoire) vn,

F v

Quand pour Philis mon cœur tous plein de flame, &c.

Où luis-tu soleil de mon Ame, &c.

Hola, Caron, Nautonnier infernal, &c.

Séjour de la Diuinité, &c.

D'vn si doux trait ma poitrine est atteinte, &c.

Aux plaisirs, aux delices, Bergeres, &c.

Et sur tout la Chanson que l'on a intitulée, *le Tombeau de Guedron*,

Quoy que l'on me puisse dire,
Qu'Amour n'est rien que martire, &c.

Voila à peu pres les Chansons fauorites de ces bonnes Gens, que l'on peut à bon droict nommer des *Airs de la Vieille Roche*.

Tout le monde conuient que feu Monsieur Boësset a jetté les premiers fondemens des Airs, & qu'il a la gloire d'auoir inuenté les beaux Chants ; mais aussi par cet auantage on peut dire qu'il a esté à couuert d'vn reproche que l'on fait souuent auec bien de l'injustice aux Compositeurs de ce temps, lors qu'ils ont bien reüssy dans vn Air, qui est d'auoir pillé dans les Ouurages de ce grand Homme, qui semble auoir employé dans les Airs qu'il a laissez au Public, tout ce qu'il y a de beau dans le Chant, ie veux dire dans la *Modulation*, & n'auoir rien laissé qu'à imiter à nos Compositeurs, parmy lesquels il y en a qui peut-estre auroient eu le mesme genie dans ce temps-là pour inuenter les beaux Chants, pour faire, dis-je, de beaux Airs, comme ils en ont pour leur donner les ornemens necessaires, & pour les bien executer, par dessus tous ceux qui les ont precedez, qui est vn talent que i'ose dire plus rare & plus singulier que celuy de la Composition, & qui conuient à vn nombre de Musiciens fort petit, en comparaison de ceux qui font des Airs auec assez de succez & d'approbation.

Mais enfin c'est vn vsage de tout temps, ou pour mieux dire vn fort grand abus, de ne faire cas des Ouurages non seulement en Musique, mais de tous les Arts, qu'apres que les Autheurs ne sont plus (comme s'il n'appartenoit qu'à la Parque seule de donner le prix aux Productions des grands Hommes) iusques là que la plufpart n'eftiment d'vn Compositeur, que ce qu'il a fait autrefois, par la seule imagination qu'ils ont que lors que l'on est auancé dans l'âge on est épuisé pour l'inuention des beaux Chants; mais il vaudroit mieux dire que cela ne vient que de ce que l'on est épuisé de loüanges, & de l'inconstance de nostre Nation, qui se lasse à la fin de toutes choses, mesme des plus parfaites, & qui vacille sans cesse dans ses sentimens & ses opinions.

Il ne faut donc pas se rendre ridicule, comme la plufpart font sur la préoccupation du seul nom des Autheurs, & dire comme eux; *Qu'il n'est rien tel que les Airs de Boësset; Que rien ne se fait de beau presentement*, ny décider auec vne opiniastreté incorrigible touchant les Autheurs modernes, en disant, *Que celuy-cy n'est propre que pour les petits Airs*

& pour les Bagatelles; *Cét autre pour les Ballets, & pour les Airs de Violon* (quoy que l'experience fasse voir le contraire) & lorsqu'on a trouvé vn Air agreable, & que l'on vient à sçauoir qu'il n'est pas de l'Autheur que l'on s'est figuré, dire, *Que l'on s'est trompé, & qu'on ne l'auoit pas bien examiné*, où bien contester contre la verité, en asseurant qu'il n'est pas vray, *Qu'il soit de celuy qui en est le veritable Autheur*, ny encore moins se piquer mal à propos de reconnoistre à poinct nommé dans vn Air le caractere du Compositeur ; car c'est vn discernement que les plus habiles ne feroient pas eux-mesmes sans se tromper.

Mais si la préoccupation est blâmable du costé de celuy qui juge de la Composition d'autruy, elle l'est encore dauantage de la part des Compositeurs, parmy lesquels il en est de si extrauagans, que de l'extréme joye, du rauissement & de l'entousiasme qu'ils ont d'auoir reüssy dans vne Chanson, passent incontinent dans vne extremité de douleur & de crainte de se voir frustrez du Laurier qui est deub à vn exploit si beau, imitant le *sic vos non vobis* de Virgile, en ces termes : *Vous voyez comme quoy i'ay le bonheur de reüssir dans mes Compositions ; mais helas ! i'ay le malheur qu'on les attribüe toutes à M** le tout parce qu'il a la vogue, ou pour mieux dire qu'il l'a eüe, car i'espere bien l'auoir à mon tour.*

Mais c'est assez parler des Airs, quant à la Composition ; parlons maintenant de ce qui les rend agreables pour l'execution.

CHAPITRE XII.

Des Ornemens du Chant.

Comme en toutes choses on fait différence entre la beauté & l'agrément, il en est de mesme dans le Chant, où sans doute vne Piece de Musique peut estre belle, & ne plaira pas, faute d'estre executée auec les ornemens necessaires, desquels ornemens la pluspart ne se marquent point d'ordinaire sur le papier, soit parce qu'en effet ils ne se pûssent marquer par le defaut des Caracteres propres pour cela, soit que l'on ait jugé que la trop grande quantité de marques embarasseroit & osteroit la netteté d'vn Air, & feroit quelque sorte de confusion; outre que ce n'est rien de marquer les choses, si l'on ne les sçait former auec les circonstances necessaires, ce qui en fait toute la difficulté; & pour dire en vn mot, c'est vn vsage de tout temps, qui peut-estre n'a pas tout le fondement possible.

Les ornemens du Chant, qui ne se figurent point d'ordinaire dans vne Piece de Musique, sont à peu-pres ceux cy : Le Port de Voix, & la Cadence (que l'on distingue du Tremblement ordinaire, que plusieurs nomment *Flexion de Voix* :) La double Cadence, le demy Tremblement, ou plutost le Tremblement étouffé ; Le soûtien de la Voix, qui se fait dans les finales; & autres Nottes longues; L'Expression, que le vulgaire appelle *Passionner*; L'Accent, ou Aspiration, que plusieurs nomment, *Plainte*; *Certain doublement de Notte qui se fait du gosier, presque imperceptiblement*, ce que l'on nomme vulgairement, *Animer*; & *la Diminution* qui se fait dans les passages d'vne Notte à vne autre, qui d'ordinaire ne se marque point sur le papier dans vn Air simple, mais seulement dans le second Couplet : à laquelle Diminution, le vulgaire donne le nom de *Methode de Chanter*, ne faisant consister tout le fin du Chant que dans ce qu'ils appellent de ces mots barbares, *Fredon, Roulement*, & autres noms semblables.

Ie pourrois encore adjouster aux graces du Chant, la belle & agreable Prononciation de Paroles, & leur quantité ; mais i'en feray des Chapitres à part, veu que c'est le principal but de ce Traité. Venons à l'explication de tous ces ornemens en particulier.

Du Port & demy-Port de Voix.

ARTICLE I.

POur commencer par le Port de Voix, il y en a qui le confondent auec vn certain soûtien, ou *anticipation*, (pour parler en leurs termes) qui se fait auant le Tremblement ou Cadence. Pour moy ie nomme Port de Voix (& asseurément le mot mesme porte sa signification) le transport qui se fait par vn coup de gosier d'vne Notte inferieure à vne superieure ; de sorte qu'il y a trois choses à considerer dans le Port de Voix (i'entens le plein & le veritable) à sçauoir, la Notte inferieure qu'il faut soûtenir; le doublement du gosier, qui se fait sur la Notte superieure; & le soûtien de la mesme Notte apres qu'on l'a doublée. Là où dans le demy Port de Voix, & qui n'est pas tout à fait complet, il n'y en a que deux, à sçauoir, le soûtien de la Notte inferieure auant que de la porter; & le coup de gosier qui double la Notte superieure sans la soûtenir en aucune maniere, lequel coup se fait auec moins de fermeté, & beaucoup plus délicatement, que dans le Port de Voix ordinaire; lequel demy-Port de Voix, & qui n'est pas parfait, se peut encore former en deux manieres, c'est à dire en coulant le coup du gosier sans le marquer auec fermeté, comme dans le plein Port de Voix, & toutefois laissant la Notte superieure dans sa valeur & dans sa quantité, ce que ie nomme *Port de Voix glissé, ou coulé*, comme il vous plaira; ou bien en suprimant la valeur de la Notte superieure, & la donnant presque toute entiere à celle qui la precede, ce que j'appelle Port de Voix perdu; dont ie donneray des Exemples dans la suite de ce Discours.

Quoy que tous ceux qui chantent, se piquent de Port de Voix, ie ne trouue rien de si rare, & rien ne fait tant connoistre que l'on ait esté en bonne Ecole, comme de bien former les vrais Ports de Voix qui se font dans le Chant, auec la solidité & le poids qui leur est necessaire. Les vns ne soûtiennent pas assez la Notte inferieure, & ont trop de haste & trop d'empressement de la porter (qui est le defaut le plus frequent.) Les autres ne doublent pas assez ferme du gosier, s'imaginant que cela est trop rude, ou bien souuent par vn defaut de Nature : Et les autres enfin ne soûtiennent pas assez la Notte superieure, soit par nonchalance, ou par ignorance, croyant que cela est inutile.

Quant au demy-Port de Voix, on peut le manquer, en ne soûtenant pas assez longtemps la Notte inferieure, ou marquant auec trop d'aspreté le doublement de la Notte superieure ; de sorte que ce qui s'appelle dans le Port de Voix, *fermeté*, se nomme *rudesse* dans le demy-Port de Voix. L'on peut donner des Exemples pour le Port de

Voix ; mais pour l'autre, cela se pourroit à peine marquer sur le papier, soit à cause du peu de soûtien de la Notte superieure apres son doublement, qui est ce que j'appelle *Port de Voix perdu*; soit que l'on présupose que ce qui est marqué sur le papier, le doit aussi estre en chantant : & cependant, comme ie viens de dire, il y a vne espece de Port de Voix qui ne se fait qu'en coulant; & de ce coulement ou glissement de gosier, il n'y a point de marque particuliere parmy les Caracteres de Musique.

Il faut encore prendre garde que dans le Port & demy-Port de Voix, la Notte inferieure qui se porte est doublée, quoy que sur le papier elle ne soit que simple : ou bien (pour rendre encore la chose plus claire) il faut remarquer que lors que le Port de Voix ne se fait pas sur la mesme syllabe, on doit pourtant supposer la mesme Notte dans la syllabe sur laquelle se fait le Port de Voix, que dans la precedente syllabe. Par exemple, dans la cinquiéme page du Liure des Airs grauez in 4.

de bien Chanter.

Nous sommes trop pres de la Mort,

Dans la syllabe *mort*, sur laquelle se fait le Port de Voix, il faut supposer le mesme *fa* qui est sur la precedente syllabe, ou plutost il faut diuiser la *noire* en deux *Croches*, dont l'vne sera sur la syllabe *la*, & l'autre sur celle de *mort*, auant que de donner le coup de gosier qui forme le Port de Voix, en doublant le *sol*, & le soûtenant apres l'auoir doublé. Ce n'est pas encore tout ; car quoy que ie dise qu'il faut d'vne *noire* en faire deux *Croches*, & n'en laisser qu'vne pour la syllabe de *la*, il ne faut pas seulement emprunter vne *Croche* à cette syllabe precedente, mais il faut encore en emprunter par anticipation quelque peu de la valeur de la Notte superieure, pour ioindre auec ce qui est déja emprunté, afin que le Port de Voix soit plus parfait, par vn long soûtien de la Notte inferieure auant le coup de gosier, en quoy presque tout le monde manque.

Et quoy que cette obseruation paroisse superfluë aux Critiques, en ce qu'il semble que c'est dire vne chose que tout le monde sçait; ie la croy d'autant plus instructiue, que dans la maniere ordinaire de notter & de marquer ces Ports de Voix, on ne fait que diuiser également cette Notte precedente celle sur laquelle se donne le coup de gosier, sans empieter sur *la valeur* de la suiuante, comme on peut voir dans la Diminution de l'Air dont ie viens de faire mention au feüillet 6.

En mourant, que ie meurs d'amour.

Où l'on voit que l'Autheur ayant diuisé la *Croche* destinée pour la syllabe du mot *d'amour* en deux *doubles Croches*, pour en donner vne à la syllabe de *mour*, si on se contentoit de l'executer de mesme qu'elle est marquée, ce seroit chanter ridiculement, & pecher contre la Regle, qui dit, de soûtenir vn temps considerable la Notte inferieure, auant que de la porter. Il faut donc, comme on dit, *aider à la lettre*, & emprunter de la valeur du *sol* suiuant, & le faire moins long qu'il n'est marqué. Cet Exemple peut seruir pour tous les autres, qui font voir que pour la grace de la Notte de Musique, l'on marque sur le papier d'vne maniere, & l'on chante d'vne autre.

Or comme le Port de Voix, & le demy-Port, sont absolument necessaires pour rendre le Chant parfait, il n'y a rien qui embarasse ceux qui chantent, comme de les placer à propos dans les endroits où il faut qu'ils soient, pour rendre le Chant ferme sans estre rude, & doux sans estre fade.

Le meilleur auis que l'on puisse donner pour les veritables Ports de Voix, est qu'ils se font toûjours sur les finales, sur les mediantes (quand il y a lieu de les faire) & autres principales Cadences, là où rarement se font les demy-Ports de Voix, mais seulement dans les autres lieux moins considerables d'vn Air ; de sorte qu'il faut toûjours garder le Port de Voix plein pour ces endroits là. Exemples.
Page 41. du Liure in 4.

Finir mon amour & sa haine.

Le Port de Voix qui se fait sur la derniere syllabe de *haine*, doit eſtre plein, parce qu'il s'agit de la finale d'vn Air. Il en faut dire autant de celuy qui ſe fait ſur la derniere de *vaine*, dans ce Vers,

Ah! c'eſt trop ſe flatter d'vne eſperance vaine.

Quoy que l'Autheur ait marqué poſitiuement celuy de *haine*, & non pas l'autre qu'il a laiſſé à ſuppoſer, parce que c'eſt vne Cadence conſiderable dans l'Air, & qui eſt comme ſi c'eſtoit vne mediante & vne finale. *Nota*, que je prens icy le mot de *Cadence* en termes de Methode de Chanter.

Ce qui ſe pratique encore dans l'Air,

J'aimerois mieux ſouffrir la mort, &c.
Page 57. du meſme Liure.

Où l'on void que l'Autheur a marqué expreſſement deux Ports de Voix (ſans toutesfois marquer le coup de goſier) dans ces mots de *feroit* & de *voir*, du Vers,

Et quand je ne ferois que l'aimer & la voir.
Leſquels

Lesquels il veut estre pleins, quoy que le premier pourroit n'estre que demy-Port de Voix.

Voila donc ce qui embarrasse extrémement ceux qui apprennent vn Air sur la Notte, de sçauoir quand il faut faire le plein Port, ou seulement le demy-Port de Voix ; mais ce n'est pas encore tout, car dans certains endroits, il ne faut faire ny l'vn ny l'autre, & les quitter pour faire vn Tremblement : comme on peut voir dans la suite de cet Air, par ces mots,

Ie seray trop heureux, &c.
Qui est dans la mesme Page,

Sur la derniere syllabe du mot de *heureux*, sur laquelle si vous faisiez vn Port de Voix, comme il se peut, cela ne seroit pas si bien que le Tremblement : De mesme que dans la derniere syllabe de *desespoir*, dans la page 8. du mesme Liure.

Enfans de ma douleur & de mon desespoir.

Sur laquelle on prefere le Tremblement au Port de Voix, suiuant l'intention de

G

l'Autheur; & c'est vne erreur de dire qu'il est assez marqué par *le Diœse* (comme ie diray dans l'Article suiuant) car c'est faire vne Regle generale du Tremblement fort mal à propos. Il y en a mille autres Exemples, qui ne sont fondées que sur le bon goust, & dont on ne peut établir de Regle certaine, à moins que de vouloir embroüiller les Esprits, plutost que de les instruire, & il n'y a point de doute que si tout le Chant estoit de cette nature, il seroit inutile d'en vouloir traitter; mais il y a bien d'autres endroits dont l'on peut donner des Regles certaines, si ce n'est pour l'inuention, & l'application, du moins pour l'execution.

Il faut bien remarquer que le Port ou demy-Port de Voix ne se fait pas seulement d'vne Notte à celle qui est au dessus immediatement, ie veux dire à vne Seconde, mais à vne Tierce, vne Quarte, vne Quinte, & vne Sixte; ce que les Sçauans nomment des *Interualles*, dans lesquels Interualles il y a bien encore plus à craindre pour le Port de Voix, non pas en le supprimant, comme i'ay dit dans les Exemples precedens; mais plutost en le plaçant mal à propos, ce qui arriue assez souuent, & sur tout en ne l'executant pas comme on doit.

Voicy des Exemples de tous ces Interualles, dans lesquels on peut voir les endroits, où l'Autheur fait le Port de Voix, & où il le supprime, & de là s'en former vne idée pour des endroits semblables. Exemple.
Dans le Liure graué in 4. page 57.

Ie seray trop heureux le reste de ma vie.

Sur la derniere syllabe du mot *seray*, il y a vn Port, ou plutost vn demy-Port de Voix à faire sur l'Interualle de Quarte, en redoublant le *re* de la premiere syllabe, pour le porter sur le *sol*, qui est sur la derniere; & toutesfois on peut le suprimer, & ne faire que les Nottes toutes simples.
Au mesme Liure, page 5.

Ne vous offencez pas, siluie.

On pourroit aussi porter la Voix dans l'Interualle de Quarte, qui est du mot de *vous* à la premiere syllabe du mot *offencez*, en redoublant le *mi* de *vous*, & le mettant sur l'autre syllabe, pour en suite le porter sur le *la*; mais je trouuerois plus à propos de suprimer le Port de Voix, quand ce ne seroit que par la raison que la premiere syllabe de *offencez* estant brefue, elle semble s'y opposer, & à plus forte raison sur le mesme Interualle de Quarte, qui se rencontre dans les mots suiuans de l'Air, *Oüy j'ayme ma prison*, Page 58. du 2. Liure in 8.

O *Beauté sans seconde*.

Ie veux dire sur l'Interualle de Quarte, qui passe du *mi* au *la* du mot *ô*, à la premiere syllabe de *beauté*, ce qui est fondé sur ce que je diray dans la page 152. de ce Traité, à l'occasion du mesme mot de *beauté*: Que si dans le second Couplet de cet Air on ne marque point aussi de Port de Voix sur le mot de *ardeur*, qui répond au mot de *beauté*, ce n'est pas pour la mesme raison, mais parce que la premiere syllabe du mot de *ardeur* est brefve, comme je diray en parlant de la Quantité des syllabes, ou si elle n'est pas tres brefve, à cause de l'r qui precede vne autre consone, qui en quelque façon l'excepte des syllabes tout à fait brefves (ce que i'expliqueray plus au long) elle n'est pas assez longue pour souffrir le Port de Voix dans cet Interualle de Quarte : Ainsi l'Autheur a jugé à propos de le chanter tout simplement.

Dans le mesme Liure, page 52.

Qu'il ne faut pas toûjours dire la verité.

Le Port de Voix est bon à faire, ou plutost le demy Port sur la derniere du mot de *faut*, ainsi que sur le mot du second Couplet qui luy répond, qui est le mot de *ayez* sur la derniere syllabe dans l'Interualle de Quarte, en disant *mi mi la*.

Pour ce qui est de l'Interualle de Tierce, le Port de Voix se fait autrement que sur les autres, où apres auoir redoublé la premiere Notte que l'on porte sur la quatriéme, on la double aussi du gosier, sans passer en aucune maniere par les Nottes qui sont entre deux, en disant *mi mi la la*; au lieu que dans le Port de Voix qui se fait sur vne Tierce, on passe par la Seconde, en disant *re re mi fa*, dans l'Exemple suiuant qui peut seruir pour tous les autres: C'est dans la page 37 du 1. Liure in 8.

souffrir tant de martire.

Où l'on void que sur la derniere syllabe de *souffrir*, on porte la Voix, & cependant on passe du *re* au *fa* par le *mi*, comme il est expressément marqué.

Ainsi que sur le mot de *attraits* dans le 2. Liure des Airs in 8. page 60. en disant *fa sol la*, au lieu de *fa la*, & faisant vn plein Port de Voix, comme il est aussi marqué sur le papier; ce qu'on pouuoit laisser à deuiner, suiuant la maniere ordinaire de notter.

Ces sortes d'Interualles peuuent bien encore se remarquer dans l'Air, *Vous ne pouuez Iris*, &c. qui est dans le 2. Liure des Airs in 8. page 60. sur la penultiéme syllabe de ces mots *defendre* & *commander*, où l'on pourroit faire des Ports de Voix sur ces seconds Interualles de Quarte; mais asseurémem il vaut mieux les suprimer, comme l'Autheur le pretend, peut-estre à cause que ces deux mots qui ont presque la mesme signification, veulent quelque chose de plus ferme & de plus hardy, comme j'ay dit cy-deuant sur le mot de *attaquer*; ce qui ne se pratique pas de mesme dans les endroits du second Couplet qui répondent à ces deux mots; car on porte fort bien la Voix sur la derniere de *helas*, & sur le mot de *est*, que vous trouuerez dans la page suiuante, & qui sont marquez positiuement.

Quant à l'Interualle d'vne Quinte & de Sixte, le Port de Voix ne doit estre placé qu'auec bien de la précaution, comme par exemple qui voudroit le faire sur ce mot de *tort*, dans l'Air, *C'est bien à tort*, &c. dans la page 24. du 1. Liure in 8. qui est dans l'Interualle de Quinte, à l'égard de l'*vt* qui precede le *sol* du mot de *tort*, & dire au lieu de *vt sol*, *vt vt sol*, on ne feroit rien qui vaille, & il faut bien mieux le dire tout vny, que de vouloir faire cet ornement mal à propos.

Au reste il faut remarquer, que bien que le Port de Voix soit le grand chemin que les Gens qui chantent doiuent suiure, comme estant fort vtile, mesme pour la justesse de la Voix, i'entens le plein Port de Voix dans les endroits où on le peut faire ; il y a des coups de Maistre qui passent par dessus la Regle, ie veux dire que les Sçauans par vne licence, qui est en eux vne élegance du Chant, l'obmettent quelquefois, & ne font que jetter la Notte basse sur la haute, par vn doublemét de notte imperceptible, principalement dans ces mots qui semblent demander vn peu plus de simplicité que dans le Port de Voix qui est composé, comme on peut voir par ces Exemples qui sont plus à remarquer qu'à imiter, pour les Commençans.

Au 2. Liure in 8. page 16. sur la derniere syllabe.

Tout ce qui fait vne Beauté.

Au 1. Liure in 8. page 28. dans l'Air,

Au secours ma raison.

Sur la derniere syllabe de *secours*, en tous les deux endroits.

Au mesme Liure page 40. sur la derniere syllabe de *celer*, à moins que l'on veüille faire le demy-Port de Voix, ce qui se peut.

C'est vn bien de celer, &c.

Mesme si l'on veut dans la page 41. du Liure in 4. sur le mot de *fois*, qui fait la derniere syllabe du Vers suiuant.

Mais, Philis, quand i'aime vne fois.

Dans tous ces endroits il est bon, & mesme élegant, de suprimer le Port de Voix, mais il faut que cette supression soit reparée par vn certain coup hardy qui se fait en doublant imperceptiblement, ce que le vulgaire appelle *animer*, comme pour ainsi dire par comparaison à vn coup d'archet de Violon ; autrement il n'y auroit rien de si plat, ny de si chetif.

Si vous demandez la raison de cette licence, & pourquoy elle se pratique dans ces Exemples plutost que dans les autres : Ie vous diray qu'il n'y a souuent que le bon goust qui en soit la regle ; & toutefois pour satisfaire vostre curiosité, ie veux bien vous dire que dans le premier Exemple, il semble que le mot de *beauté*, ne demande point d'ornement emprunté, & qu'il porte son agrément en soy, ce qu'on peut remarquer encore en d'autres mots, qui semblent demander quelque chose d'vny & de simple, comme on void dans les Exemples suiuans, tirez de quelques Airs, qui bien qu'ils ne soient pas imprimez, sont assez connus dans le commerce du Chant.

Philis on diroit à vous voir, &c.

Ie meurs, vous le voyez, &c.

Toy, Philis, qui connois, &c.
De l'Air, *Pourrois-tu douter de ma foy?*

Dans lesquels on suprime fort à propos le Port de Voix, qui est quelque chose de rude, & l'on passe par dessus la regle ordinaire pour laisser les dernieres syllabes de ces trois fragmens dans vne certaine simplicité de prononciation, suiuant que ces trois mots, *voir*, *voyez*, *connois*, semblent le vouloir ainsi.

Dans le second Exemple que i'ay

allegué si l'on supprime le Port de Voix, c'est qu'apparemment le doublement qui se fait du gosier, seroit trop rude sur la finale de *secours*, à cause de la dyphtongue *ou*, ce qui se peut encore dire dans le quatriéme Exemple de celle de l'*oi* dans le mot de *fois*; ainsi cela dépend vn peu du goust & de la volonté du Chantre, de faire le Port de Voix, ou de le supprimer dans ces deux Exemples, ausquels on peut joindre celle cy dans le second Couplet de l'Air que i'ay allegué, *Ie meurs vous le voyez.*

Ce n'est point par des cris, &c.

Dans lequel on supprime aussi le Port de Voix qui se pourroit faire sur le mot de *cris*, peut-estre à cause de l'*i*; mais enfin ce n'est pas vne regle generale; car on en fait sur des *i*, comme sur d'autres voyelles, & cela dépend du bon goust en ce rencontre, auquel on peut encore rapporter la suppession du Port de Voix dans le troisiéme Exemple sur le mot de *celer*, quoy qu'elle semble auoir quelque fondement sur ce que le mot semble demander quelque simplicité ; ce qui pourtant ne paroist pas veritable dans l'Exemple suiuant d'vn d'vn Air connu de tout le monde.

Cessez de m'attaquer, &c.

Où il semble que le mot de *attaquer* veut quelque chose de forcé ; & cependant l'Autheur a voulu fort à propos qu'on ne fist qu'vne Notte sur la derniere syllabe, mais aussi cette Notte estant poussée de la maniere qu'il pretend contient *éminemment* le Port de Voix, lequel dans le fonds semble biaiser & ne pas aller le grand chemin, ce que l'on presume estre opposé au mot de *attaquer*.

Ie pourrois encore rapporter quantité d'Exemples qui toutes sont fondées sur le bon goust, comme dans la derniere syllabe du mot *declaré*, de l'Air, *Vous ignorez encor mon amoureux martyre.*

Ay-je parlé trop bas quand ie l'ay declaré?

Où l'Autheur par vne pure licence suprime quelquefois en chantant le Port de Voix, comme aussi dans les suiuans,

Pleurez cruels Autheurs, &c.
De l'Air, *Puisque vous connoissez mes yeux.*

I'aime encor l'injuste Siluie.

En ne portant point la Voix sur la finale de *autheurs* & de *encor*.

Mais cela iroit à l'infiny, & ce seroit faire vn Commentaire sur les Airs, qui ennuyeroit plutost que d'instruire. Toutesfois pour vn plus grand éclaircissement du Port & demy-Port de Voix, ie trouue encore à propos d'en faire remarquer toutes les differences dans vn seul Air, afin d'en ramasser toutes les idées en vne, i'ay choisi pour cela l'Air, *Apres mille rigueurs*, qui est dans la page 73. du 2. Liure d'Airs in 8. dans lequel on peut clairement remarquer toutes les trois differentes manieres de porter la Voix d'vne Notte à celle qui est immediatement au dessus, c'est à dire du Ton au Semy-ton, ou d'vn Ton à vn autre ; car c'est pour l'ordinaire dans ces rencontres où le Chantre est embarassé pour sçauoir s'il faut faire le Port de Voix, ou s'il faut l'obmettre; s'il faut en l'obmettant faire vn Tremblement; s'il faut faire vn Port de Voix plein, c'est à dire d'vn coup de gosier qui soit marqué auec *fermeté*, & pour ainsi dire *rudesse* (au regard des Ignorans) ou seulement adoucy & glissé, qui est le Port de Voix doux, & comme s'il n'estoit qu'vn demy-Port de Voix; & enfin s'il en faut faire vn troisiéme, qui est vn Port de Voix comme perdu à l'égard du soûtien de la Notte superieure que l'on suprime dans cette troisiéme maniere de porter la Voix, en faisant cette Notte tres-courte, & toutesfois doublée.

Pour faire donc l'*Anatomie* de cet Air, à l'égard des endroits qui peuuent faire voir toutes ces differences; dés le commencement de l'Air l'on pourroit estre en peine, sçauoir s'il faut porter la Voix du *sol*, qui est sur la derniere syllabe du mot *apres* au *la*, qui est sur la premiere du mot de *mille*; car enfin c'est vne regle generale de le faire lors qu'il y a vne Notte qui monte d'vn Ton au Semi-ton par dessus vne autre, à moins d'exception; mais il est plus à propos de ne le point faire, c'est à dire de ne point doubler le *sol* (ou le *re* comme il vous plaira, pour ceux qui chantent par les muances, & non par le *si*) qui est sur la syllabe de *prez*, pour en mettre la moitié de sa valeur sur la syllabe suiuante, & la nommer encore vne fois suiuant la maniere ordinaire; il est, dis-je, plus à propos de faire les Nottes tout simplement.

Sur le mot de *rigueurs*, il y a vn plein Port de Voix à faire, de l'*vt* au *re*; & cela est aisé à prouuer, par la raison que c'est vne Cadence qui ressemble à la finale, sur laquelle finale il ne faut iamais manquer à faire porter pleinement la Voix, quand il y a occasion de le faire.

Sur le mot de *partez*, on pourroit faire toutes les trois manieres de Port de Voix du *mi* au *fa*, mais principalement celuy qui n'est que glissé, ou celuy qui est comme perdu, & non pas le Port pleinement marqué qui seroit trop dur; mais il est encore mieux de faire tout vny, & sur tout de prononcer l'r, suiuant la regle des Prononciations, dont ie parleray dans la Seconde Partie de ce Traité, laquelle Prononciation ferme & solide, supplée extrémement au defaut du Port de Voix, qu'il ne faut faire si frequemment quand on peut faire autre chose qui peut contribuër agreablement à la varieté du Chant.

Sur le mot de *Climené*, on pourroit porter la Voix dans l'Interualle de *Quarte*, qui est du *re* au *sol*; mais il ne faut rien faire encore, ny mesme faire trois Nottes sur *Cli* en montant, comme font plusieurs Ignorans, ou plutost ceux qui n'ont pas le *goust bon*, veu que cette Obseruation n'est fondée que sur le bon sens.

Sur les mots *des maux*, il y a encore vn Port de Voix à faire du *mi* au *fa diæse*, qu'il est à propos de faire glissé, en passant doucement par le *fa* plein, auant que d'aller à celuy qui est marqué d'vn *Diæse*, c'est à dire du *semi-ton* au *ton* par le *semi-ton* qui est entre deux, & c'est vne maniere d'executer qui s'apprend plus dans la Practique que dans toute la Theorie, & toute l'explication possible.

Mais ce qui est plus à remarquer pour les Ports de Voix differens, c'est dans les mots suiuans, *helas! Cruelle*, en tous les deux endroits, comme aussi dans la troisiéme repetition de *cruelle*, où il faut se ménager, & faire alternatiuement le Port de Voix glissé, le *plein* & le *perdu*. Sur le premier *helas*, on peut faire la premiere maniere du *fa dièse* au *sol*; sur le mot suiuant de *cruelle* (dans la premiere repetition) on peut fort à propos faire la troisiéme maniere; & la seconde qui est le Port *plein* sur le second mot de *cruelle*; & sur la troisiéme repetition de ce mot le Port de Voix *perdu*, pour en suite faire celuy qui conuient à la finale de l'Air, dans la derniere syllabe du mot de *reuenez*.

Auant que de finir cet Article, il est encore à propos de répondre à la Question qui se peut faire, sçauoir quand il est bon de se seruir des Ports ou demy-Ports de Voix; quand il faut les suprimer tous deux pour faire vn Tremblement, & quand il ne faut faire ny Tremblement ny Port de Voix, mais seulement la Notte toute simple, car enfin (dira-t'on) ce n'est pas assez de les discerner les vns des autres, si on ne fait connoistre les endroits où il les faut placer & suprimer; & il s'agit de Practique plus que de Theorie en ce rencontre.

A cela ie répons, que l'on peut bien donner quelques Regles pour ces Obseruations, mais non pas pour tous les endroits, pour la plufpart defquels le bon goust en est la seule Regle, joint à la comparaison qui se peut faire de ceux dont l'on est en doute, auec les Exemples que i'ay marquez, qui peuuent seruir de modele pour les semblables.

C'est toûjours beaucoup, que de faire connoistre la differente maniere de former le Port de Voix, & sur tout de desabuser ceux qui s'imaginent que dans le veritable Port de Voix, il ne faille simplement que glisser nonchalamment le coup de gosier, & qui nomment *rudesse*, ce qui se doit appeller *fermeté*, comme font la plufpart des Musiciens qui n'ont pas appris en bonne Ecole, en confondant le Port de Voix parfait, auec le demy-Port de Voix.

Secondement, c'est encore vne Regle infaillible, de faire toûjours le Port de Voix complet, dans la Cadence finale des Airs (cela s'entend quand il y a lieu de le faire, & que la penultiéme Notte est inferieure à la derniere d'vn Ton ou Semi-ton) & dans la mediante sans aucune reserue, si ce n'est dans ce peu d'Exemples que i'ay citées plus propres, dis-je, à remarquer qu'à imiter, mesme dans la pluspart des autres Cadences qui se rencontrent par-cy par là dans vn Air, sur tout pourueu qu'il y ait du temps, & que la Notte sur laquelle on forme le Port de Voix, soit fort longue.

A l'égard des autres endroits, où comme i'ay dit deux Nottes sont immediatement au dessus l'vne de l'autre, c'est le genie qui doit estre le maistre en ce rencontre : il faut seulement auoir cette consideration, que pour la varieté du Chant il faut mesler ces sortes de Ports de Voix, & tantost en faire de pleins, tantost de glissez, & quelquefois les Nottes toutes simples d'vne maniere alternatiue.

Pour ce qui est des Interualles de Tierce, Quarte, Quinte, ou Sixiéme, il seroit ridicule d'en vouloir établir d'autre regle que les exemples que i'ay alleguez, sur lesquels on se peut regler pour leurs semblables. Venons au second agrément du Chant, qui est la *Cadence* ou *Tremblement.*

Des Cadences & Tremblemens.

ARTICLE II.

Ie ne parle point icy des Cadences qui sont affectées au Traité de la Composition de Musique, mais seulement des Tremblemens qui se font dans le Chant, & que chacun sçait estre vn de ses plus considerables ornemens, & sans lequel le Chant est fort imparfait; de sorte que communément on s'informe de la bonté de la Cadence de ceux qui aspirent à la Methode de Chanter, autant comme de la beauté de leur Voix : cela fait comprendre que la Cadence est vn don de Nature, & toutesfois elle peut estre acquise, ou du moins corrigée & perfectionnée par l'Art, & par le bon exercice.

Il y a donc beaucoup de Personnes

qui ont de la Voix, sans auoir nulle Cadence ; d'autres qui en ont, mais trop lente pour certains endroits où le Tremblement doit estre serré de plus pres; d'autres qui l'ont trop prompte, & mesme trop rude, que l'on appelle vulgairement *Chevrottante*.

Pour ce qui est de ceux qui n'en ont point du tout, c'est asseurément vn trauail aussi penible qu'il est ingrat & dégoutant, de vouloir forcer la Nature à nous donner ce qu'elle nous a dénié dés le commencement : toutesfois il est constant, que comme tout s'acquiert par le trauail, on peut acquerir de la Cadence en exerçant de la maniere qu'il faut, c'est à dire en battant souuent du gosier sur les deux Nottes dont la Cadence est composée, dans vne certaine égalité, & l'vne apres l'autre, ny plus ny moins que sur vn Clauessin on l'acquiert en batant des deux doigts, les deux Touches qui forment le Tremblement.

Quant à la Cadence trop lente, on pourroit dire en vn besoin *que la Mariée seroit trop belle*, puis que la lenteur en est vne perfection, pourueu que sur la fin on la presse vn peu plus qu'on ne fait au commencement. Toutesfois si cette lenteur est vn auantage pour les Cadences & Tremblemens qui se font dans les endroits plus considerables, comme dans les finales, dans les mediantes, qui font ce que l'on appelle communément *Cadences* ; c'est vn grand defaut dans les Tremblemens que plusieurs nomment *Flexions de Voix*, qui se font à tout moment dans le Chant pour le rendre brillant, & qui mesme contribuënt extrémement à l'expression & au mouuemét, dont les Personnes qui n'ont point la Cadence assez prompte, sont peu capables, puis que cela supose en eux vn naturel lent, & par consequent dépourueu de ce feu & de cette vigueur qu'il faut auoir pour l'expression du Chant : Par cette raison les Hommes ont dans le Chant l'auantage du mouuement & de l'expression par dessus les Femmes, quoy qu'ils ayent & la Voix & la Cadence moins belle.

La Cadence trop serrée & trop aspre est encore fort difficile à corriger, & a besoin d'vn long & continuel exercice du mesme battement des deux Nottes fort lent, afin de reduire le gosier à la mediocrité qui est necessaire pour la veritable Cadence; & il ne faut pas s'imaginer, comme plusieurs, que la douceur de cette Cadence trop aspre vienne en exerçant doucement, non plus que celle d'vne Voix trop forte, en la moderant comme i'ay dit cy-deuant; mais tout de mesme que pour polir vn morceau de fer ou d'acier, il est besoin d'vne lime fort rude d'abord, ainsi pour adoucir, ou la Voix ou la Cadence, on ne peut marquer trop rudement, afin d'emporter par l'exercice tout ce qu'il y a de rude.

Il y a d'ordinaire trois choses à remarquer dans les Cadences, à sçauoir la Notte qui la precede, & qui souuent n'est point marquée, mais seulement supposée; le battement du gosier qui est proprement la Cadence; & la fin qui est vne liaison qui se fait du Tremblement auec la Notte sur laquelle on veut tomber, par le moyen d'vne autre Notte touchée fort delicatement; comme si par exemple le Tremblement se fait sur vn *mi*, il faut que cette liaison se fasse sur vn *re* qui n'est qu'éfleuré, pour aller tomber sur le mesme *re*, ou mesme sur vn *ve* qui est la finale.

Il n'y a aucune exemple de cette Liaison dans le Liure graué in 4. parce que l'Autheur a trouué qu'il estoit superflus de la marquer sur le papier, elle qui ne doit estre que legerement touchée du gosier, de peur que les ignorans ne luy donnassent la mesme force & le mesme poids qu'aux autres Nottes, ce qui seroit tres-rude & tres-desagreable, comme on peut voir sur le mot de *pourueuë*, page 34. & sur celuy de *preueuë*, page 32. Item sur le mot de *enuie*, page 42. & generalement dans tous les endroits qui peuuent souffrir cette liaison apres la Cadence des penultiémes syllabes des mots precedens.

Et toutesfois comme il est presque aussi dangereux de la supprimer entierement, comme de la fraper auec trop de fermeté & d'appuy, on a trouué à propos de les marquer dans les Liures in 8. par exemple sur la seconde syllabe du mot de *silence*, page 27. du second Liure: sur la seconde syllabe du mot de *conuie*, page 23. du mesme Liure; sur la premiere syllabe du mot de *vostre*, page 64.

64. du 1. Liure in 8. & dans cent autres endroits semblables, qu'il seroit superflus de citer, & que l'on peut remarquer dans ces Liures burinez.

Quand ie dis qu'il y a trois poincts à considerer dans les Cadences, ie pretens parler seulement de celles qui se font sur la penultiéme d'vn mot feminin, qui sera par exemple à la fin d'vn Air, ou au milieu, ou mesme en d'autres endroits considerables; mais non pas l'*antepenultiéme* d'vn masculin qui se trouuera pareillement dans les mesmes endroits (ie me sers de ce mot d'*antepenultiéme*, pour ne pas vser de circonlocution) sur laquelle il ne faut pas obseruer cette regle; mais suprimer le troisiéme poinct, qui est la liaison en quoy les Ignorans manquent fort souuent, par vne habitude du gosier qui est vitieuse en ce rencontre; & la raison de cette suppression est claire, veu que dans le masculin la penultiéme tient lieu de cette liaison qui se doit faire sur celle du feminin, afin que la Cadence ne paroisse pas estropiée. *Nota*, que par l'*antepenultiéme* d'vn masculin, ie veux dire la troisiéme syllabe en retrogradāt d'vne derniere syllabe qui sera masculine, soit que cette derniere soit vn mot d'vne, de deux, ou de trois syllabes; comme on peut voir par cet Exemple,

Soûpirer pour vous,
De l'Air, *superbes ennemis, &c.*

Dans lequel ie compte pour antepenultiéme la derniere syllabe de *soûpirer*, sur laquelle se fait la Cadence ou Tremblement.

Il faut encore bien remarquer qu'auec les feminins on doit comprendre les masculins, qui suiuant l'exception que l'on verra dans la suite de ce Traité, en parlant de la Quantité, ont la penultiéme longue, comme sont ces mots, *langueur, consentir, plaisir, changer, vanger, &c.* & qui par consequent peut souffrir vn long Tremblement, si ce n'est sur la finale d'vn Air (ce qui n'est pas encore bien décidé, & dont plusieurs ne conuiennent pas) du moins sur d'autres Cadences considerables; aussi ay-je dit positiuement en parlant de ces trois poincts, qu'ils se font d'*ordinaire* sur les Cadences, & non pas *toûjours* ; car premierement il y a des Cadences qui se font sur vn *Diæse*, en décendant, ou sur vn *mi*, ou autres *semi-tons*, qui n'ont pas de connexion auec ce qui suit, puis que c'est toûjours, ou sur vn monosyllabe, ou sur la finale d'vn mot de plusieurs syllabes : ainsi il n'y a dans ces sortes de Tremblemens, que le soûtien, ou anticipation à considerer ; mais pour la liaison il n'y a pas lieu de la faire, car qui dit liaison, dit communication auec quelque chose qui suiue, & ces Cadences s'arrestent & se terminent d'elles-mesmes, à moins que de les borner par vn certain coup de gosier, qui se fait en reuenant du Tremblement au soûtien de la mesme Notte; ce qui se doit faire fort rarement dans le Chant, & auec bien de la précaution, & ce que font en toutes rencontres les mauuais Chantres, & sur tout ceux qui ont appris le Chant dans les Prouinces.

C'est donc vn ornement en certains endroits, que de faire ce Tremblement, que quelques-vns appellent *finir la Cadence* : Comme par exemple dans les grandes Pieces, principalement dans les Leçons de Ieremie, & vne faute fort considerable, lors qu'on l'applique au bout de tous les Tremblemens, où il y a lieu de la faire pour leur seruir de finale; car quelquefois on peut appliquer ce retour de Cadence & mesme fort à propos dans certains petits Tremblemens, en rebattant la Notte de ce retour, pour faire en suite vn plus long Tremblement, ie veux dire vne veritable Cadence : On en peut voir les Exemples par-cy par-là dans les deux Liures grauez in 8. entre autres dans la page 31. du premier Liure, à la fin du second Couplet, sur le mot de *que*, où ce retour de Cadence est expressément marqué, ainsi que sur le mot de *dire*, qui est à la derniere ligne de la page 11. du mesme Liure.

 Au reste ie ne veux pas oublier en passant vne erreur de plusieurs Musiciens, & qui ne sont pas tout à fait du commun, qui est de faire toûjours des Tremblemens sur vn *Diæse*; de sorte que pour rien du monde ils ne voudroient y manquer, ie veux dire lors que le *Diæse* est en montant (car s'il est en descendant il n'y a pas quasi de lieu d'éuiter le Tremblement, pourueu que la syllabe soit longue) c'est à dire quitter le delicat & le particulier, pour prendre le commun & le grossier, par exemple qui trembleroit les *Diœses* dont ie vais parler, ne chanteroit pas selon l'intention du Compositeur; & mesme comme il y a souuent des *Diœses* sur des syllabes bréves, il seroit hors de propos d'y faire des marques de longues, qui sont particulierement les Tremblemens, comme on peut voir dans le Liure graué in 4. page 33. où quoy qu'il y ait vn *Diœse* marqué sur la premiere syllabe de *espoir*, l'Autheur ne pretend point que l'on y fasse de Tremblement, par la raison qu'elle est bréve, comme ie diray en parlant de la Quantité, bien qu'il y ait vne consone deuant vne autre; ce qui ne suffit pas toûjours pour rendre la syllabe longue.

Il en est de mesme dans la page 13. du mesme Liure, sur le *Diœse* du mot de *attirer*, dont la penultiéme estant tres-bréve, il seroit ridicule d'y faire vn Tremblement.

Mais il y a des Exemples, où mesme

H iij

comme ie viens de dire, les Muſiciens quoy qu'aſſez conſommez dans l'Art de Chanter, errent pour le delicat du Chant, en faiſant toûjours des Tremblemens, par exemple dans le mot de *helas*, qui eſt dans la page 74. du ſecond Liure des Airs in 8. à la troiſiéme ligne, ſur lequel bien qu'il y ait vn *Diœſe* marqué, il ne faut pas pour cela y faire vn Tremblement, qui oſte toute la douceur que l'Autheur pretend y eſtre obſeruée; mais il faut gliſſer comme vne maniere de Port de Voix imperceptible par ſemi-tons pour aller au *Diœſe*, ſans le trembler. Cet Exemple peut ſeruir pour cent autres endroits, dont il faut que le bon ſens ſoit le juge, & dont on ne peut faire abſolument de Regle generale.

Mais pour reuenir à ces trois poincts qui s'obſeruent d'ordinaire ſur les Cadences principales, i'ay déja excepté ce que ie nomme *Liaiſon*, de bien des endroits, où non ſeulement il eſt à propos de la ſupprimer, mais meſme il n'y a pas lieu de la faire; à quoy i'adjouſte qu'il y a des endroits qui ſont problematiques, & où ſouuent il eſt indifferent de la faire ou de l'obmettre ; de sorte que le bon goust en doit estre le juge ; ce qui n'a toutesfois lieu que lors qu'apres la Cadence ou Tremblement il y a deux Nottes en décendant, dont l'vne se peut appliquer à cette sorte de *Liaison* (& se joindre par consequent au Tremblement sur la mesme syllabe, qui est ou penultiéme d'vn feminin, comme i'ay dit, ou d'vn masculin qui a la penultiéme longue) & l'autre demeure seule pour la derniere syllabe sur laquelle on peut aussi mettre toutes les deux Nottes qui suiuent la Cadence: ainsi la liaison n'a plus de lieu. Voila, dis-je, ce qui embarasse quelquefois. Exemples de l'vn & de l'autre.

Dans le Liure graué in 4. page 58. sur le mot de *rebelle*, l'Autheur a expressément marqué le *mi* & le *re* sur la derniere syllabe, afin de signifier qu'il ne pretend pas que la premiere Notte serue de Liaison à la syllabe de *bel* ; & la raison est, que comme la Liaison a quelque douceur, parce qu'elle est legerement frapée du gosier, on peut dire aussi qu'elle a quelque chose de trop fade pour certaines Cadences principales dans vn Air qui demandent plus de fermeté, par la raison qu'elles seruent de conclusion à ce qui a précedé, & par consequent demandent quelque chose de plus solide : Ce que l'Autheur a encore obserué dans la page 44. du mesme Liure, sur le mot de *fidelle*, sur lequel il n'a pas voulu laisser à douter s'il falloit faire vne Liaison sur la seconde syllabe, ou faire deux Nottes sur la troisiéme, lesquelles il a expressément marquées, quoy que ce ne soit point vne Cadence mediante.

Il y a d'autres Exemples pour la Liaison, que l'on pourroit faire sans y penser (au lieu de ces deux Nottes rabatuës dont ie viens de parler) qui sont aussi positiuemét marquez sur le papier, afin que l'on n'en doute point, comme on peut voir sur ces mots, *mon cœur*, dans la page 7. du premier Liure graué in 8. de la seconde Edition; dans lesquels Exemples on peut remarquer que cette Liaison se fait presque toûjours sur des endroits, ou qui ne sont point des Cadences, ou qui n'en sont pas de considerables; & c'est vne erreur fort commune parmy ceux qui chantent, de faire cette *Liaison* mal à propos dans les Cadences principales, ou bien dans les lieux qui demandent que le mouuement soit mieux exprimé, (à quoy cette *Liaison*, qui comme i'ay dit, est douce & fade, semble s'opposer;) Ce que font d'ordinaire ces Voix douces & sans viuacité, dont i'ay parlé au commencement de ce Traité, qui croyant que la douceur est tout le fin du Chant, l'employent en toutes occurences, & ne font que glisser les Nottes, & ne content pour rien la fermeté qui donne au Chant toute la force, & fait qu'il n'ennuye point à la longue, comme fait celuy qui est doux par tout, ou pour mieux dire *fade*. On pourroit comparer ceux qui affectent cette maniere de Chanter à ces Esprits toûjours flatteurs, qui sont eternellement dans vne certaine affectation de complaisance & d'applaudissement pour tout ce qu'ils entendent, mesme pour ce qui est tout à fait éloigné de la raison & du sens commun. Quoy que la complaisance soit vne qualité fort recommandable, il est certain que si elle est trop frequente dans la societé, on s'en lasse à la fin, principalement lors que l'on void, ou qu'elle est trop affectée, ou qu'elle part du peu de discernement pour les choses qu'il faut approuuer, ou qu'il faut ne pas tant applaudir.

Il faut encore excepter des trois Poincts que i'ay mis en auant, ce que ie nomme *Anticipation*, ou *Soûtien de Voix* auant la Cadence, que plusieurs confondent auec ce que i'appelle *Port de Voix*, lequel Soûtien se supprime fort souuent & fort à propos en mille endroits.

Ceux qui croyent estre de grands Docteurs dans le Chant, ne voudroient pour quoy que ce soit auoir manqué de faire cette *Preparation* de Cadence dont i'ay parlé cy-deuant, comme estant de son essence, mesme iusqu'aux moindres Tréblemens, & tiennét que c'est vn crime d'en vser autremét, & par ce moyen rendét le Chant fade & sans varieté, sans considerer qu'il y a souuent des exceptions des Regles les plus generales qui font vn bien plus agreable effet que la Regle mesme. Il y a mesme des Cadences finales, où cette preparation sied mal, & dans lesquelles on se jette d'abord sur les Tremblemens de bas en haut, sans aller chercher par le moyen du Port de Voix la Notte qui la precede pour la soûtenir, de sorte qu'on la confond auec sa compagne, pour former la Cadence. Et de toutes ces Obseruations ce seroit vne simplicité de vouloir établir des Regles pour les endroits où cela sied, ou ne sied pas : le bon goust seul en doit estre le juge.

Ie diray seulement, que lors qu'il est bon de faire cette preparation, qui sans doute est le grand chemin pour bien former la Cadence, il ne la faut point faire à regret, mais il faut tellement s'y plaire, qu'il semble qu'elle n'ait aucun rapport auec le Tremblement qui la doit faire, & qu'elle soit tout à fait détachée, d'où vient que d'ordinaire on remarque en la pluspart de ceux qui apprennent à Chanter vne certaine impatience dans ces sortes de preparations, qui fait que la Cadence n'en est ny si belle, ny si juste ; au reste c'est vn auis considerable pour ceux qui ont la Cadence desagreable, & qui veulent cacher leur defaut, ne pouuant le corriger, de se seruir de cette ruse dans le Chant, en tenant ce *Soûtien* & cette *Preparation* si longue, qu'elle oste presque tout le temps destiné pour la Cadence, qu'ils connoissent estre défectueuse en eux, & ne faire qu'vne Cadence tres-courte.

Le defaut le plus frequent de tous dans les Cadences, c'est lors qu'apres auoir soûtenu cette Notte, qui d'ordinaire la précede par preparation, on ne se contente pas de trembler d'abord la Notte suiuante ; Mais on la double par vn coup de gosier auant que de la trembler, ce qui n'est propre qu'aux Instrumens, à moins que de la marquer lentement, & non pas auec precipitation, ce qui se peut faire dans les grandes Pieces seulement, où l'on tient la Cadence si longue que l'on veut ; car mesme en ce cas on peut non seulement doubler cette Notte tremblée, mais encore la battre de la Notte superieure ; comme par exemple si le Tremblement se fait sur vn *mi*, & que le *fa* soit par consequent la Notte qui prepare la Cadence, il ne faut pas doubler le *mi*, auant que de le trembler ; ou si on le double, il faut que ce soit lentement, ou bien en la battant du *fa*, en difant *fa mi fa mi re re*.

Il y en a quelques Exemples dans les Liures grauez in 8 comme on peut voir dans la page 32. du premier Liure, fur le dernier mot de *j'attens*, ainfi que dans la derniere repetition du mot de *dire*, qui eft dans le mefme Liure page 9.

Au refte quoy que cette liaifon fe faffe pour l'ordinaire fans y penfer, comme infeparable de la Cadence, on a de la peine à la faire comprendre à ceux qui apprennent, quand la Voix ne s'y porte pas d'elle-mefme, & l'on eft obligé de la faire marquer groffierement pour la faire adoucir en fuite, ce qui caufe vn embarras affez grand. On a mefme bien de la peine à l'ofter à ceux qui l'ont trop à commandement dans les endroits qui n'en ont pas befoin, ce qui arriue particulierement lors que la Notte fur laquelle tombe la Cadence ou Tremblement, n'eft pas de mefme nature que la liaifon, mais d'vn ton au deffous, & qu'il faut pour marquer dauantage le mouuement de l'Air, fupprimer cette liaifon, je veux dire la feparer d'auec la fyllabe fur laquelle fe fait la Cadence, & la joindre auec la Notte qui eſt fur la fyllabe fuiuante, fur laquelle tombe la Cadence, fuiuant les Exemples que j'ay alleguées.

Il faut donc bien remarquer, que lors qu'on oſte la Notte qui fert de liaifon à la Cadence, elle n'eſt pas touchée legerement (je veux dire foiblement) du gofier, comme fi elle eſtoit jointe à la Cadence, au contraire il faut auoir foin de la marquer aſſez ferme; & c'eſt vn defaut fort commun (non feulement dans ce rencontre, mais dans tous les autres où il fe trouue des Nottes de fuite en decendant) que de n'auoir pas aſſez de foin de faire fonner la premiere, comme fi elle n'eſtoit faite que pour l'autre; au contraire il faut que la principale application foit fur la premiere Notte, & d'autant plus que l'autre fe marque aſſez d'elle-mefme, autrement elles fe trouueroient confufes; & pour éuiter ce defaut, il faut qu'en exerçant, le gofier s'accouſtume toûjours à bien marquer, puis qu'il eſt conſtant que l'on adoucit aſſez, apres que l'on s'eſt rendu maiſtre de la fermeté; ce que i'expliqueray plus au long dans l'Article des Paſſages & Diminutions.

Ie repete encore, que bien que l'Autheur n'ait pas marqué ſur le papier des Liaiſons apres les Cadences, principalement apres celles qui ſont au milieu, ou à la fin des Airs, c'eſt vne Regle generale de les y ſuppoſer, & iamais ne les obmettre, autrement la Cadence ſeroit eſtropiée, & ne ſeroit pas complette, ie veux dire quand elle ne décend pas ſur vne Tierce, mais ſeulement ſur vne Seconde, & que la Liaiſon eſt de meſme nature que cette Seconde. I'ay voulu reïterer cet auis, parce que bien des Maiſtres n'en tombent pas d'accord, en quoy ſans doute ils ſe trompent, & ie ne puis conceuoir leur opiniaſtreté, ſi ce n'eſt qu'ils pretendent que cela eſt ſuperflus, ou meſme rude; mais il faut prendre garde que la douceur y ſoit obſeruée; & ſi elle ne l'eſt pas, c'eſt vne faute d'execution, & n'on pas d'application.

Quant aux Tremblemens qui ſe trouuent par-cy par-là dans vne Piece de Musique, & qui en font tout le brillant, il faut auoir vne grande experience & vn grand genie pour les sçauoir placer à propos. La principale obseruation, est que l'on n'en fait quasi iamais sur des syllabes bréves, ainsi il est tres-important de sçauoir la Quantité des Paroles que l'on chante, puis qu'il n'y a que les longues qui souffrent des Cadences & Tremblemens, ainsi que des *Accens* ou *Plaintes*, & de certains doublemens de gosier dont on se sert pour marquer dauantage le mouuement des Airs.

On pourroit encore dire, qu'il y a vne espece de Tremblement qui se fait du fonds de la gorge, & qui est d'ordinaire fort serré & fort court, qui fait vn grand effet dans le Chant, principalement dans les endroits où il y a quelque passion à exprimer; mais comme ces sortes de Tremblemens se sentent mieux qu'ils ne s'expliquent, il n'y a que la pratique qui les puisse faire comprendre, & ce à fort peu de gens, & à moins que d'auoir le genie propre pour cela. En voicy des Exemples sur lesquels on peut pratiquer ces sortes de Tremblemens, sauf à ceux qui les veulent bien executer, à consulter les Maistres du Chant, dont le nombre est fort petit pour cette Obseruation. Au 2. Liure in 8. page 75. le Tremblement qui est sur la derniere syllabe du mot de *encor* est de cette nature, lequel se peut aussi fort bien appliquer au mesme mot, qui est dans la page 74. en adjoustant vne liaison à la premiere syllabe, nonobstant qu'elle ne soit pas marquée sur le papier, à cause que sur les simples ou premiers Couplets, c'est vn vsage de tout temps, de ne point marquer bien des circonstances du Chant, que l'on laisse à faire chacun selon sa maniere.

Ce Tremblement est encore fort bon à prattiquer sur les mots de *mon cœur*, dans la page 7. du premier Liure des Airs grauez in 8. suiuant l'augmentation de la seconde Edition.

Comme aussi sur la derniere syllabe du mot de *commander*, dans sa seconde repetition, page 61. du Liure in 8. mais il faut bien prendre garde de faire vn appuy auant le Tremblement, ie veux dire vne *anticipation*, *preparation*, ou comme il vous plaira; car pour lors ce seroit vn Tremblement ordinaire, celuy-cy ne se faisant jamais que seul; & comme i'ay dit qu'il est fort court & fort pressé, il faut bien remarquer que quoy que le *mi* sur lequel ie pretens qu'il soit pratiqué soit fort long, il faut le supposer court, & faire comme vn *Tacet*, pour employer le temps destiné pour cette Notte; autrement si vous faisiez vn Tremblement ordinaire auec son appuy, il n'y auroit rien de si fade, ny de si opposé au mot de *commander*, qui demande quelque chose de plus resolu & de plus ferme. Ceux qui voudront faire reflexion sur cet Exemple, trouueront qu'il est fort considerable; mais i'ay bien peur que peu de Gens le goustent, car comme i'ay dit fort peu sont capables d'executer ce Tremblement, & mesme de le connoistre, & confondent en ce rencontre comme en bien d'autres, *le ferme* auec *le rude*. Ie n'en donneray point d'autres Exemples; car asseurément celuy-cy suffit pour tous les autres, pourueu qu'on le comprenne bien.

Quant à la double Cadence, c'est vn agrément qui se fait par vn certain tour de gosier, & qui est plus de Practique que de Theorie, lequel contient en soy éminemment vne espece de Tremblement étouffé, c'est à dire que le gosier ne fait que s'y presenter, & tout d'vn coup le supprime dans sa naissance.

Elle se fait en deux manieres, ou en montant sur vne Notte au dessous, ou en rabattant sur la mesme, qui est la plus particuliere, & la moins connuë; mais tout cela consiste absolument dans la Practique, aussi bien que le secret de l'acquerir, que ie pense auoir trouué pour confondre ceux qui croyent que l'on ne peut l'auoir que par vn genie & vne disposition naturelle, sans que l'on puisse donner des Moyens pour y paruenir.

Le Tremblement que ie nomme *étouffé*, est vn certain agrément tres-commun dans le Chant, & des plus considerables, qui se fait lors qu'ayant formé l'appuy, c'est à dire la Notte qui precede & prepare la Cadence ou Tremblement, le gosier se presente à trembler, & pourtant n'en fait que le semblant, comme si il ne vouloit que doubler la Notte sur laquelle se devoit faire la Cadence, & comme c'est vn grand charme dans le Chant, ceux qui le sçauent ont vn auantage par dessus ceux qui faute de disposition de gosier propre à cet effet, ou faute d'vn bon Maistre, ou l'ignorent, ou ne peuuent le mettre en pratique, quand ils le sçauroient. En vain on en donneroit des Exemples, puis qu'outre que l'on ne marque iamais ces sortes de Tremblemens, ce n'est rien de les connoistre si on ne les sçait former; & d'autant que c'est vn agrément aussi frequent dans l'Art de bien Chanter, qu'il est considerable, on ne peut trop prendre de soin pour l'acquerir, & le faire dans sa perfection; mais le mal est que la plufpart des Gens, par vne impatience ridicule, se rebutent incontinent, à cause d'vn peu de soin & d'application qui est necessaire pour en venir à bout, & s'en tiennent, ou à faire le Tremblement veritable, ou la Notte toute simple, c'est à dire vne mediocrité de Chant, que l'on peut dire plus vitieuse, qu'elle n'est loüable.

De l'Accent ou Aspiration.

ARTICLE III.

IL y a dans le Chant vn certain Ton particulier, qui ne se marque que fort legerement du gosier, que ie nomme *Accent*, ou *Aspiration*, à qui d'autres donnent assez mal à propos le nom de *Plainte*, comme s'il ne se pratiquoit que dans les endroits, où l'on se plaint.

Cet Accent, ou Aspiration, se fait toûjours sur vne syllabe longue, & iamais sur vne bréve, & pour l'ordinaire il ne se fait que lors qu'vne Notte tombe sur sa semblable, ou son inferieure, & sert comme de communication de l'vne à l'autre : Comme par exemple si la Notte marquée sur le papier, est vn *sol*, & qu'il y ait encore vn *sol*, ou vn *fa*, ou vne autre Notte en décendant, & que la syllabe soit longue, il est besoin d'vn Accent pour seruir de communication, lequel Accent est vn *la* en ce rencontre, mais vn *la* fort delicat, & touché fort legerement, & quasi imperceptible.

S'il y a de la peine à le faire pratiquer à ceux qui apprennent, il y en a aussi à le retrancher de mille Gens, principalement dans le vulgaire, qui s'imaginant que c'est vn agrément, ne manquent point de laisser agir en ce rencontre leur gosier, qui se porte de soy à faire ces *Accens* plus que l'on ne voudroit, sur tout au bout des finales & des Ports de Voix, qui est vne chose ridicule ; de sorte que rien ne marque tant vn Chant Prouincial, comme ces sortes d'*Accens* placez mal à propos & en toutes occurrences.

Ces *Accens* ont aussi du rapport auec la derniere Notte d'vn Passage, lors qu'elle remonte d'vn ton ou semi-ton par dessus la penultiéme ; car en ce cas elle ne tient quasi lieu que d'Accent, & ne se marque pas du gosier comme les autres Nottes, ce qui se peut remarquer en trois endroits differens du 2. Couplet de l'Air, *I'ay juré mille fois*, page 48. du Liure in 4. à sçauoir sur la derniere syllabe du mot *rangeoit*, qui est dans la page 50. Sur la derniere Notte du Passage de ce mot *plus* ; ainsi que sur la derniere Notte de *connois*, qui sont *de bien Chanter.* 191

dans la page 51. pourueu que l'on obserue ce qui est écrit; car on peut allonger la Diminution de ce mot de *connois* d'vn *sol* au dessus du *fa* doublé à demy du gosier, & en ce cas le *sol* seruiroit comme d'*Accent* ou *Plainte*.

Quant aux Exemples des Accens, il n'y en a point qui se puissent figurer sur le papier; car bien que ce soit vne Notte, comme elle ne se doit point fraper, mais seulement éfleurer, il vaut mieux ne la point marquer du tout par écrit, laissant à ceux qui auront connoissance des endroits qui y sont propres à la pratiquer, c'est à dire des syllabes longues, & lors que c'est pour lier deux Nottes de mesme espece, ou differentes en décendant.

C'est donc vn defaut de trop marquer ces *Accens*; ou si on les marque, il faut les doubler du gosier, & en faire deux au lieu d'vn, & en ce cas le nom de Plainte leur pourroit conuenir; mais comme souuent ces sortes de doublemens accrochent le Chant, & en empeschent le cours, ils ne se font que rarement, & lors qu'il y a raison pour cela. Voicy vn Exemple qui pourra seruir pour cette Obseruation, d'autant plus qu'il est expressément figuré dans le Liure in 4. page 12. sur la premiere syllabe de *ô Dieux!* ie veux dire sur l'exclamation de l'ô, où l'Autheur a voulu signifier en marquant cet *Accent*, qu'on peut, ou le toucher delicatement (& par consequent le faire beaucoup plus court qu'il n'est marqué sur le papier à la maniere ordinaire) ou le doubler du gosier (en luy laissant toute la *noire* entiere) & par là en faire vne veritable *Plainte*, suiuant le sens des Paroles de l'Air, qui est tout de Plainte & de Reproche: Encore est-il aussi à propos de ne faire qu'vn simple Accent, qui est le chemin le plus ordinaire qu'il faut tenir comme le plus seur, & dans lequel on ne peut iamais errer, au lieu que dans l'autre on est exposé à faire souuent du *qui pro quo*, par ce doublement de gosier, qui est vne superfluité vitieuse pour l'ordinaire.

A propos de marquer & d'adoucir, ie ne veux pas oublier vne faute fort grande & fort frequente dans le Chant, principalement chez les Prouinciaux, qui

qui est de moderer la Voix de temps en temps sans necessité, & n'obseruer aucune égalité dans le Chant, s'imaginant que la varieté en est plus grande, lors que tantost on pousse la Voix de toute sa force, & tantost on la relasche, iusqu'au poinct qu'on ne l'entend plus, & principalement dans les Cadences que les mauuais Chantres renferment en dedans. Cela est bon sur le Luth, le Theorbe, la Viole, & autres Instrumens, dont les cordes se peuuent fraper tant & si peu que l'on veut, pour marquer leur difference auec le Clauessin, de laquelle ceux qui les touchent tirent vn grand auantage, pretendant que par ce moyen ils font parler leurs Instrumens, & leur font mesme exprimer les passions de tendresse, ou de colere, par le moyen du son, ou plus fort, ou plus foible, ce qui se fait en touchant legerement les cordes, ou bien en les frappant auec force, & pour ainsi dire en les *gourmandant*. Mais la Voix qui est accompagnée de paroles effectiues, n'a pas besoin de ce ralentissement pour exprimer ce qu'elle veut ; ainsi c'est vn pur

I

badinage, que de la moderer à contre temps, sur tout dans le Port de Voix, qui souuent se fait sur des paroles qui demanderoient bien plutost qu'on le poussast auec quelque violence, ainsi que dans les finales des Airs, & dans la Notte qui suit la Cadence que l'on doit toûjours jetter en auant, sauf à la relascher, apres qu'elle a esté poussée jusqu'à vn certain poinct (par vne maniere de retour, & non pas la finir pour vn Accent superflus, que quelques-vns nomment *hoquet*, pour mieux en exprimer la laideur) & en ce cas l'adoucissement vient fort à propos, mais c'est apres son contraire, ie veux dire apres auoir poussé en auant la finale, ou d'vne Cadence (comme i'ay dit) ou d'vn Port de Voix plein.

Ie croy auoir dit que ces *Accens*, ou *Plaintes*, sont des marques de longues, & que l'on n'en peut iamais faire sur des syllabes bréfves sans exception quelconque, ce qui ne se pratique pas à l'égard d'autres marques de longues, qui sont le tremblement & le doublement de gosier; dont le premier se fait quelquefois (mais à la verité le plus court que l'on peut) sur des syllabes qui ne sont pas tout à fait longues, c'est à dire qui ne le sont pas assez pour pouuoir souffrir l'accent, ainsi que le doublement de gosier (dont ie parleray dans l'Article suiuant) qui se fait aussi sur des syllabes qui ne sont pas treslongues, mais seulement pour ainsi dire *demy-longues*, & qui tiennent comme le milieu entre la bréfve & la longue, entre autres lors qu'il se trouue vne *r* deuant vne autre consone, comme *pourquoy, parfait, mortel*, ou bien dans les monosyllabes, *pour, par, car*, deuant d'autres consones. On peut dire que ces sortes de syllabes qui contiennent vne *r*, ne sont, ny tout à fait longues, ny tout à fait bréfves; c'est à dire qu'elles ne sont pas assez longues pour souffrir vne Cadence finale ou mediante, ou autre grand Tremblement, ny mesme vn *Accent*, ou *Plainte*, mais bien vn Doublement de gosier, & vn petit Tremblement, ou *Flexion*, ce que ne pourroit pas souffrir vne syllabe tout à fait bréfve, comme sont celles dont ie parleray dans la Quantité, où ie feray la comparaison de

I ij

l'r auec l'n, touchant cette Obseruation, & diray que l'n a le priuilege par dessus l'r, de rendre la syllabe longue en toutes ses circonstances, & peut souffrir l'Accent, & mesme quelquefois la Cadence finale, & le long Tremblement.

Ce que ie dis de l'r, se peut encore dire de l'l, & mesme de quelques consones qui en precedent d'autres, comme du c & de l'ſ dans les mots masculins de *Quelqu' vn*, *malgré*, *effectif, respect, destin*; Toutes ces trois consones rendent la syllabe pour ainsi dire *demy-longue*, comme ie diray plus au long dans la Quantité des Mots masculins.

Du Doublement du gosier sur la mesme Notte, & du soûtien des Finales.

ARTICLE IV.

LA troisiéme marque de longue, & qui ne se pratique sur aucune syllabe bréfve, est le Doublement de la mesme Notte qui se fait du gosier, si promptement, qu'à peine on s'aperçoit si la Notte est double, ou si elle est simple, ce que l'archet du Violon exprime assez bien, & ce que l'on nomme vulgairement *animer*, c'est à dire donner le mouuement, à quoy cét ornement du Chant contribuë beaucoup, & sans lequel les Airs seroient sans ame, & ne feroient qu'ennuyer.

Il n'y a donc rien de si frequent dans les Airs, & l'on peut mesme en faire plusieurs de suite, pourueu que ce soit sur des syllabes longues, & iamais sur des bréfves, à moins que sur des monosyllabes, qui d'ailleurs ne pourroient pas souffrir, ny le Tremblement, ny l'Accent; encore le plus seur est de n'en point faire sur des monosyllabes qui sont courts, lors qu'ils demeurent tels, & qu'ils ne deuiennent point longs par leur situation, & par la simetrie que i'en feray voir, qui peut rendre vn monosyllabe long si l'on veut, quelque bref qu'il soit naturellement.

Au reste ce Doublement de gosier se peut joindre auec l'Accent, lors qu'il y a occasion de le faire, comme on peut voir dans la page 64. du Liure in 4. sur la premiere syllabe du mot d'*Ingrate*, en doublant le *fa* de la premiere syllabe, & supposant vn *sol* legerement touché, pour signifier l'Accent qui retombe sur vn autre *fa*, que l'on suppose sur la syllabe *gra*, qui sert comme d'apuy au petit Tremblement qui se doit faire sur le *mi* de cette syllabe, au lieu de faire comme la pluspart vn demy Port de Voix sur la premiere syllabe de ce mot, en supposant vn *mi* apres celuy de la syllabe *cett'* qui la precede à la maniere des Ports de Voix perdus, dont i'ay parlé cy-deuant. Ceux qui feront reflexion sur cet Exemple, trouueront qu'il comprend bien des Obseruations de Chant tout à la fois; mais i'ay bien peur qu'il n'y ait que les Sçauans qui le comprennent, & qu'ainsi les Ignorans n'y trouuent pas bien leur compte, quant à l'instruction qu'ils en pourroient pretendre, qui s'en peut bien mieux faire de viue Voix, & dans la Practique.

Quant au Soûtien des Finales, soit au milieu, ou à la fin d'vn Air, au bout des Ports de Voix, des Cadences, &

autres Nottes longues qui n'ont point de communication auec d'autres suiuantes, ie veux dire qui s'arreſtent par des Poincts, ou Admiratifs, ou Interrogans, le defaut le plus ordinaire, & à quoy peu de gens prennent garde, c'eſt de faire comme i'ay dit, vn Accent au bout des Finales qui ne ſe doiuent point du tout borner par ces ſortes de *hoquets*, & *Aſpirations* ridicules, mais finir en diminuant peu à peu la Voix, apres l'auoir auſſi pouſſée peu à peu iuſqu'à vn certain poinct, en ſorte qu'il ſe faſſe comme vne eſpece de flux & reflux, comme i'ay dit dans l'Article precedent en parlant des Voix que l'on veut moderer hors de ſaiſon.

Du Mouuement & de l'Expreſſion.

ARTICLE V.

Pluſieurs confondent le Mouuement auec la Meſure, & croyent que parce qu'on dit d'ordinaire vn Air de mouuement, pour le diſtinguer d'vn Air fort lent, tout le Mouuement du

Chant ne consiste que dans vn certain sautillement propre aux Gigues, aux Menuets, & autres semblables.

Le Mouuement est donc tout autre que ce qu'ils s'imaginent; & pour moy ie tiens que c'est vne certaine qualité qui donne l'ame au Chant, & qui est appellée Mouuement, parce qu'elle émeut, ie veux dire elle excite l'attention des Auditeurs, mesme de ceux qui sont les plus rebelles à l'harmonie; si ce n'est que l'on veüille dire qu'elle inspire dans les cœurs telle passion que le Chantre voudra faire naistre, principalement celle de la *Tendresse*; d'où vient que la pluspart des Femmes, ne paruiennent iamais à acquerir cette maniere d'expression, qu'elles s'imaginent estre contre la modestie du sexe, & tenir du Theatre, & rendent par ce moyen leur Chant tout à fait inanimé, faute de vouloir vn peu feindre.

Ie ne doute point que la varieté de la Mesure ou prompte, ou lente, ne contribuë beaucoup à l'Expression du Chant; mais il y a sans doute encore vne autre qualité plus épurée & plus spirituelle, qui tient toûjours l'Auditeur en haleine, & fait que le Chant en est moins ennuyeux, qui est le Mouuement qui fait valoir vne Voix mediocre, plus qu'vne fort belle Voix qui manquera d'expression.

Le Mouuement propre pour les Expressions tristes de Plainte & de douleur, s'exprime par plusieurs sortes d'agrémens de Chant. Les *Plaintes* ou *Accens*; certaines Langueurs qui se font en descendant d'vne longue sur vne autre, sans appuyer du gosier que fort legerement; le Tremblement *étouffé*, mesme la Cadence fort lente, & sur tout les demy-Ports de Voix qui se font en montant par degrez imperceptibles; certaines Prononciations particulieres au Chant & à la Declamation, comme celle de l'*M* capitale (& autres dont ie parleray dans la suite de ce Traité) que l'on suspend auant que de la jetter sur la voyelle suiuante, ce qu'on a bien voulu nommer du nom barbare de *gronder*; tous ces ornemens, dis-je, font vn grand effet pour les Expressions tendres. Le Soûtien des finales y contribuë encore extrémement; ce qui semble s'opposer au sentiment de bien des Gens, qui voulant trop *philosopher*, ie veux dire raffiner sur la signification des mots, croyent que par exemple sur le mot de *mourir*, il faut affecter la foiblesse d'vn agonizant, iusqu'au poinct de ne plus se faire entendre ; de sorte que sur ces mots de

Ie me meurs,
ou
Nous sommes trop pres de la mort.

Ils ne voudroient pour rien du monde soûtenir long-temps la Voix apres l'auoir portée comme la Cadence de l'Air le demande ; de sorte qu'ils ostent toute l'harmonie par cette affectation hors d'œuure. Ie suis d'auis aussi qu'ils cessent de chanter, & mesme de parler, lors que dans cet Air ancien, & qui est encore à present fort estimé. *Vous doutez si ie suis malade*, &c. il sera question d'exprimer ces mots. *Ie me meurs, ie suis mort.*

Quant au Mouuement des Expressions gayes & enjouées, rien n'y contribuë tant, comme le Doublement du gosier dont i'ay suffisamment parlé dans l'Article precedent, qui se fait comme j'ay dit, d'vne Notte que l'on frape deux fois, au lieu d'vne; mais si legerement, & si delicatement, que cela ne paroist point; & comme il est fort vsité dans les Airs, & plus qu'aucun autre ornement, il faut bien prendre garde de le pratiquer mal à propos, c'est à dire sur vne syllabe bréfve, mais presque toûjours sur des longues, en quoy la connoissance des syllabes longues ou bréfves est entierement necessaire; car bien que dans le Chant on puisse faire de suite quatre ou cinq Doublemens de gosier sur de certaines paroles, on ne pourroit pas en faire de mesme, si les syllabes estoient bréfves.

Le plus grand ornement du Chant, & le plus vsité, principalement dans les seconds Couplets des Airs, est ce qu'on appelle vulgairement *Diminution*, lequel nom luy a esté donné, à cause que l'on diminuë la longueur d'vne Notte en plusieurs bréfves; ainsi l'on pourroit en quelque façon par vn nom contraire l'appeller *augmentation*, puis qu'elle augmente le nombre des

Nottes; & comme il y a bien des choses à dire, & qu'elle est commune aux premiers & aux seconds Couplets (bien que ceux-cy en soient bien plus remplis que les autres, & que pour cet effet on la leur attribuë toute entiere) ie trouue à propos d'en faire vn Chapitre à part.

CHAPITRE XIII.

Des Passages & Diminutions.

COmme la Musique est bornée à vne certaine simplicité de Nottes qui la fait differer de l'Art de bien Chanter, selon l'vsage qui en est étably de longue-main; on ne peut rien faire d'agreable dans le Chant, que l'on n'attribuë à cét Art, & que l'on ne qualifie tout aussi-tost du Nom de *Methode de Chanter*, suiuant la maniere de parler du vulgaire, qui fait consister presque toute cette Methode dans les seconds Couplets, à cause qu'ils sont remplis de *fredons, roullemens, broderie*, qui sont les termes vulgaires, dont les veritables Noms sont, *Passages* & *Diminutions*, que l'on peut appeller *synonimes*, & qui ne signifient que la mesme chose; si bien que l'on nomme *Passage*, la Diminution d'vne Notte longue en plusieurs Nottes *moindres*, c'est à dire *bréfues*, qui sert de *Passage*, de *Transition*, de *Liaison*, ou comme il vous plaira à ce qui suit; de sorte que l'on pourroit nommer *Diminution*, tout ce qui s'ajouste à la simplicité des Nottes marquées sur le papier en Caracteres de Musique, ainsi; le Port de Voix, qui est composé comme i'ay dit de plusieurs Nottes; la Cadence en toutes ses circonstances; bref tout ce qui *diminuë* vne Notte longue, ie veux dire qui la diuise en plusieurs de moindre valeur pour la Mesure, pourroit porter ce nom.

Toutesfois on a bien voulu les distinguer les vns des autres, & mesme plusieurs s'imaginent mal à propos (comme ie diray dans la suite) qu'il n'y a que les seconds Couplets, à qui le nom de *Diminution* conuienne, & ne veulent pas que ce qui se fait de Traits & d'ornemens dans vn premier Couplet, soient qualifiez de ce nom, qui leur est odieux, afin de les mettre à couuert du mépris qu'ils font de tout ce qui s'appelle *Double* dans le Chant.

Ie diray donc que les opinions sont tellement differentes, touchant le sentiment que l'on doit auoir de la Diminution du Chant, que le vulgaire nomme *Fredon*; Que si elle a bien des Partisans, on peut dire aussi qu'elle a bien des Censeurs, & d'autant plus redoutables qu'ils sont, ou du moins qu'ils paroissent plus *éclairez*, quoy qu'ils soient moindres pour le nombre. De ceux qui tiennent le Party de la Diminution, les vns lay donnent tout le fin & tout l'agrément du Chant, les autres tiennent qu'elle en est seulement vne partie fort considerable, là où ceux qui la frondent la tournent en ridicule, & pretendent en aneantir le merite par leurs fadaises & leurs discours badins, qui ont plus de caprice que de raison.

Parmy ceux qui condamnent les Passages & Diminutions du Chant, il y en a qui le font par vn pur caprice, & vne pure opiniastreté; mais le nombre est bien plus grand de ceux qui les méprisent, ou parce qu'ils manquent de genie pour les inuenter & les placer à propos, ou de disposition pour les executer, & les bien mettre en practique.

Il faut encore faire vne distinction de

ces derniers Censeurs; car il y en a qui n'ont iamais sceu paruenir à acquerir la disposition necessaire pour l'execution des Passages, & d'autres qui l'ont euë & ne l'ont plus au poinct qu'ils voudroient: Ainsi l'on remarque aisément qu'ils l'ont iadis estimée comme les autres gens, par la raison qu'ils ne peuuent s'empescher de Chanter des seconds Couplets, & des plus remplis de Passages, selon le moment où ils se trouuent encore en estat par-cy par-là de les pouuoir executer.

Si tous ces Critiques pouuoient persuader aux autres par leur Rhetorique l'iniuste mépris qu'ils ont d'vn ornement tel que celuy-là, si receu & si approuué de tout temps, ils auroient sans doute vn grand auantage, & seroient à couuert d'vne ignorance qu'on leur peut imputer hardiment, au lieu de la bonne opinion qu'ils ont de leurs propres sentimens; & ie remarque que plusieurs d'entre eux, apres s'estre long-temps adonnez à faire des seconds Couplets, & en auoir mis au jour vn fort grand nombre, s'en sont retirez, voyant qu'ils n'y pouuoient reüssir aupoinct qu'ils pretendent faire dans les autres Talens de Musique, dans lesquels ils croyent exceller par dessus les autres, & qu'il y auoit quelque Original, dont ils ne pouuoient estre au plus que de mediocres Copies, non seulement pour l'inuention & l'application des Passages, mais mesme pour l'execution.

Cela fait remarquer que dans ces ornemens de Chant, il y a trois choses; à sçauoir, l'Inuention, qui part d'vn grand Genie, d'vn long Exercice, ou plutost de tous les deux ensemble; leur application aux Paroles, qui suppose vne grande *Routine*, & sur tout vne connoissance tres-parfaite des syllabes longues, ou bréves; & l'Execution qui procede d'vne disposition naturelle du gosier, qui est souple à faire tout ce qu'on veut, c'est à dire marquer & glisser à propos auec plus ou moins de vîtesse & de legereté, & autres circonstances qui se rencontrent dans l'Execution des Passages.

Plusieurs ont du genie pour inuenter les Diminutions, & pourroient mesme en faire Leçon aux autres; & certainement si le Chant n'estoit point accompagné de Paroles, ils pourroient auec moins de présomption tenir teste aux Illustres, mais le mal est qu'ils n'ont point celuy d'appliquer à propos leurs *Fredons*, faute de connoistre les bréfves ny les longues d'vn langage qu'ils n'entendent que comme le vulgaire, & dont ils ne sçauent, ny la Quantité, ny les veritables Prononciations.

D'autres dont le nombre est tres-petit, ont du genie pour appliquer à propos les Diminutions, mais ils en manquent pour les inuenter, ainsi ils sont bons seulement pour le conseil & pour corriger les defauts des autres: Mais pour ceux qui ont de l'Execution, les vns plus les autres moins, il s'en trouue assez; & quoy que ce ne soient que des Copistes, il est certain qu'ils ont bien de l'auantage par dessus ces Inuenteurs & ces Compositeurs qui manquent de disposition pour executer, puis qu'il est vray que l'on se satisfait de ce qui plaist à l'oreille, sans penetrer si les choses sont de nostre inuention, ou de celle d'autruy.

Réponses aux Objections que font les Critiques, pour condamner les Passages & Diminutions du Chant.

ARTICLE I.

CEux qui veulent trouuer quelque fondement au mépris qu'ils font des Diminutions ou Passages, disent: Premierement, qu'il n'y a rien de si beau qu'vn Chant vny dans lequel on remarque la beauté de la Voix, la netteté & la propreté du Chant, puis tout d'vn coup se iettent sur la raillerie, en disant que la Diminution n'est autre chose qu'vn pur badinage, & se seruent pour cela d'vn jargon plus propre dans la bouche d'vn Bouffon, que d'vn Homme bien sensé, & qui doit parler des choses sans préoccupation.

A cela ie répons, que si l'vny est quelque chose de beau, ce qui est brodé & enrichy, l'est encore dauantage, & qu'ainsi pourueu que la Diminution soit placée à propos dans le Chant, elle n'empesche point que la beauté de la

Voix & sa netteté ne paroisse dans les endroits où elle doit paroistre comme vne belle étoffe, qui n'est brodée que bien à propos, & où le plein fait paroistre le vuide. Au reste ces Messieurs tombent d'accord eux mesmes, que dans les premiers Couplets des Airs que tout le monde conuient deuoir estre fort vnis, on ne peut s'empescher de mesler quelques agréemens, & se seruir de la Diminution d'vne Notte longue en plusieurs bréfves, pour passer agreablement à vne autre Notte qui la suit. Ie voudrois leur demander si ces agréemens ne sont pas des Diminutions, & quel autre nom ils peuuent leur donner? D'ailleurs ils demeurent aussi d'accord, que de retrancher la Diminution dans les Instrumens, & particulierement dans le Clauessin, c'est leur oster leur plus bel ornement; pourquoy donc ne s'en pas seruir dans la Voix qui est l'instrument naturel dont les autres ne sont que les Singes? & quel auantage auroit vne personne à qui la Nature a donné vn excellent gosier pour executer tous ces ornemens du Chant, s'il ne s'en seruoit, puis qu'il est vray qu'elle ne donne rien en vain?

2. Ils pretendent que cela oste toute l'Expression du Chant, & que dans les Instrumens on est obligé de s'en seruir parce qu'ils ne parlent point. Mais on leur dit que tant s'en faut que l'Expression soit aneantie par les Passages du Chant, elle est mesme augmentée, pourueu que les Paroles soient également fortes dans vn premier & second Couplet (comme rarement cela se rencontre, la force des Paroles estant d'ordinaire toute entiere sur le premier; & le second, n'estant qu'vne redite foible de ce qui est dans le premier) & que l'on ait toûjours pour but de conseruer l'Expression, en laissant ce qui doit estre vuide; De maniere que c'est vn des grands secrets de la Diminution, de n'en point faire en certains endroits, & de la supprimer à propos : Comme on peut remarquer par-cy par-là dans les seconds Couplets des Liures d'Airs grauez.

3. Ceux qui frondent contre la Diminution, disent qu'elle est contraire à la Prononciation des Paroles, mesme à leur Quantité.

Il est vray que si dans les seconds Couplets, l'on suiuoit les traces des premiers, & que l'on ne sceust pas remedier aux inconueniens qui arriuent dans le peu de rapport qu'ils ont les vns auec les autres, pour ce qui est des longues & des bréfves, comme ie diray dans la suite de ce Traité, la Diminution en ce cas feroit vn fracas épouuantable dans les Paroles que l'on chante; mais lors que par vne connoissance parfaite de la Quantité, on sçait y remedier & changer adroitement les Nottes longues & bréfves, conformément aux syllabes de mesme nature, soit en anticipant, en retardant, en transposant, ou mesme en repetant plus de syllabes, ou de mots en certains endroits, & moins en d'autres, tant s'en faut que la Diminution gaste les Paroles, au contraire elle contribuë tout à fait à cette reparation & à ce rajustement.

Mais comme ces Messieurs ignorent entierement la Quantité des syllabes, ils ont raison de dire que la Diminution la corrompt entierement. Voicy des Exemples qui peuuent beaucoup *de bien Chanter.* 215

feruir à comprendre l'effet que produifent les Diminutions du Chant, pour la conferuation des syllabes longues & bréfves.

Il y en a vn dés le premier Air du Liure graué in 4. page 6. pour ce qui eft de la tranfpofition, dans ces mots, *& qu'au moins*, qui répondent à celuy de *parlons*, qui eft dans le premier Couplet; dans lequel Exemple il y a cette remarque à faire, que fuiuant ce mot du premier Couplet, il ne falloit que deux fyllabes dans le fecond, & toutesfois l'Autheur a continué le *la* de *parlons*, jufqu'au mot de *moins*, en difant, *& qu'au moins*, & non pas, *& qu'au* en rabaiffant le mot de *moins*, qu'vn Compofiteur moins habile fe feroit contenté de broder, pour replaftrer le defaut, loin de le corriger, en deffignant tout de nouueau l'Air, comme on doit faire auant que de l'orner; de forte que l'Autheur ayant mis le mot de *moins* de furplus, pour faire que trois fyllabes répondiffent à deux, & par confequent ayant ofté vne fyllabe à ce qui fuit, a mis plus de mefure fur le mot de *ie*, afin de regagner, pour ainfi dire le terrain, & l'a orné de Diminution, comme la pouuant bien supporter à cause qu'il est long dans sa situation, quoy que naturellement il soit bref, comme ie diray en temps & lieu, & feray voir que le mot de *vous*, quoy qu'il soit du nombre des monosyllabes qui finissent par vne *s*, qui sont toûjours longs, est excepté de cette regle, ainsi que *tous* & *nous*.

Il y a encore vn Exemple presque semblable dans la suite du second Couplet, sur ces mots, *en mourant*, où l'Autheur auant que de faire la Diminution de la derniere syllabe, l'a jointe aux deux autres, quoy que dans le premier Couplet la derniere syllabe de *sommes*, qui répond à cette troisiéme, soit comme separée de ton, ie veux dire qu'elle baisse au *mi*, par la raison que le mot de *sommes* estant feminin, la penultiéme en est longue, au lieu que celuy de *mourant*, qui est vn masculin l'ayant bréfve, on ne pouuoit pas y arrester: ainsi il a fallu passer outre jusqu'à la derniere syllabe, en redoublant le *fa* qui est sur la penultiéme, au lieu qu'il n'est que simple dans le mot de *sommes*.

Dans

Dans le mesme Liure, page 10. il y a encore vn Exemple de ce rajustement des syllabes qui sont bréfves dans vn Couplet, & longues dans l'autre, c'est sur les mots de *son humeur*, où l'Autheur a fort à propos remarqué que la premiere syllabe du mot *humeur*, estant bréfve, comme penultiéme d'vn masculin, au lieu que celle du mot de *pensers*, qui est dans le premier Couplet, est longue, quoy qu'il soit aussi masculin par l'Exception que i'en donneray, fondée sur l'*n*, qui a le priuilege de rendre la syllabe longue de bréfve qu'elle deuroit estre naturellement; l'Autheur, dis-je, a eu égard à cela, & a éuité de faire sur cette premiere syllabe autant de Nottes qu'il auroit pû faire si la syllabe auoit esté longue, ou du moins les a mises en rabattant, au lieu qu'il les auroit placées d'vne autre maniere : Mais il y a bien d'autres Exemples plus considerables que ie ne veux pas oublier, comme estant fort vtiles, pour faire connoistre la verité de ce que i'ay dit que les Diminutions faites à propos ne blessent en rien la Quantité des syllabes. Dans la

K

page 30. du mesme Liure sur ces quatre syllabes, *& i'ay toûjours*, qui répondent à ces trois seules du premier Couplet, *& ie sçay*. L'Autheur a doublé adroitement le *re*, qui est vnique dans le mot *&*, non seulement à cause que *i'ay* est long en ce rencontre, & qu'ainsi il n'auroit pas souffert la mesme bréfve qui est sur *ie*; mais encore pour ne pas demeurer sur vne syllabe bréfve, qui est la premiere de *sujet*; de sorte qu'au lieu de dire, *& i'ay toûjours su*, il a comme fait vn autre dessein, & a joint la derniere syllabe, & luy a donné le *mi* qui conuenoit à la penultiéme, puis l'a ornée apres l'auoir dessignée; ce qu'il faut toûjours faire auant que de placer la Diminution, ie veux dire qu'il faut voir si le nombre des syllabes, & la quantité s'accorderont ensemble, & ne pas se contenter de *broder*, auant que de voir si les Paroles du second, toutes simples & sans aucun ornement, se rapporteront à celles du premier, sinon faire en sorte qu'ils se rapportent en retardant ou auançant la mesure des vnes & des autres, & mesme en repetant plus ou moins de syllabes qu'au premier, & regagnant cela sur ce qui est deuant ou apres; & puis lors que l'on a retracé tout de nouueau, & rapporté les Paroles d'vn second, à l'Air du premier, on peut orner de Diminution, celles qui peuuent la souffrir, qui sont d'ordinaire les longues, ce qui s'appelle estre capable de faire des *Doubles*, ou *seconds Couplets*, & ce qui ne se peut sans vne tres-grande connoissance des longues & bréfves, mesme des *Cesures* de la Poësie, & autres circonstances qui se rencontrent dans le François, & ce qui a esté ignoré des Anciens entierement.

Voicy vn Exemple pour la Repetition de plus de syllabes d'vn second Couplet, qu'il n'en faudroit conformément au premier; c'est dans la page 35. du mesme Liure, où l'on peut voir que l'Autheur n'a pas seulement repeté les trois syllabes *fait mourir*, pour répondre à celles de *à mourir*, qui sont dans le premier, mais y a ioint *qui m'a*, pour rendre le sens parfait, qui auroit esté estropié en ne le faisant pas; mais aussi il a si bien fait, que toutes ces cinq syllabes, par le moyen de la Diminution se rapportent fort bien aux trois du premier.

Dans le mesme Liure page 78. l'Autheur pouuant se contenter de repeter ce mot *mourir*, conformément au mot de *reuoir*, qui est dans le premier Couplet (en quoy on n'auroit rien trouué à redire) a encore mieux aimé repeter, *& mourir*, pour rendre le sens plus complet.

Voicy vn autre Exemple, où pour ne pas arrester à vn mot qui a plus de rapport auec ce qui suit, qu'auec ce qui le precede, l'Autheur a esté obligé de mettre moins de syllabes en vn endroit de l'Air & plus en l'autre, & n'a pas suiuy les traces du premier; c'est dans la page 46. du mesme Liure, n'ayant mis que ces trois syllabes, *ce seroit*, pour répondre aux quatre de *Que me sert-il*, du premier, & pour faire arrester le *sol* à la derniere syllabe de *seroit*, au lieu de le pousser jusqu'à *me*, & dire *ce seroit me*, ce qui paroistroit barbare aux Connoisseurs, quelque broderie qui eust replastré la chose, laquelle il a fort bien placée sur le mot de *ce*, & luy a donné ce qui sembloit appartenir de droit à la syllabe suiuante de *se*, par vne anticipation judicieuse.

Il y a vn autre Exemple dans le mesme Liure, touchant la Repetition d'vn mot au lieu de l'autre, qui est à remarquer; c'est dans la page 63. où l'Autheur a fort à propos repeté *cessé cessé*, au lieu de *que i'ay que i'ay*, suiuant le premier Couplet, parce qu'il a jugé que le mot de *cessé* estoit bon à repeter, & qu'il n'y auoit pas d'apparence de demeurer à vn mot qui n'est quasi qu'vn demy mot, & qui demande d'estre joint à vn autre qui est *i'ay*, à moins que ce fust le mot de *i'ay* qui vient du verbe *auoir*.

Il y a aussi beaucoup d'Exemples dans les Liures grauez in 8. qui ne sont pas à negliger, & ie puis dire que l'on n'en sçauroit trop donner de ces Obseruations qui sont connuës à fort peu de Musiciens: Comme dans la page 69. du premier Liure, où l'Autheur, au lieu de s'arrester a *de*, dans ces mots *par le secret de*, conformément aux cinq syllabes du premier Couplet, *Vous sçauez donner*, s'est contenté d'arrester à la quatriéme syllabe, & a joint le *de* auec sa suite, en mettant le *fa* sur la

K iij

derniere syllabe de *seret*, qui appartenoit à ce *de*.

Il a pratiqué la mesme chose dans la 78. page du 2. Liure, où au lieu de mettre *taschent de*, il a arresté à la derniere syllabe de *taschent*, & a fait en sorte par le moyen de la Diminution, de faire rapporter ces deux aux trois du premier Couplet, *& lassé*.

Dans le premier Liure il y a vn Exemple considerable pour ce qui est de la Transposition des longues & des bréfves ; c'est dans la page 62. sur ces mots, *quand on est si prez*, dans tous les endroits qui répondent à *c'est me commander*, où l'Autheur voyant que la syllabe *si* estoit brésve, au lieu que celle de *man* est longue, il a transposé la Notte longue qui luy appartenoit, à celle de *est*, & puis a orné cette syllabe de Diminution, au lieu que d'autres auroient basty sur vn méchant fondement, & à force de broderie, comme font la pluspart, auroit plastré le defaut au lieu de le corriger.

Quant à la Prononciation, ie ne doute point que les Ignorans ne trouuent qu'elle est alterée par les Diminutions, en ce qu'elles semblent separer vn mot en plusieurs parties, & que les organes qui sont occupez à l'execution des Nottes, ne peuuent pas s'appliquer également à bien former la Prononciation des Paroles ; l'application à deux choses ensemble estant moindre pour chacune en particulier : Mais si cela arriue, ils doiuent s'en prendre à leur peu d'adresse & d'industrie, & non à la Diminution, puis qu'il est vray qu'vn Chantre habile ne s'en trouue aucunement embarrassé, pourueu qu'il ait toûjours dans la pensée, que ceux qui l'écoutent s'attachent souuent à ce qui flatte l'oreille, plutost qu'à ce qui contente l'esprit; ie veux dire aux ornemens du Chant, plutost qu'au sens des Paroles, & qu'ainsi on ne sçauroit prendre trop de soin de les prononcer distinctement.

Du bon & du mauuais vsage des Passages & Diminutions.

ARTICLE II.

Tout le Monde conuient que le moins que l'on peut faire de Passages dans vn premier Couplet, c'est le mieux, parce qu'asseurément ils empeschent que l'on n'entende l'Air dans sa pureté, de mesme qu'auant que d'appliquer les couleurs qui sont en quelque façon dans la Peinture, ce qu'est dans le Chant la Diminution, il faut que le Peintre ait premierement dessigné son Ouurage, qui a quelque rapport auec le premier Couplet d'vn Air.

Pour ce qui est des seconds Couplets, comme ce n'est pas d'aujourd'huy qu'on les remplit de Diminutions, aussi est-ce vne erreur de dire que ce n'est plus la mode d'en faire tant que l'on a fait autrefois. Il est vray que jadis on eust crû faire vn crime de laisser passer vne syllabe sans la broder, &

que sans consideration aucune de longues ny de bréfves on *fredonnoit* à tort & à travers, aux despens mesme de la Prononciation dont on tenoit fort peu de compte; mais il ne faut pas dire pour cela que la mode soit le seul fondement de cette reformation, puis qu'il est vray que l'on double plus que iamais, pourueu que les Paroles puissent supporter la Diminution, & qu'il n'y ait rien qui s'y oppose.

Or comme c'est vne maxime veritable de dire qu'il est aisé d'adjouster aux inuentions, on peut dire aussi qu'il est aisé de retrancher de leur superfluité: Ainsi l'on est toûjours fort obligé aux Inuenteurs, & l'on doit auoir de la veneration pour eux; Aussi est-il vray que dans le Chanton conserue encore vne estime si grande pour vn certain nombre d'Ouurages anciens de la maniere de Monsieur le Bailly, à qui l'on doit la premiere inuention des Passages & Diminutions, que l'on n'a osé y changer quoy que ce soit, si ce n'est pour l'execution qui est presentement vn peu plus polie ; & quoy qu'il y ait bien des fautes contre la Quantité des syllabes, on ne laisse pas de les Chanter tels qu'il les a composez comme des Originaux & des *Diamans de la Vieille Roche.*

Ainsi lors que l'on dit qu'on ne fait plus tant de Diminutions qu'autrefois, cela ne veut pas dire que le nombre de Traits soit moindre : Au contraire il est certain que l'on a trouué bien des ornemens qui ont esté inconnus aux Anciens, mais ce retranchement se doit entendre quant à l'application aux syllabes, qui estant souuent bréfves, ne souffrent pas qu'on les brode indifferemment, comme les longues, suiuant l'ancienne maniere de Chanter : Outre qu'il y a des voyelles, comme l'*v*, & mesme l'*i*, ou des syllabes comme *on, ou,* qui dans l'vsage present souffrent tres-peu de Diminution, à quoy on n'auoit autrefois aucun égard.

Enfin comme le bon vsage des Passages & des Diminutions consiste entierement dans la Practique, jointe au genie naturel ; le meilleur conseil que ie puisse donner pour s'y rendre parfait, est la frequentation des habiles Gens, auec la soûmission à leurs sentimens;

car d'établir des Regles pour ce qu'il faut faire, c'est vne chose impossible, mais seulement pour ce qu'il faut éuiter, à moins que ce soit pour leur Execution, dont ie parleray dans l'Article suiuant.

On peut encore beaucoup profiter dans la reflexion que l'on doit faire sur les Airs grauez par Richer, en comparant les Simples auec les Doubles, & remarquant sur tout, comme i'ay déja dit, les biais que l'on a pris pour reparer le defaut des syllabes longues & bréfves des seconds Couplets, par le moyen de la Diminution, & par là se former vne idée pour tous les autres semblables Exemples.

Plusieurs Auis touchant les Diminutions, & particulierement pour ce qui concerne la maniere de les executer.

ARTICLE III.

PRemierement, il faut remarquer que toutes sortes de syllabes ne sont pas propres à estre diminuées indifferemment & selon la volonté du Compositeur; Comme par exemple ces syllabes *on* & *ou*, doiuent estre peu chargées de Diminution; c'est vn vsage receu parmy tous les modernes, & qui a quelque fondement sur la rudesse que cela pourroit produire dans le Chant.

2. Il y a des Diminutions qui sont propres aux basses, comme sont des coulemens de haut en bas, principalement des Octaues, lesquels coulemens, que le vulgaire nomme *roullemens*, sont fort peu vsitez dans le *Dessus*, ou *sujet* d'vn Air.

3. On tient pour Maxime dans le Chant, que l'execution des Passages qui se fait de la langue, est tout à fait vitieuse.

4. Il faut s'accoustumer en étudiant l'excution des Passages, à marquer du gosier le plus grossierement que l'on peut, & mesme assez lentement d'abord, afin que par cette lenteur, & cette solidité, on se rende maistre de la justesse, & que l'on éuite le Chant du nez & de la langue.

5. Quoy que l'on die, qu'il ne faut point executer de la langue, mais seu-

lement du gosier, il faut bien remarquer qu'il y en a, qui n'ayant pas le gosier assez fin pour cette execution, sont obligez de marquer les Passages *du Delié de la Voix* (ce sont les termes) & qu'ainsi il ne se peut que quelquefois le mouuement de la Langue n'y contribuëtant soit peu; mais pour lors cela ne s'appelle pas Chanter de la langue, puis qu'il est vray que le gosier est toûjours le principal instrument de l'execution, & que la langue n'est que le second & comme l'adjoint pour en ménager la douceur & la delicatesse. Cette Obseruation est propre pour les voyelles que l'on est obligé de marquer du gosier, comme sont l'*o* & l'*a*, & quelquefois l'*e*, & non pas pour l'*i* & l'*u*, qui se marquent assez finement d'elles-mesmes, & sans cette précaution.

6. Il faut auoir soin de bien marquer les Nottes qui sont attirées d'en haut par vne Notte pointée, soit que le poinct soit marqué sur le papier, soit qu'il ne soit que supposé, suiuant l'vsage ordinaire de Notter les Passages sans poincts, les laissant à deuiner aux Gens que l'on croit y deuoir estre ex-

perts; car souuent on neglige de bien attirer ces sortes de bréfves, principalement quand elles sont d'vne Tierce haute, ou d'vne Quarte plus que la Notte pointée qui les attire, & par cette nonchalance, elles n'ont pas le son qu'elles doiuent auoir, & ne paroissent que comme des Secondes au lieu de Tierces, ou des Tierces au lieu de Quartes. Exemples.

Dans le 2. Liure in 4. page 78. sur le Passage de l'*i* de ce mot *entreprises*, il faut, dis-je, auoir soin d'aller bien chercher le *sol* dans sa justesse de bas en haut (apres le *re*, où il faut supposer vn poinct) & l'attirer sur le *fa diæsé*, à quoy on ne prend souuent pas garde, & l'on ne fait sonner que le mesme *fa diæsé*, au lieu du *sol*.

Il y a vn autre Exemple dans le mesme Double, dans la page suiuante sur ce mot *de*, où il faut auoir mesme soin d'attirer le *mi* qui fait la quatriéme Notte, & luy donner vn son juste, apres auoir supposé vn poinct sur *vt*, qui est la troisiéme Notte du Passage.

Dans le mesme Liure, page 75. on peut remarquer cette Obseruation sur la troisiéme syllabe de *augmentez*, en pointant le *re* pour attirer le *fa*, & le marquer auec soin dans sa veritable justesse.

Dans le Liure graué in 4. page 51. il y a encore vn Exemple de cette Regle sur le Passage de la syllabe *se*, où l'*vt* qui estoit bas, attire le *fa* qui est vne Quarte au dessus, au lieu duquel on se contente souuent de marquer le mesme *mi* sur lequel ce *fa* doit tomber par vne nonchalance vitieuse.

Le mesme inconuenient arriue, lors que cette Notte attirée n'estant qu'vne Seconde, tombe sur vne Tierce, ou vne Quarte. Exemples, dans le Double que ie viens de citer sur le mot de *me*, où il faut supposer vn poinct sur le *fa* pour attirer le *sol* sur la Tierce, & le bien entonner dans sa justesse. Pour cet effet, auant que d'attirer ces sortes de Nottes qui suiuent des poincts ou marquez, ou supposez, il faut les sonder en étudiant, & les entonner grossierement, mesme ne pas se piquer de Mesure d'abord, dont la grande vîtesse ou briefveté qui les accompagne, empesche souuent l'attention qu'on doit auoir à les entonner juste, qui est de plus grande consequence que la Mesure.

7. Quoy que ie die qu'il y a dans les Diminutions des Poincts alternatifs & supposez, c'est à dire que de deux Nottes il y en ait d'ordinaire vne pointée, on a jugé à propos de ne les pas marquer, de peur qu'on ne s'accoustume à executer par *sacades*, ie veux dire par *sautillemens*, à la maniere de ces Pieces de Musique que l'on nomme *Gigues*, suiuant l'ancienne Methode de Chanter qui seroit presentement fort desagreable. Il faut donc faire ces sortes de Nottes pointées si finement que cela ne paroisse pas, si ce n'est en des endroits particuliers, qui demandent expressément cette sorte d'execution, & mesme il faut entierement les éuiter en certains endroits, comme on peut voir dans le Passage que ie viens de citer, qui est au Liure in 4. page 51. sur le mot de *se*, où apres auoir fait le poinct qui est expressément marqué, il faut bien se donner de garde d'en faire sur le *mi*, pour monter *fa sol*, mais attendre à en faire vn si l'on veut sur le *la*; mais si

on le fait (ce qui est libre) il le faut toucher bien plus finement que celuy qui est marqué sur le papier dans le commencement du Passage.

Il faut encore éuiter cette maniere d'executer par poincts alternatifs dans le Passage qui est sur la premiere syllabe de ce mot *extréme*, page 22. du mesme Liure : Mais sur la fin de ce Double, l'Autheur a marqué à propos ces poincts sur le mot de *soûpirer*, pour auertir de ne les pas éuiter en chantant; ce qui n'auroit aucune grace, & seroit ce qu'on appelle vulgairement *vieller*.

8. Il faut que la Notte qui suit immediatement la Cadence, ou le Tremblement sur vne mesme syllabe, & qui sert comme de liaison pour tomber sur l'autre, soit qu'elle soit la mesme, ou vn ton au dessous, comme i'ay dit cydeuant, soit appuyée le moins que l'on peut, bien qu'elle soit marquée sur le papier comme les autres, les Caracteres ordinaires de Musique estant les mesmes, soit pour marquer ou pour adoucir, jusques à ce que l'on en ait inuenté d'autres pour les distinguer, ce qui seroit fort à propos. I'en ay donné suffi-

samment des Exemples dans l'Article des *Cadences* & de leurs liaisons.

9. Il faut auoir soin de bien marquer du gosier (principalement en étudiant) la Notte superieure qui tombe sur l'autre; car souuent il semble qu'on ne la compte pour rien, & qu'elle n'est faite que pour celles qui la suiuent : Ainsi on luy oste par cette negligence le veritable son qu'elle doit auoir. La principale application doit donc estre à cette Notte superieure, soit qu'elle tombe sur vne seconde, sur vne tierce, ou autre Notte au dessous, lesquelles se marquent assez d'elles-mesmes, sans que l'on ait besoin d'y apporter vn soin égal à celuy de bien donner à la premiere le son qu'elle doit auoir. Ie croy que cette Obseruation est assez claire, pour n'auoir pas besoin d'Exemples.

10. Bien qu'il faille marquer du gosier generalement parlant, il y a des endroits qui ne demandent pas que le gosier frape auec vn soin égal chacune des Nottes, & souuent on n'a qu'à le laisser aller à l'abandon, & le laisser agir de luy-mesme sans affectation, principalement lorsqu'il monte de trois

de bien Chanter.

Nottes: Comme par exemple dans la fin de la Diminution, qui est sur le mot de *voudrois*, page 58. du Liure in 4. il n'est pas necessaire que les deux dernieres Nottes soient frapées auec fermeté, mais glissées apres le poinct qui les precede, en laissant agir le gosier sans grande application à chacune des deux Nottes en particulier.

11. Il faut prendre garde de tomber dans vn defaut contraire au precedent, lors qu'on abandonne son gosier dans les Passages qui se font en descendant, & que l'on ne donne point à chaque Notte son coup qui la distingue, & qui luy conserue la solidité qu'elle doit auoir au lieu d'vne legereté viticuse & confuse; ce qui se remarque principalement dans ceux qui n'ont pas le gosier assez ferme & propre à marquer les Passages: Il y en a cent Exemples dans les Airs grauez, ainsi il seroit inutile de les citer, puis que cette regle s'entend assez d'elle-mesme.

12. Outre les poincts alternatifs dont i'ay parlé cy deuant; il y en a d'autres que l'on doit soigneusement obseruer, & qui sont d'vn grand orne-

ment dans le Chant, en ce qu'ils trompent agreablement l'oreille, qui ne s'attend à rien moins qu'à ces sortes de poincts qui font vne agreable suspension, & qui d'ailleurs ne se marquent iamais sur le papier, parce qu'il est inusité dans la Musique de mettre deux poincts de suite, veu que le poinct est toûjours suiuy d'vne bréfve; de maniere qu'il faut seulement les supposer dans les exemples suiuans.

Dans le 2. Liure in 8. page 78. sur la 4. Notte du mot de *la*, il faut supposer vn poinct outre celuy qui est marqué sur la cinquiéme, autrement l'execution du Passage entier seroit tout à fait desagreable. Il en faut dire de mesme de l'*antepenultiéme* (ie veux dire la troisiéme en retrogradant) du mot de *chaisnes*, qui est dans la page suiuante, sur laquelle antepenultiéme il faut supposer vn poinct, comme d'ordinaire cela arriue bien plus frequemment que sur d'autres Nottes, & en outre en supposer vn autre sur celle qui la precede, afin de rendre le Passage agreable pour l'execution, & ne pas le mettre au nombre de ceux que l'on nomme par dérision *des Passages de Vielleur.*

13. C'est vne faute tres-commune dans l'execution des Passages, de doubler la derniere Notte qui releue vne Diminution pour aller tomber sur vne autre syllabe, & cette faute est d'autant plus considerable qu'elle est imperceptible à ceux qui n'ont pas l'oreille fine, & agreable aux Ignorans qui croyent que ce Doublement est vn surcroist d'ornement du Chant, comme en effet il l'est de soy, & en certains endroits, & n'est vn defaut que dans l'Application, en tant qu'il accroche la Diminution & en arreste le cours, mesme aux despens de la Mesure, qui n'en est ny si exacte ny si coulante, comme on peut remarquer dans les Exemples suiuans. Au Liure in 4. page 34. *Malgré la rigueur de mon sort*, la derniere Notte du Passage, qui est sur *de*, ne doit point estre doublée du gosier, mais frapée legerement, à la maniere des *Accens*, auec lesquels i'ay dit cy-deuant que ces dernieres Nottes auoient vn grand rapport. Il y en a cent autres Exemples dans les Liures grauez, qu'il seroit inutile de parcourir, comme dans la page 70. du 2. Liure in 8. sur la troi-

siéme syllabe du mot *renaissent*. Au mesme Liure page 60. sur la derniere Notte de *ne* : *Ah! ie ne sçais que trop*, &c.

Cette Regle est d'autant plus à remarquer, que la pluspart de ceux qui chantent, mesme des Maistres ne l'obseruent point, & donnent par ce Doublement hors d'œuure vn si méchant fonds d'execution à leurs Disciples, que l'on a mille peines à l'oster, veu mesme que naturellement la Voix s'y porte, & qu'ainsi l'habitude qui est vne autre Nature acheue de rendre ce defaut presque incorrigible.

14. Il faut bien prendre garde lors qu'il se rencontre quatre Nottes tres-bréfves de suite, de doubler la quatriéme; ce qui arriue fort frequemment, & que l'on peut remarquer dans les Exemples suiuans, & qui est vne faute d'autant plus difficile à corriger, qu'elle est presque imperceptible à ceux qui la font, ou qu'elle passe pour vn agrément dans l'esprit de ceux qui la connoissent. Pour la corriger il faut auoir soin de faire marquer chaque Notte assez lentement, pour en faire remarquer le nombre de quatre au lieu de cinq, &

assez grossierement, pour faire que le Disciple s'apperçoiue de ce Doublement de Notte qui se fait du gosier, & qui ne se reconnoist que par ce moyen. Il y en a vn exemple dans le second Couplet du premier Air du Liure in 4. page 6. sur le mot &, sur lequel il faut bien prendre garde de ne pas doubler imperceptiblement le *la*, qui est la quatriéme Notte, en faisant deux *la*, au lieu d'vn. Sur lequel Exemple on peut se regler pour tous les endroits semblables.

Voila à peu pres toutes les Remarques que l'on peut faire pour l'execution des Passages ; car pour l'Application, ce seroit vne temerité d'en vouloir traitter & établir des Regles certaines de la Diminution d'vne Notte longue en plusieurs bréfves, suiuant les Interualles de Seconde, Tierce, Quarte, Quinte, &c. & telle Diminution sera bonne sur tel Interualle, qui ne le sera plus pour vn autre semblable, à cause du mot, de la syllabe, mesme de la lettre, qui ne seront pas les mesmes, & qui par consequent ne pourront pas souffrir mesme ornement, veu que cela dépend absolument des Paroles que l'on chante.

Il y a mesme dans cette Application vne chose à considerer fort importante, qui est que l'on peut faire sur tel mot, ou telle syllabe plusieurs traits également bons; d'autres qui seront bons, mais ne le seront pas dans le mesme degré de bonté; d'autres qui seront, ou tout à fait bons, ou tout à fait mauuais, soit pour l'Inuention, soit pour l'Application : De maniere qu'il y a des Autheurs de plusieurs degrez pour les Diminutions, comme pour toutes choses. Les vns croyent y exceller par la seule connoissance des traits, & manquent dans l'Application, faute de connoistre bien les circonstances de la langue, tant pour la Prononciation, & pour la Quantité, que mesme pour la signification, & pour le sens des Paroles; d'autres qui ne sçauent rien de tout cela ; & d'autres qui en sçauent beaucoup, & qui se piquent de fort bien faire ce que l'on nomme dans le Chant *vn second Couplet*, mais qui ne le font pas au poinct de perfection, où ils croyent estre paruenus; ce que l'on
pourroit

pourroit remarquer ſi quelque autre plus habile vouloit en faire vn ſur les meſmes Paroles; mais comme on ne veut pas s'en donner la peine (à joindre que ces Autheurs mediocres ne ſe hazardent pas de faire de la Diminution que ſur leurs propres Ouurages) on demeure toûjours dans l'opinion qu'ils y ont vne grande capacité, le paſſable, & meſme ſouuent ce qui eſt défectueux, ne ſe reconnoiſſant pour l'ordinaire, que par la comparaiſon auec l'excellent, comme le plomb par celle de l'argent. Ainſi l'on peut dire que les Compoſiteurs ne font point de fautes conſiderables dans l'Application des Paſſages, mais auſſi ils ne rencontrent pas tout le fin que l'on pourroit y adjouſter.

Fin de la Premiere Partie.

DE L'APPLICATION DV Chant aux Paroles, quant à la Prononciation.

SECONDE PARTIE.

CHAPITRE PREMIER.

Du Langage du Chant en general.

AVPARAVANT que de parler du Langage du Chant, ie trouue à propos de dire en passant qu'il y a trois sortes de Chant, à sçauoir le Chant des Oyseaux, celuy des Instrumens, & celuy des Voix.

Le Chant des Oyseaux n'est proprement qu'vn murmure, & vn gazoüillement fort agreable à l'oreille, quoy que dans ce gazoüillement on ne puisse discerner aucune des Nottes de Musique qui compoſent le veritable Chant des Voix.

Le Chant des Inſtrumens eſt vn ſon que l'Art a inuenté pour imiter la Voix naturelle. Entre tous les Inſtrumens il y en a qui l'imitent de plus pres, comme l'Orgue, la Viole & le Violon, dont le ſon ne ſe perd pas ſi-toſt que celuy des autres Inſtrumens, mais ſe ſoûtient tant qu'il plaiſt à celuy qui les touche.

Mais le Chant des Voix, outre qu'il eſt naturel, il a encore l'auantage d'eſtre parlant, au lieu que les autres ſont muets; de ſorte qu'il ne ſuffit pas pour bien Chanter, de ſçauoir bien les Regles du Chant, tant pour la Theorie, que pour la Practique; mais il faut encore les ſçauoir bien appliquer aux Paroles que l'on chante, ce qui cauſe preſque toute la difficulté du Chant, & qui fait que l'on eſt toûjours en doute: ſi l'on n'a vne parfaite connoiſſance de la Langue que l'on chante, c'eſt à dire ſi l'on n'en ſçait les veritables Prononciations, & ſur tout la Quantité qui concerne les ſyllabes longues ou bréfves.

Ie ne parleray point des Langues étrangeres, ny des Nations parmy lesquelles le Chant est en vsage, dont la recherche seroit inutile pour le but que ie me suis proposé.

Ie sçay que le Chant qui nous est le plus connu, c'est le Chant Latin, l'Italien, l'Espagnol & le François. Le Chant Latin se pratiquoit iadis d'vne autre maniere qu'il ne se pratique presentement : car autrefois on ne chantoit que des Vers Lyriques, qui estoient des Vers mesurez & assujettis à certaines Cadences, & certains nombres de pieds, au lieu qu'à present on ne chante que de la Prose, comme nous voyons dans tous nos Motets, où quelquefois on affecte la rime comme dans le François, pour donner plus d'agrément à la Modulation.

Les autres Chants, à sçauoir l'Italien, l'Espagnol & le François, se pratiquent sur des Vers, & non sur de la Prose, ou du moins il faut que ce soit de la Prose rimée, comme on peut voir par les Paroles qui sont faites apres les Airs, dont i'ay parlé cy-deuant.

Ie ne parleray point aussi de l'auantage de ces Nations, à l'égard du Chant; si c'est aux Italiens que nous deuons la belle maniere de Chanter; si leurs Airs sont plus beaux que les nostres; si leurs Expressions sont plus fortes, & s'il est vray que leurs Airs chantez par des François ayent plus d'agrément & de politesse; c'est ce qui n'est pas encore decidé, & dont chacun juge selon son caprice, & ie pense en auoir suffisamment parlé dans le Chapitre 11. de la premiere Partie de ce Traité, où i'ay dit qu'à force de Repetitions on pouuoit faire vn long Chant Italien (à quoy l'on peut aussi rapporter le Chant Espagnol) de fort peu de Vers; ce qui se pratique encore dans le Latin, à propos duquel ie diray en passant, que l'on deuroit prendre garde de ne pas repeter des sens si imparfaits & si extrauagans, que la construction mesme en fust interessée, & tout à fait barbare, comme il arriue dans les Compositions de ceux, qui faute d'entendre la Langue Latine, croyent qu'ils peuuent impunément repeter à la fin de leur *Gloria Patri* vn *seculorum amen, seculorum amen*, & toûjours *seculorum amen*, jusques à ce qu'ils en soient las.

Ie me contenteray donc de parler du Langage François, dont les Regles pourront s'appliquer aux autres Langues, sinon toutes, du moins vne partie.

CHAPITRE II.

De la Prononciation en general.

IL semble que c'est l'affaire des Grammairiens, de traiter de la Prononciation, & toutesfois il y a des Regles de Prononciation qui se rencontrent dans le Chant, ausquelles ils n'ont iamais pensé de parler, soit qu'elles leur soient inconnuës, ou qu'elles ne soient pas de leur ressort.

Ie diray donc qu'il y a de deux sortes de Prononciations en general qui font naistre bien des doutes & des difficultez dans le Chant. Il y a vne Prononciation simple, qui est pour faire entendre nettement les Paroles, en sorte que l'Auditeur les puisse comprendre distinctement & sans peine ; Mais il y en a vne autre plus forte & plus énergique, qui consiste à donner le poids aux Paroles que l'on recite, & qui a vn grand rapport auec celle qui se fait sur le Theatre & lors qu'il est question de parler en Public, que l'on nomme d'ordinaire *Declamation*. Cette derniere espece de Prononciation se peut confondre auec l'Expression, & toutesfois ie la distingue en sorte que ie ne veux icy parler que des principales Lettres de l'Alphabet qui donnent le poids aux Paroles que l'on chante, & de la maniere qu'il les faut prononcer pour cet effet.

Ces deux especes de Prononciations estant ainsi établies, il est constant que ce n'est pas assez de prononcer les Paroles simplement, mais il leur faut encore donner la force qu'elles doiuent auoir, & c'est vne erreur fort grande de pretendre bien loüer vn Homme qui chante, en disant *qu'on ne perd pas vne syllabe de ce qu'il dit*, qui est pourtant la maniere ordinaire de parler de ceux qui n'ont pas la connoissance de toutes les circonstances de la Prononciation à l'égard du Chant.

Ie sçay qu'autrefois on auoit peu d'égard aux Paroles que l'on chantoit, & que la Prononciation estoit presque comptée pour rien: ainsi il semble que l'on a beaucoup fait, lors qu'on l'a introduite dans le Chant, quand ce ne seroit que pour faire entendre distinctement les Paroles.

Mais à present qu'il semble que le Chant est venu au plus haut degré de perfection qu'il puisse iamais estre, il ne suffit pas de prononcer simplement, mais il le faut faire auec la force necessaire; & c'est vn abus de dire qu'il faut Chanter comme l'on parle, à moins que d'ajouster comme on parle *en Public*, & non pas comme l'on parle dans le Langage familier, comme il sera aisé de juger par la suite.

Premierement, il faut que ceux qui auancent cette Proposition demeurent d'accord, qu'il y a vne Prononciation dans le Langage familier qui retranche des Lettres, & pour ainsi dire des syllabes entieres par vn vsage de longue-main, qui pourroit mesme passer pour an abus, comme les *s* au pluriel des noms que l'on joint par vne élision auec la voyelle suiuante, comme si c'estoit des singuliers, en disant, *Les Homm' ont vn auantage par dessus les Best' en ce que, &c.* au lieu de prononcer l's, & dire,

Les Hommes ont vn auantage par deſſus les Beſtes en ce que, &c. & à la ſeconde perſonne des Verbes, dont l'*Infinitif* ſe termine en *er*, *donner*, *parler*, *manquer*, en diſant, *tu donn' à, tu parl' à, tu manqu' à faire*, au lieu de *tu donnes à, tu parles à, tu manques à faire*, en quoy ie diray en paſſant que la pluſpart manquent meſme pour écrire, & ſelon la ſeule orthographe, en ſupprimant ces ſortes de *s*: Comme auſſi dans la ſeconde perſonne du pluriel de quelques autres Verbes qui n'ont point l'infinitif en *er*, en diſant, *vous fait' à*, pour *vous faites à*; *vous dit' à vos Amis*, au lieu de *vous dites à vos Amis*; à quoy ie joins encore l'*nt* des pluriels des Verbes, en diſant, *Ceux qui penſ' auoir raiſon*, pour *Ceux qui penſent auoir raiſon*; & ainſi de tous les autres pluriels des Verbes, ce qui eſt d'autant plus dangereux pour ceux qui aſpirent à bien Chanter, que meſme les Maiſtres dont ils ſe ſeruent ſont les premiers à ignorer ces Obſeruations, comme i'ay remarqué depuis peu dans vn des principaux, qui croyant auoir bien reüſſy en changeant ces mots d'vn Air du temps, qui luy paroiſſoient rudes,

Les belles fleurs qui naissent dans la Plaine,
Ouurent le sein aux Zephirs amoureux.

En celles-cy,

se laissent aller aux Zephirs amoureux.

Rendoit le Vers trop long d'vn pied, en s'imaginant que *nt* de *laissent* se pouuoit manger, & pouuoit souffrir l'Elision; mais c'estoit vouloir, comme on dit, *blanchir vn More*, que de pretendre luy faire connoistre la faute, qu'il soûtint opiniastrement jusques au bout.

Voila, dis-je, la Prononciation ordinaire qui se pratique dans le Langage familier, mesme des plus polis; cependant qui voudroit s'en seruir en toutes rencontres, rendroit la plufpart des Vers estropiez, en leur oftant vn de leurs pieds par ces Elisions faites mal à propos: Or est-il que de tout le François que l'on chante, il n'y a quasi que des Vers; Mais il y a d'autres *s*, qui bien qu'elles n'empeschent point la Mesure des Vers, en les retranchant comme on a de coustume dans le Langage familier, ne laissent pas de rendre le Chant fade ; de sorte qu'il ne faut pas dire, *Mon ame faison vn effort, Ie per aussi la vie*, comme on parle familierement, mais prononcer les *s*, en disant, *faisons vn effort, Ie pers aussi la vie*, & ne pas se laisser persuader du contraire, soit par vne lasche complaisance, ou par vne ignorance grossiere à certaines Gens, qui pour rendre ces Prononciations ridicules (comme on peut faire toutes choses, mesme les plus parfaites, quand on a vn peu de credit sur les Esprits foibles) vous diront par vne maniere de raillerie en separant les syllabes, *Quoy ? il faut dire, zon zun, & zaussi*, à quoy tout aussi-tost les Dupes se rendent, & condamnent tout d'vne voix & sans appel ces Prononciations, comme barbares & ridicules.

Ie parleray plus au long de ces *s* finales qui se prononcent auant la voyelle & non auant les consones, comme font plusieurs, sur tout dans le mot de *helas*; mais i'ay bien voulu dire cecy en passant, pour montrer que le Langage familier, & celuy du Chant, sont bien differens, mesme à l'égard de la simple

Prononciation; car pour ce qui regarde celle qui se fait auec poids, ie veux dire auec la force necessaire à l'expression du sens des Paroles, il y a encore vne tres-grande difference de celle que l'on practique dans le commun Langage, où l'on ne fait point de distinction des mesmes Lettres, ie veux dire d'vne r d'auec vne autre r, d'vn a d'auec vn autre a, & ainsi du reste; au lieu que dans le Chant qui est vne espece de *Declamation*, il y a bien de la difference d'vne m, ou d'vne r, à vne autre pour faire valoir les Paroles, & leur donner la fermeté & la vigueur qui fait que le Chant en a plus de varieté, & n'ennuye point à la longue, comme feroit celuy qui reciteroit simplement des Vers sur le Theatre, au lieu de les declamer.

Mais l'on void des Musiciens si grossiers dans la Prononciation, que mesme ils prennent souuent vn mot pour l'autre, & par vn *qui pro quo* ridicule confondent des termes qui n'ont aucun rapport quant à la signification. En voicy vn Exemple assez extrauagant, & dont plusieurs Personnes peuuent rendre témoignage, qui est d'auoir oüy

de bien Chanter.

vn Musicien, qui au lieu de ces mots d'vn Recit de Ballet, touchant les Coquettes,

Et l'embarras nous semble doux,
Quand il est causé par la presse
De ceux qui soûpirent pour nous.

Chantoit auec vne hardiesse nōpareille,

Et les Barons nous semblent doux.

Iugez si ce Maistre n'estoit pas fort sçauant dans sa Langue; On pourroit le mettre en paralele auec vn autre de la mesme trempe, qui s'étonnoit de ce que l'Imprimeur auoit oublié de mettre la Musique au premier Air d'vn Liure, & ne voulut iamais se rendre, quoy qu'on luy pust dire que ces Paroles qu'il pretendoit qui fussent mises en Chant estoient l'Epistre Dedicatoire du Liure, à laquelle il fit vn Air qu'il chanta à faire pasmer tous les Assistans, pour faire voir qu'il auoit raison.

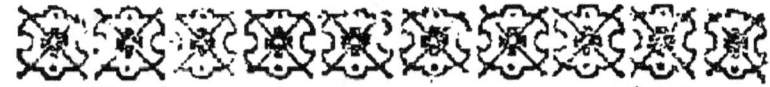

CHAPITRE III.

De la Prononciation des Voyelles.

C'Est vne Maxime si commune parmy les Maistres du Chant, que pour bien Chanter il faut ouurir la bouche, qu'ils s'en seruent en toutes rencontres, & croyent auoir trouué par là tout le fin de la Prononciation, & donné tous les Auis necessaires pour la bien mettre en pratique: De maniere qu'ils ne se contentent pas de donner ce Precepte lors qu'il s'agist d'vne voyelle ou d'vne dyphtongue (ie veux dire d'vne voyelle composée) mais mesme quand il est question de corriger le defaut de la Prononciation d'vne consone, ils n'ont point d'autre secret, ny d'autre conseil à donner, que celuy d'*ouurir la bouche*.

Il est vray que dans le Chant c'est vn des plus grands defauts de la Prononciation, que de ne pas ouurir la bouche en certains endroits, & sur certaines voyelles; mais aussi c'en est vn fort grand de l'ouurir mal à propos, & dans les voyelles & dyphtongues, qui demandent plutost qu'on la tienne fermée; de sorte que l'on peche bien plus souuent contre les Regles de la Prononciation, en ouurant la bouche lors qu'il la faut fermer, qu'en ne l'ouurant pas assez: Outre que dans l'ouuerture de la bouche il y a bien des mesures à garder, c'est à dire qu'il y a des manieres differentes d'ouurir la bouche non seulement sur des voyelles differentes, mais sur la mesme voyelle, & souuent il ne faut pas tant ouurir la bouche, qu'il faut ouurir le gosier, ou seulement les levres pour donner l'agrément necessaire à la Prononciation. J'en donneray des Exemples en parlant de la Prononciation des Voyelles en particulier.

De la Voyelle A.

ARTICLE I.

LA Voyelle qui demande plus de soin de bien ouurir la bouche, c'est l'*a*; mais il y a sans doute bien des précautions à obseruer qui se comprennent beaucoup mieux dans la Pratique que dans la Theorie.

Premierement dans le Port de Voix où il se rencontre vn *a*, il faut ouurir la bouche bien moins dans la premiere Notte que dans la derniere, c'est à dire que d'abord il ne faut ouurir la bouche qu'auec mediocrité; & lors que le gosier a marqué ce qu'il faut pour porter la premiere Notte sur la derniere, pour lors il la faut ouurir dauantage, non pas tout d'vn coup, mais peu à peu, afin que le son de la Voix s'insinuë plus agreablement dans l'oreille de l'Auditeur. Exemple.

Il vaut mieux par vn prompt trépas.
Page 45. du Liure in 4. sur le mot de *trépas*.

de bien Chanter. 259

2. Lors qu'il se rencontre sur vn *a* vne Notte fort longue, comme par exemple dans les Cadences finales, il faut obseruer la mesme Regle pour ce qui est de ne pas d'abord ouurir la bouche tout d'vn coup, mais peu à peu. Exemple.

si l'Ingratte ne m'aime pas.

Au mesme Liure, page 44. il faut ouurir la bouche peu à peu sur la finale du mot de *pas*, & c'est vn des grands secrets pour l'agrément de la Prononciation, & qui contribuë autant à faire valoir vne Voix mediocrement belle.

3. Il faut bien remarquer si dans la syllabe où il se rencontre vn *a* qui soit long, il y a quelque passion qui demande plus de force de Prononciation que d'agrément; car c'est pour lors qu'il faut plus ou moins ouurir les levres & la bouche. Exemple.

Ah! qu'il est malaisé!
Page 5. du 1. Liure in 8.

si l'Ingratte ne m'aime pas.
Que ie viens de citer.

Dans l'*a* de *Ah!* & de *Ingratte*, la bouche doit estre fort ouuerte, & d'vne autre maniere que dans les exemples suiuans.

Ha! qu'il est doux d'aimer!
Ha! que le plaisir est extrème!

Et autres semblables exclamations de joye : Dans lesquels exemples il faut ouurir la bouche en soûriant, & plus en large qu'en long, ie veux dire sur l'*a* de *Ha*, dont ie diray en passant que l'orthographe est differente de celle de la premiere Exclamation ou *Interjection* de Plainte & de Douleur, dont l'*a* precede l'*h*, au lieu que dans celle-cy l'*h* precede l'*a* : ainsi elles sont differentes, & pour le sens, & pour l'orthogragphe.

4. Il faut bien prendre garde à l'*a*, lors qu'il est joint auec la Lettre *n*, comme dans ces mots, *quand*, *charmant*, *tourment* (car en ce cas l'*e* se prononce comme l'*a*) puis que de toutes les syllabes, celle de *an* ou *en* est sans contredit la plus frequente & la plus considerable dans le Chant François, pour l'agrément de la Prononciation, & qui mar-

que dauantage si l'on a appris d'vn bon Maistre.

Ie dis donc que dans les syllabes *an* & *en* (lors que l'*e* se prononce comme l'*a*) il faut auoir grand soin de conseruer l'agrément qu'elles contiennent, c'est à dire qu'il ne faut pas tout d'vn coup ouurir extrémement la bouche (le tout conformément à la Mesure) mais peu à peu, mesme il ne faut pas prononcer l'*n* d'abord, mais lors qu'on est prest de finir la Notte longue; & s'il y a plusieurs Nottes (comme par exemple dans les Ports de Voix, dans les Diminutions & dans les Tremblemens où il faut faire plus d'vne Notte) il ne faut prononcer l'*n*, que lors que l'on est prest de finir, autrement ce seroit Chanter du nez; & quoy que la Lettre *n* soit exceptée de la Regle, *Qu'il ne faut point Chanter du nez*, comme ie diray en temps & lieu, il y faut garder cette restriction. Exemple, page 54. du Liure in 4.

Que c'est vn mal charmant.

Vous n'auez seulement.

Il ne faut prononcer l'*n* de *charmant*, que lors que l'on est prest de finir la derniere Notte de la Cadence, non plus que celle de *seulement*, que lors que l'on a soûtenu la Notte de *ment*, presque selon toute sa valeur ; ce qui ne se fait pas de mesme dans la syllabe *on*, comme ie diray en son lieu.

Nota, que quand ie dis qu'il ne faut *prononcer l'n* qu'à la fin de la Cadence du Port de Voix & autres semblables, ie ne veux pas dire *frapper*, mais seulement *effleurer*, comme ie diray en parlant de l'*n*, dans le Chapitre des Consones.

Il faut encore obseruer cette Regle dans les Passages, mesme auec plus de précaution & de soin, comme par exemple dans le Passage de *changer*, page 58. du Liure in 4. il ne faut point faire sonner l'*n*, que sur la derniere Notte de *chan*, mais seulement l'*a* : de mesme que dans la page 23. du 2. Liure in 8. sur le mot *en*, sur l'*an* du mot *auantage*, & sur la seconde syllabe de *contenter*, & mille autres endroits dont les Airs sont remplis.

De la Voyelle E.

ARTICLE II.

DAns l'Article precedent, i'ay dit que generalement parlant il faut ouurir dauantage la bouche dans l'*a*, que dans les autres Voyelles, & pourtant auec certaines circonstances. Presentement il faut établir autant que faire se pourra les Obseruations necessaires pour la Voyelle *e*, qui est celle à qui l'ouuerture de la bouche est plus necessaire apres l'*a*; car pour les trois autres Voyelles, on manque bien plus souuent pour les trop ouurir, qu'en ne les ouurant pas assez.

I'ay parlé suffisamment de l'*e* joint à l'*n*, lors qu'il se prononce comme vn *a* dans les mots de *tourment*, *absent*, *content*, & non pas dans ceux-cy, *bien*, *entretien*, *ancien*, *reuiens*, &c. Pour ce qui est des autres especes d'*e*, à sçauoir de l'*e ouuert*, ou *plus ouuert*, de l'*e masculin*, ou *feminin*, il faut consulter les Grammairiens. Il me suffit de dire que selon

que l'*e* est plus ou moins ouuert, il fau[t]
plus ou moins ouurir la bouche. Ie m[e]
contenteray donc de parler de l'*e femi-*
nin, que d'autres nomment *muet*, leque[l]
a souuent toute vne autre Prononciation dans le Chant, que dans le Langage familier.

L'*e feminin* est vn certain *e* qui n[e]
se prononce point comme les autres, &
auquel on n'a guere plus d'égard que
s'il n'y en auoit point du tout, & qui ne
sert simplement que pour former la
syllabe qui le compose, que l'on appelle
en Poësie *syllabe feminine*, par laquelle
sont distinguez les Vers *feminins* d'auec
les *masculins*. On luy a donné le nom
d'*e muet*, à cause qu'il n'a aucune Prononciation de soy : ainsi il semble qu'il
est inutile d'en vouloir établir des Regles, tant pour la Prononciation, que
pour la Quantité.

Auant que de passer outre, le Lecteur
sera aduerty, que tout mot s'appelle
feminin, lors que sa derniere syllabe
(supposé qu'il soit composé de plusieurs)
est formée d'vn *e muet*, & qui n'a
aucun son de l'*e* ordinaire, soit que cet
e muet soit la derniere Lettre de la
syllabe,

syllabe, comme dans ces mots, *j'aime, vie, rendre*, soit qu'il ne soit pas la derniere mais seulement compris dans la derniere syllabe, comme *ames, flames, faites, dites*, & les pluriels des verbes, *donnent, disent*, où il ne faut pas considerer l'ortographe, quant à la prononciation de l'*n*, qui est nulle en ce rencontre. Tous ces mots sont feminins, ainsi que plusieurs monosyllabes, comme *de, ne, me, te, ce*, & autres semblables qui contiennent l'*e muet*. Tous les autres mots qui finissent par vne syllabe qui contient tout autre *e*, & toute autre Voyelle, s'appellent mots masculins.

Il est vray que dans le langage familier, l'*e muet* n'est d'aucune consideration à l'égard de la Prononciation & de la Quantité, & il n'y a que la Nation Normande & leurs voisines qui fassent sonner mal à propos l'*e muet*, & qui le prononcent comme la syllabe *en*, en disant *Tablen* pour *Table*; mais quant à la Declamation (& par consequent au Chant qui a vn grand rapport auec elle) cet *e* est si peu muet, que bien souuent on est contraint de l'appuyer, tant pour donner de la force à l'expression, que pour se faire entendre distinctement des Auditeurs; & pour ce qui est du Chant, souuent l'*e muet* estant bien plus long que les autres, demande bien plus d'exactitude & de regularité pour la Prononciation que les autres Voyelles, & ie ne voy rien de si general, que de le mal prononcer, & de si difficile à corriger, à moins que d'obseruer soigneusement le remede que ie croy auoir trouué, qui est de le prononcer à peu pres comme la Voyelle composée *eu*, c'est à dire en assemblant les levres presque autant comme on fait à cette dyphtongue, auec laquelle ces sortes d'*e* ont vn fort grand rapport.

Pour faire donc que l'*e muet* soit bien prononcé lors qu'il se rencontre auec vne Notte longue, l'vnique moyen est de le prononcer à peu pres comme vn *e* & vn *u* ensemble; de sorte que pour corriger le defaut de ceux qui prononcent *extremen* pour *extreme*, *ineuitablen* pour *ineuitable*, soit Normans ou autres, ou qui pour ne pas assez fermer la bouche, luy donnent quasi le son d'vn autre *e*, ou mesme vn peu d'vn *a*, comme on remarque tous les jours dans les Maiſtres meſmes, en diſant *extremea* & *ineuitablea*, lors qu'il ſe rencontre des Nottes qu'il faut tenir longues ſur la finale de ces deux mots *extreme, ineuitable*, & autres ſemblables; on n'a qu'à leur ordonner de prononcer *extremeu* & *ineuitableu*, & comme d'abord cela leur paroiſtra vn peu barbare, ils ne voudront pas former ſi fort l'*eu* dyphtongue, & demeurant dans vne certaine mediocrité, ils prononceront parfaitement l'*e muet*; mais comme la pluſpart des Femmes ſont ennemies des Prononciations qui changent la figure ordinaire de la bouche lors qu'on ne dit mot, croyant que par là elles feroient vne grimace, elles ſeront ſans doute auſſi incredules ſur ce Chapitre que ſur la veritable Prononciation de l'*eu*, dans laquelle elles ſont preſque toutes incorrigibles.

De la Voyelle I.

ARTICLE III.

DE toutes les Voyelles, l'*i* est la plus delicate, & par consequent la plus scabreuse pour la Prononciation, & parce que pour la bien prononcer, il faut auoir soin de l'affiner autant que faire se peut, sans toutesfois la rendre trop aiguë; autrement elle siffle, ou elle va dans le nez, pour peu que l'on ait de disposition à chanter du nez, qui est vne chose que tout le monde abhorre.

Il ne faut donc pas faire l'*i*, ny trop aigu, ny trop peu, mais dans vne certaine mediocrité qui le distingue entierement de l'*e*, en sorte qu'il n'ait aucun rapport auec luy, & qui l'empesche de siffler aux oreilles, & d'aller dans le nez.

Disons donc que le plus grand defaut de la prononciation de l'*i*, & le plus ordinaire, est lors qu'il se chante du nez, lequel defaut est assez connu de tout le monde, pour n'auoir pas besoin d'Exemples qui le fasse remarquer: Il est seulement question d'en donner le remede, qui est de l'entonner du gosier autant qu'on le peut, en conseruant toûjours sa prononciation, & non pas comme l'*e*, qui va dans le fonds du gosier autant qu'on le veut.

Le second defaut qui est de le faire trop delié & trop aigu, est si palpable, qu'il n'a pas besoin, n'y d'exemple, ny de regle pour le corriger, puis qu'il se remarque assez de soy mesme.

Mais pour le troisiéme, qui est de ne le faire pas assez delié, ny assez aigu, en sorte qu'il participe vn peu de l'*e*, il est assez commun parmy ceux qui chantent, lesquels au lieu de dire *Philis*, semblent dire *Phelis*, & ainsi des autres; & ce n'est pas assez que l'Auditeur sçache fort bien que ce soit vn *i*, & non pas vn *e*, & le remarque, ou par la liaison du discours, ou parce que l'*e* rendroit le mot barbare & inusité; mais il faut que le soin que l'on prend de prononcer l'*i* dans sa finesse, serue pour rendre le Chant plus agreable, & mesme la Voix plus delicate, la Prononciation n'estant pas seulement pour faire entendre les mots, comme plusieurs croyent, qui pensent (comme i'ay déja dit) auoir bien loüé vn Chantre, en disant, *qu'on ne perd pas vne syllabe de ce qu'il dit*; mais encore pour donner, ou de la force d'expression, ou de la finesse, que l'on fait remarquer par vne application, & vn soin que l'on prend particulierement sur la Prononciation de certaines Lettres priuilegiées de l'Alphabet, comme ie diray dans la suite.

I'ay remarqué encore vn defaut assez ordinaire dans la prononciation de l'*i*, quand il est suiuy de l'*e feminin*, & qu'ils font deux syllabes differentes, comme dans ces mots, *vie, rauie, enuie, maladie*, &c. qui arriue lors que l'on ne prend pas assez de soin dans la prononciation de l'*i*, & dans la separation qu'il doit auoir auec l'*e*, lequel defaut ne se peut bien exprimer que dans la practique & dans le remede que i'y apporte, en disant qu'il faut faire comme si il y auoit encore vn *y grec* entre l'*i* & l'*e*, & prononcer *viye* pour *vie*, *enuiye* pour *enuie*.

Le contraire de ce defaut se remarque, lors que l'*i* & l'*e*, ou la dyphtongue *eu* ne font qu'vne mesme syllabe, & que par exemple sur ces mots *bien, entretien, pitié, lieux, cieux, adieu*, on ne prononce pas auec assez de vitesse ces sortes de syllabes, & qu'on laisse à douter si l'*i* & l'*e* font deux syllabes, ou n'en font qu'vne seule, comme dans ceux de *lien, prier, nier*. Ce defaut est fort commun, lors que cette syllabe de l'*i* & l'*e* joints ensemble a plusieurs Nottes bréves en décendant, & que l'on est obligé de suiure la Mesure; car pour peu que l'on ne serre pas assez les deux Voyelles, on ne prononcera que la moitié de la syllabe sur la premiere Notte, & l'autre moitié sur la derniere, & cela est aussi veritable qu'il est imperceptible à la plufpart des Gens. En voicy vn Exemple qui seruira assez pour faire connoistre cette verité, dans le Liure des Airs in 4. page 35.

sçaura bien qui m'a fait mourir.

Si en prononçant le mot de *bien*, l'on ne prend soin de joindre l'*i* & l'*e* auec la promptitude necessaire, il se trouuera que l'on n'en prononcera que la moitié (c'est à dire *bi*) sur la premiere des trois Nottes qui sont marquées, & l'autre moitié *en* sur les deux dernieres Notes.

Il en est de mesme de l'*u* joint à l'*i* dans les mots de *bruit*, *nuit*, *suit*, lors qu'il y a plus d'vne Notte, & que toutesfois par vne certaine nonchalance on ne prononce pas auec assez de vitesse toute la syllabe entiere, & que l'on ne met que l'*u* sur la premiere Notte, & l'*i* sur la suiuante, par exemple dans le mot de *nuit*, qui est dans la page 20. du 2. Liure des Airs in 8.

Pour ce qui est de l'*j* consone, comme par exemple *jamais*, *j'auray*, &c. i'en parleray dans les Chapitres des Consones.

De la Voyelle O.

ARTICLE IV.

COmme dans le Chant on doit autant considerer la force de la prononciation, que la delicatesse, il est aussi dangereux d'affecter trop de mignardise dans la Prononciation de certaines Lettres, que de l'obmettre dans celles qui la demandent.

Cependant on a mille peines à persuader cette verité, principalement au Sexe feminin, qui croit ne pouuoir iamais rendre le Chant assez delicat, & ne peut s'assujettir à prononcer toutes les Lettres que foiblement, sans considerer s'il y en a qui demandent ou plus de douceur, ou plus de force.

De toutes les Voyelles, celle qui se prononce auec plus de defectuosité par ces sortes d'Esprits amateurs du fard, & qui confondent le *fade* auec le *delicat*, c'est l'*o*, qui est vne Voyelle tout à fait *gutturale*, c'est à dire qui se prononce entierement du gosier; car en pensant flatter cette Voyelle, ils luy ostent toute sa force, & bien que l'on entende assez que c'est vn o, à cause du peu de rapport qu'il a auec les autres Voyelles, ce n'est pas assez, comme i'ay déja dit plusieurs fois, & que ie ne puis trop repeter, de faire entendre toutes les syllabes; mais encore il leur faut donner le poids necessaire, afin que par cette expression l'Auditeur soit dauantage excité à l'attention du sens des Paroles, & que la Voix mesme de celuy qui chante en paroisse dauantage. Cet Aduis est fort vtile pour ceux qui ont la Voix foible, lesquels pourueu qu'ils prononcent bien à propos de certaines Lettres qui doiuent estre appuyées, & sur tout qu'ils ne flattent point l'o, se font valoir bien dauantage, & se font écouter plus que les grandes Voix qui ne prononcent pas assez.

Les Obseruations qui se doiuent faire sur les differentes Prononciations de l'o, à l'égard du Chant, sont celles-cy.

Premierement, lors que l'o est joint à vne n, ou vne m, & dans la mesme syllabe, il faut auoir soin de prononcer on, & om, comme s'il y auoit vn petit u

de bien Chanter. 275

entre deux, à la maniere de l'ȣ des Grecs, & comme s'il y auoit *boune*, *coume*, au lieu de *bonne* & *comme*. Cet auis est d'autant plus vtile, qu'il est ordinaire de mal prononcer ces sortes de syllabes, en disant *bone* pour *bonne*, & *come* pour *comme*; & (ce qui est fort ridicule & pourtant fort commun parmy les Femmes) *quement* pour *comment*.

Cette Obseruation sert d'exception pour la regle qui dit, qu'il faut fort ouurir le gosier pour bien prononcer l'*o*, ce qui n'est pas veritable, lors qu'il suit vne *n* & vne *m*, qui ne font auec l'*o* qu'vne mesme syllabe; car si elles ne faisoient pas la mesme syllabe, en ce cas l'*o* garderoit sa prononciation entiere du gosier, comme on peut voir dans le mot de *Cômedie*, & non pas comme plusieurs Ignorans disent, *Commedie*.

Secondement, il faut remarquer que l'*o* joint à l'*n* dans la mesme syllabe, ne souffrent pas de longues Diminutions, & ce par vn vsage que l'on a dans le Chant, qui semble n'estre appuyé que sur l'imagination, & toutesfois qui n'est pas sans fondement; à sçauoir

M v

pour éuiter le Chant du nez, qui paroistroit fort dans vn Passage sur la syllabe *on*, que l'on est obligé de prononcer dés la premiere Notte de la Diminution, sans qu'il soit permis de separer en aucune maniere l'*o* d'auec l'*n*, ce qui ne se rencontre pas dans l'*an*, comme i'ay dit dans l'Article de l'*a*; & si l'on m'en demande la raison, ie diray que c'est l'vsage qui le veut ainsi; & toutesfois on peut encore dire à ceux qui veulent absolument qu'on les paye de raison, que dans la syllabe *an* il n'en est pas de mesme que dans celle de *on*, parce que dans la premiere il n'y a rien à adiouster pour la prononcer suiuant sa force & son agrément, & dans la derniere il y faut glisser vne espece d'*u*, comme ie viens de dire, ce qui seroit fort rude, si on prononçoit l'*o* dans vne premiere Notte & l'*n* dans les autres Nottes; car en ce cas que deuiendroit cet *u* supposé?

Quant aux Obseruations de l'*o* joint à l'*i* & à l'*u*, i'en feray vn Chapitre à part, lors que i'auray parlé de la derniere Voyelle, qui est l'*u*.

De la Voyelle V.

ARTICLE V.

JE ne parle point icy de l'*v* confone, fur lequel il n'y a point d'autres Remarques à faire que fur le general des Confones, qui eft de les appuyer quand il en eft befoin, mais feulement de l'*u* voyelle qui eft celle de toutes qui eft abfolument contraire à cet Aduis fi general & fi vniuerfel que donnent inconfidérement la plufpart des Muficiens, en difant que dans le Chant on ne peut affez ouurir la bouche, puis que pour bien prononcer l'*u*, il eft neceffaire de la tenir prefque fermée, pour rendre cette Voyelle plus delicate & plus fine, autrement elle tiendroit de la Dyphtongue *eu*. Il ne faut donc pas dire, comme plufieurs font *eune* pour *une*, *commeune* pour *commune*, *meurmurer* pour *murmurer*, fi ce n'eft auffi groffierement, du moins en partie, ce qui eft toûjours défectueux dans la Prononciation de l'*u* qui donne beaucoup de delicatesse au Chant François.

Quand ie parle de l'*u*, i'entens seulement l'*u* simple, & non pas lors qu'il est joint auec vn *o*, ou vn *e* qui le suiuent; car pour lors il perd sa prononciation, & deuient *composé*, & comme vne especes de Dyphtongue, comme ie diray dans le Chapitre suiuant.

Il y a encore vn autre *u*, qui joint auec vn *i*, ou vn *y*, ne font pourtant qu'vne mesme syllabe, comme *luy* & *nuire*, semblable à celle de l'*i* & l'*e*, dans ces mots *bien* & *lieu*, pour lequel *u* il n'y a rien de particulier à dire, que ce que i'ay dit en parlant de l'*i* & l'*e*, & comme ie diray en parlant de l'*oi*; c'est à dire qu'il faut bien prendre garde de separer l'*u* d'auec l'*i*, lors que par exemple il y a vne Notte qui descend sur l'autre, comme on peut voir dans la page 10. du 2. Liure in 8. sur le mot de *reduit*. Il faut, dis-je, bien prendre garde de dire nonchalamment *du* sur la premiere Notte, & *it* sur la seconde, & ainsi faire comme si la syllabe *duit* n'estoit pas vnique, mais coupée en deux.

CHAPITRE IV.

De la Prononciation de plusieurs Voyelles composées.

IL s'agist d'établir la veritable Prononciation des *Voyelles composées*, que l'on peut nommer *Dyphtongues*, *ai*, *au*, *eu*, *oi*, *ou*; car pour l'*ie* joins ensemble par *i voyelle* dans vne mesme syllabe, j'en ay suffisamment parlé dans le Chapitre precedent.

Sur les Dyphtongues *ai* & *au*, il y a fort peu de remarques à faire, quant à la Prononciation, puis que la premiere n'en a point d'autre que celle de l'*e*, & la derniere que celle de l'*o*; & comme c'est aux Grammairiens à parler de la difference de l'*ai* lors qu'il est semblable à l'*e ouuert*, ou *masculin*, ie ne m'étendray point sur ce sujet pour ne pas sortir des bornes que ie me suis proposé : l'en donneray seulement cet Exemple en passant, sur lequel le Lecteur pourra se regler pour tous les autres, *aimer* & *faire*, l'*ai* de *aimer* se prononce comme vn *e moins ouuert*, & celuy de *faire*, comme vn *e fort ouuert*: Il faut donc que l'on s'instruise fort exactement de ces differences d'*ai*, car autrement on prendroit bien souuent l'vn pour l'autre, & cela feroit vn son fort desagreable à l'oreille.

Il y a encore vne autre Obseruation à faire lors qu'il se rencontre vn *y* apres l'*a*, qui est aussi vne affaire des Grammairiens, & dont ie diray ces deux mots en passant, que dans certains endroits l'*a* se prononce comme vn *e*, en disant *peyer* pour *payer*, quoy que dans le mot de *ayez* cela soit en quelque façon douteux, & qu'il y ait du pour & du contre, quant à l'vsage, & qu'ainsi on puisse en ce rencontre ménager vn milieu entre l'*a* & l'*e*.

L'*eu* est assez digne d'obseruation dans le Chant François, car souuent on ne le prononce pas comme on doit.

Premierement, de le prononcer comme vn *u* sans *e*, cela n'appartient qu'à certains Prouinciaux, qui disent *cur*, pour *cœur*, *mes fux* pour *mes feux*, *hurux* pour *heureux*, hormis dans la premiere syllabe, où non seulement ces Prouinciaux, mais mille autres Gens, manquent, en disant *malhureux* au lieu de *malheureux*.

2. Faute de bien assembler les levres pour la prononciation de l'*eu*, on supprime d'ordinaire l'*u*, & l'on n'entend que l'*e*. Ce defaut est fort commun parmy les Femmes, qui n'aiment point à faire aucune figure de la bouche autre que celle que l'on a d'ordinaire lors qu'on ne parle point, & qui voudroient que le nombre des Voyelles & Dyphtongues fust reduit à l'*e* & l'*i*; car pour l'*a*, à peine le peuuent-elles souffrir, & se reuoltent à toute heure contre les Maistres, lors qu'ils les veulent obliger à ouurir la bouche pour bien former vn *a*. Ce n'est donc point *grimacer*, comme s'imaginent les ignorans, que de faire ce qu'il faut pour bien prononcer l'*eu*, c'est à dire assembler les levres, suiuant la figure de la bouche qui luy est necessaire, mais plutost c'est oster toute la force que cette *dyphtongue* donne au Chant en mille rencontres,

que de ne la pas bien former, comme il paroist dans l'expression de ces mots, *rigueur, malheur, cœur, pleurer*, & en mille endroits des Airs François.

3. Il y a vn defaut assez ordinaire dans la prononciation de l'*eu*, qui est, que la pluspart feront bien d'abord la figure qu'il faut faire : mais comme la longueur de la Notte oblige aussi à tenir la syllabe longue, ne continuant pas de bien assembler les levres jusqu'à la fin, ils font deux prononciations au lieu d'vne, & forment vne espece d'*a* ou d'*e* à la fin de leur *dyphtongue*; ce qui est le plus desagreable du monde. Cette mesme faute arriue dans l'*e feminin* ou *e muet*, qui a vn grand rapport auec l'*eu*, comme i'ay dit dans le Chapitre precedent. Il faut donc auoir soin de ne pas alterer la figure des levres tant que dure la Notte ou la Diminution, mais les tenir jusqu'à la fin également fermées.

Quant à l'*ou*, c'est encore vne *dyphtongue* qui donne bien de la force d'expression au Chant, & qui se doit prononcer du palais, & non pas du deuant de la bouche, comme l'*eu* : mais comme c'est aussi vne figure qui semble desagreable aux Personnes qui craignent que l'agrément de la bouche en soit endommagé, elles ne prononcent qu'à demy l'*o* de ces mots *pourquoy, courroux, &c.* & oftent ainsi tout le poids que doit auoir cette *dyphtongue*, qui est de fort grande consequence pour faire valoir le Chant, & en exprimer la force. I'en ay veu de qui l'ignorance va bien plus auant, lors qu'ils s'imaginent exprimer par ce defaut le sens du mot de *douceur*, (à laquelle la figure de la bouche necessaire pour la prononciation de l'*ou* & de l'*en* leur semble s'opposer) en supprimant à demy l'*o*, & mesme l'*e*, de ces deux *dyphtongues*, qui les oblige à faire *la mouë*, pour parler en leurs termes.

La derniere *voyelle composée*, ou *Dyphtongue*, & la plus embarrassante dans le Chant François, est l'*oi*, ou *oy*, qui se prononce presque comme vn *o*, mesme vn *ou*, & vn *e* fort ouuert, ou plutost vn *ai* : & de cette maniere il semble auoir deux prononciations differentes, l'vne du gosier, qui est l'*o*, & l'autre plus du deuant de la bouche; ce qui fait que n'eſtant qu'vne meſme ſyllabe, ou pour ainſi dire, vne meſme *Voyelle compoſée*, ſi l'on ne jette l'*o* promptement ſur l'*i* (qui ſe prononce comme vn *e ouuert*) on ne manque jamais à en faire deux ſyllabes, & dire *loü-aix* pour *loix*, *doüais* pour *dois*.

Il faut pourtant en excepter les mots où il ſe rencontre vne *n* apres *oi*, car en ce cas on prononce comme s'il y auoit vn *ou*, vn *e*, & encore vn *i*, pour tomber ſur l'*n*, comme s'il y auoit *croix poüein* au lieu de *point*, *ſoüein* pour *ſoin*, éuitant en cela la prononciation *Normande*, qui ſe fait faute de bien chercher l'*i*, & tomber finement ſur l'*n*, ſans la frapper.

Ce defaut qui ſe fait par cette diuiſion vicieuſe, ſe remarque aiſément dans les endroits où il y a pluſieurs Notes, en deſcendant ſur ces ſortes de Dyphtongues, ſur leſquelles la pluſpart des Gens ne manquent point à mettre la premiere Notte ſur la moitié, c'eſt à dire ſur l'*o*, ou plutoſt ſur l'*ou*, & l'autre ſur l'*i*, ou plutoſt *ai*.

On peut aſſez marquer cette verité, par la comparaiſon que l'on en peut faire auec ce que i'ay dit, en parlant de l'*i* voyelle, & de l'*e* ou *eu*, lors qu'ils ne font qu'vne mefme fyllabe, comme *bien* & *lieu*. Et toutesfois en voicy des Exemples particuliers. Dans le 2. Liure in 8. page 20. fur le mot de *loin*, il faut bien prendre garde de prononcer à deux fois l'*oi*, ie veux dire de faire fur le *re* comme s'il n'y auoit que *l'ou*, & fur l'*vt* le refte de la fyllabe, c'eft à dire *ain*, & dire *loü-ain*, au lieu de mettre toute la dyphtongue entiere fur le *re*, & marquant l'*vt* du gofier, tomber fur l'*n*, que l'on ne doit faire fonner que fur la fin.

Il en faut dire de mefme du mot *quoy* dans la page 60. du mefme Liure, lequel monofyllabe il faut tout d'vn coup prononcer tout entier fur le *fa*, au lieu d'en faire comme deux fyllabes, en difant *quoü* fur le *fa*, & *ay* fur le *mi*.

Voila à peu pres toutes les remarques que l'on peut faire touchant la prononciation de l'*oi*, lors qu'on le prononce fuiuant fon ortographe, & qu'il n'eft point changé en *ai*; ce qui embarraffe encore ceux qui chantent.

Il y a donc à confiderer que fouuent

on est obligé de prononcer *e*, ou bien *ai* pour *oi*, & dire *craires* pour *croiroit*, *reconnais* pour *reconnois* : mais ie soûtiens que lors que la rime y oblige, il faut prononcer comme il est écrit, autrement cela feroit vn mauuais effet à l'oreille, qui seroit souuent trompée dans la rime, qui est absolument necessaire dans la Poësie Françoise.

Aussi ie suis persuadé que c'est vn abus dans la Poësie Françoise, que de faire rimer deux mots qui se prononcent diferemment, par la reformation que l'on a faite touchant la Prononciation, & quoy qu'ils s'écriuent de mesme, quant à l'*Ortographe*; lequel abus il seroit à propos d'éuiter, jusqu'à ce que l'on ait supprimé ces sortes de rimes bizarres.

Mais à prendre les choses en l'estat qu'elles sont, ie suis d'auis que l'on prononce *reconnois* auec son *oi*, si ce n'est absolument, du moins à demy, lors qu'il rime auec *fois*, comme par exemple dans le double de *Pourquoy faut-il*, &c. page 42. du Liure in 4.

C'est estre foible, & ie le reconnois.

De mesme que le mot de *croire*, quand il rime à *memoire*, & ainsi des autres.

Il faut encore considerer si le Chant est familier, ou s'il est public, comme sont les Recits d'vn Ballet, ou d'vne Comedie; si l'Air que l'on chante est serieux, ou s'il est galant, & si c'est quelque Bagatelle, tant pour les Paroles que pour le Mouuement; car selon ces rencontres il faut plus ou moins prononcer l'*oi* & *oy* dans ces mots *croyez*, *soyez*, mesme le mot de *soit*, qui semble choquer l'oreille en le prononçant par *oy* (comme on le permet dans *soyez*) peut-estre à cause qu'il a trop de ressemblance suiuant cette Prononciation auec le mot *sçait* de *sçauoir*.

Il y a encore vne Obseruation pour le mot d'*éloigner*, qui est qu'encore bien que dans le mot de *loin* on prononce l'*i*, on le suprime dans *éloigné*, & l'on prononce comme *élogné*, ce qui ne se fait pas dans le mot de *témoigner*. Si quelqu'vn veut contredire cette verité, il en sera conuaincu, lors qu'on luy dira de faire vne Diminution, ou vn Tremblement sur la seconde syllabe d'*éloignement*: Cette Obseruation est d'autant plus à remarquer, que plusieurs l'ignorent entierement.

CHAP.

CHAPITRE V.

De la Prononciation des Consones.

JE ne parleray point icy de la maniere que se forment les Consones chacune en particulier, puis que ce seroit prendre la chose de trop loin. Ie les distingueray seulement par leurs qualitez, pour ce qui concerne le Chant François; C'est à dire ie parleray de celles qui ont plus ou moins de force ou de douceur dans le Chant, & qui demandent d'estre plus appuyées, & prononcées auec plus de poids que les autres; De celles qui sont jointes dans vne mesme syllabe à d'autres Consones, que l'on appelle vulgairement *liquides*, pourueu qu'elles soient apres les Consones, & non pas deuant; Des finales qui se prononcent auec fermeté, & de celles qui se prononcent legerement, ou point du tout; De celles qui suspendent quelque temps la prononciation de la

Voyelle auant que de la faire sonner, ce que l'on appelle communément *gronder*; C'est par ces qualitez, & par ces circonstances que ie les excepte d'auec celles, qui n'ont rien de particulier en elles & qui ne demandent autre obseruation que le soin general qu'il faut auoir de les bien faire entendre, & auoir toûjours dans l'idée qu'à moins d'vn soin & d'vne exactitude fort grande, ceux qui vous écoutent ne distinguent pas assez les paroles que vous leur chantez, lesquelles sont souuent embarrassez par les traits du Chant, & dont les syllabes sont separées & éloignées les vnes des autres par la Notte & par la maniere de Chanter qui les y oblige.

En vn mot, il faut que celuy qui chante soit toûjours en crainte de ne pas assez articuler les syllabes, & qu'ainsi les Auditeurs ne goustent qu'à demy le plaisir du Chant, & que ce plaisir ne soit troublé par le chagrin de n'entendre pas assez distinctement les Paroles, & pour ainsi dire par le soin de les deuiner. Venons donc à celles qui demandent plus d'obseruation, & premierement à l'*r*, qui est la plus considerable dans le Chant François.

De l'R.

ARTICLE I.

L'R se peut considerer en plusieurs manieres, ou comme *Liquide* (c'est le mot de la Grammaire) c'est à dire lors qu'elle suit vne autre Consone dans la mesme syllabe, comme dans les mots de *grace, crainte, feindre, prendre, &c.* ou comme capitale, ie veux dire la premiere Lettre d'vn mot, *Rien, Regner, Raison*, ou comme finale, *aimer, soûpir*, ou comme precedant vne autre Consone, *parfait, pourquoy*, ou comme n'en precedant point, mais placée entre deux Voyelles, *colere, miserable, pareil, &c.* Dans toutes ces manieres, voicy les remarques que l'on peut faire, qui sont d'autant plus considerables, qu'elles sont frequentes dans le Chant.

Premierement, il faut tenir pour maxime, que toute *r*, qui est entre deux Voyelles ne se doit prononcer que simplement & sans affectation, & tout au contraire toute *r* qui n'est point encore deux Voyelles, mais qui suit immediatement vne Confone, ou qui la precede, doit eftre prononcée auec plus de force, & comme s'il y en auoit deux, ou mefme plufieurs, felon que le mot demande plus ou moins d'expreffion ; defortequequel'*r* de *mortel* fe doit prononcer auec poids, là où celle de *mourir* (c'eft à dire la premiere & non la derniere, dont ie parleray dans le Chapitre des Finales) qui femble demander la mefme expreffion, puis que c'eft en quelque façon le mefme mot, ne fe doit prononcer que fort legerement, parce que celle-là precede vne Confone, & celle-cy eft entre deux Voyelles.

2. Quoy que cette maxime foit generale pour toutes les *r*, jointes à d'autres Confones, elle a encore plus de lieu pour les *r* qui precedent les Confones, que pour celles qui les fuiuent en qualité de *liquides* ; de forte que l'on doit encore plus appuyer l'*r* de ces mots, *pourquoy, pardon, charmant*, que de ceux-cy, *prendre, crainte, agreable*, &c. à moins que l'expreffion oblige à les appuyer fortement, comme il paroift dans le mot de *Cruelle*.

3. Il faut soigneusement remarquer si les mots où il se rencontre de ces sortes d'r, demandent vne force d'expression qui soit veritable, & non apparente; car en ce cas il faut plus ou moins appuyer l'r. Par le mot d'*Expression*, i'entens *Interrogation* pressante, comme, *Pourquoy faut-il, Belle l'rhum aine?* injure, inuectiue, reproche, comme,

Si l'Ingrate ne m'aime pas.
page 44. du Liure in 4.

Vne Ingrate qu'on aime.
page 5. du 1. Liure in 8.

Mais, quoy? la Cruelle qu'elle est.
page 66. du Liure in 4.

Mesme pour la simple signification du mot, comme,

Parlons, il n'est plus temps de feindre.
page 4. du mesme Liure.

Dans lequel mot de *parlons*, il faut d'autant plus de soin pour la prononciation de l'r, qu'elle se rencontre deuant vne *l*, qui donne de la difficulté à plusieurs pour bien prononcer l'r. Il faut, dis-je, bien prendre garde si l'expression est veritable pour le sens, comme on void par les Exemples precedens, & non pour le mot; car en ce cas l'r de ces mots, *cruelle, ingrate, tourment,* pourroit n'estre pas prononcée auec tant de force, Exemples,

Mon cœur ne sent plus de tourment.

Philis n'est plus ingrate à mes desirs.

Elle a banny la cruauté.

Par lesquels Exemples, on void que la negatiue diminuë la force de l'r (car bien qu'il ne paroisse pas de negatiue dans le troisiéme Exemple, elle est assez sous-entenduë par les mots precedens, qui équiualent ceux-cy : *Elle n'a plus de cruauté.*

4. Il faut encore prononcer l'r auec assez de force lors qu'elle est Capitale, ie veux dire qu'elle commence le mot, comme *Rien, Respect, Rendons,* & toûjours auec la mesme précaution que dans les r qui sont jointes aux autres Consones, c'est à dire plus ou moins,

selon que l'expression le merite, comme il arriue dans les mots de *rigueur*, *reuolte*, & autres qui ont plus de poids (pourueu que le sens ne s'y oppose pas comme i'ay dit) que ceux-cy, *reciter*, *ranger*, *raison*, *rappeller*, *redire*, *raconter*, &c.

5. Pour ce qui est de l'*r* finale, il y a bien de la dispute parmy ceux qui chantent principalement pour les *r* des infinitifs des Verbes, soit en *er*, ou en *ir*, comme *aimer*, *dormir*, *donner*, *souffrir*, &c. Mille Gens qui confondent le fort & le rude, le doux & le fade, veulent absolument supprimer ces sortes d'*r*, & se fondent sur ce que dans le langage familier on ne les prononce en aucune maniere, à moins que dans le Parisien vulgaire pour les infinitifs en *ir*, *sortir*, *mourir*, ou dans le Normand pour les verbes qui se terminent en *er*, comme *manger*, *quitter*. D'autres veulent absolument qu'on les prononce en toutes rencontres, & d'autres que l'on y garde de certaines mesures.

Ie suis de l'auis de ceux-cy, & ie pretens que c'est vne erreur, de vouloir entierement supprimer l'*r*, sans laquelle non seulement la Declamation est fade

& sans force, mais encore le sens en est équiuoque, comme par exemple dans le premier Liure des Airs in 8. page 40. si l'on ne prononçoit l'r de *celer*, on pourroit prendre l'vn pour l'autre, c'est à dire *vn bien de celé*, au lieu de *vn bien de celer*. Dans le mesme Liure de la seconde Edition, page 68. pour peu que l'on neglige la prononciation de *sçauez*, comme cela se peut facilement, on entendra *vous auez donné de l'amour*, au lieu de *vous sçauez donner de l'amour*, si l'on manque à prononcer l'r de *donner*. Aussi est-ce vne erreur de vouloir prononcer l'r auec force dans les infinitifs des verbes, lors que la Chanson n'en vaut pas la peine, comme il peut arriuer dans les *Vaudeuilles*, & il faut en ce rencontre vser de prudence, & se tenir dans vne certaine mediocrité, & vn milieu qui fasse que la Prononciation ne soit ny trop rude, ny trop fade.

Mais ie soûtiens qu'il y a des endroits où l'r finale des verbes se doit prononcer auec autant de force d'expression qu'aux autres r dont i'ay parlé cy-deuant, moyennant que cette r ne soit pas suiuie d'vn mot qui commence par vne Voyelle, en quel cas l'*r* se prononce comme les autres cy-dessus mentionnées qui se trouuent entre deux Voyelles; ce qui ne se fait pas dans le langage familier, où l'on supprime entierement l'*r* finale des verbes, quoy qu'il suiue vne Voyelle. Exemple des *r* finales des verbes qui demandent d'estre appuyées fortement. Dans le second Liure in 8. page 78. l'*r* finale du mot de *forcer*, est de ce nombre; ainsi que celle de *toucher*, dans ces mots, *à toucher vos Lyons*, de l'Air, *Antres affreux*, &c. & autres dont l'expression doit estre la regle.

Pour conclusion, il est toûjours plus seur de prononcer l'*r* finale des verbes, que de la supprimer; mais pour ce qui est des noms, comme *Berger, soûpir, leger*, bien que dans le langage familier souuent l'*r* du premier soit suprimée, & iamais celle du second, la loy est égale pour la prononcer dans tous ces trois mots; & generalement dans tous les noms qui finissent par vn *r*, comme *cœur, langueur, amour*, &c. comme on remarque dans les Vers suiuans, où quand ce ne seroit que pour la rime, on est obligé de faire sonner également l'r.

O l'excuse legere, d'vn esprit trop leger,
Pardonne ma Bergere à son Berger.

Quant à l'r comme liquide, i'en parleray dans l'Article suiuant.

De l'L.

ARTICLE II.

ON doit faire les mesmes remarques sur l'*l*, que sur l'*r*, & dire que toute *l* entre deux Voyelles, mesme vne double *l* ne se prononce que legerement, comme *celer, cruelle, belle,* au lieu que la plufpart appuyent fortement les deux *ll* du mot de *belle*; & tout au contraire vne *l* qui precede vne Consone, se prononce comme s'il y en auoit deux, principalement quand il y a de l'expression, comme il s'en rencontre peu d'exemples, de sorte que l'on ne sçauroit trop appuyer l'*l* de *malgré, reuolter,* mesme du mot de *Siluie,* & autres semblables.

Quant à la prononciation de l'*l* finale, il n'y a que le monosyllabe *il* qui fasse naistre quelque doute, sçauoir si en chantant on en doit faire sonner l'*l*, lors qu'il suit vne Consone, ce qui ne se fait point dans le langage familier; car pour les autres *l* finales, il n'y a point de doute qu'il faut les appuyer. Pour moy ie tiens que mesme dans ce monosyllabe on doit faire sonner *l* dans le Chant pour le rendre plus solide, à l'exception toutesfois de certains endroits qui n'en valent pas la peine, ie veux dire dans les Chansonnettes, soit Vaudeuilles, ou autres semblables bagatelles qui veulent estre chantées auec peu d'affectation.

On peut donc seurement supprimer l'*l* de ces mots du 1. Liure d'Airs in 8. page 57. *En faut-il dauantage*, parce qu'il s'agit d'vn Chant de *Gauotte*, mais non pas de ceux-cy.

Pourquoy faut-il, Belle inhumaine.

Que me sert-il d'estre fidelle.

Puis que ie brusle, il se faut plaindre.

Qui font des Airs plus ferieux, & qui demandent plus de force d'expreſſion.

Il y a meſme des endroits où l'on doit appuyer l'*l* deuant vne Conſone dans le monoſyllabe pour éuiter l'équiuoque meſme dans les moindres bagatelles, autrement on prendroit ſouuent *y* pour *il*, & *qui* pour *qu'il*, ſi l'on ſuprimoit l'*l*, en diſant *qui ſeroit doux*, au lieu de *qu'il ſeroit doux*. Il faut donc en cela vſer de prudence, & ſe ménager pour cette prononciation que l'on peut nommer vn peu *vetilleuſe* & *bizarre*, à l'égard du Chant.

Pour ce qui eſt de l'*r* & de l'*l* liquides, c'eſt à dire lors qu'elles ſuiuent vne autre Conſone dans la meſme ſyllabe, il arriue vn defaut tres-commun, & à quoy on doit bien prendre garde, qui eſt que par vne moleſſe & vne nonchalance ridicule on la diuiſe ſouuent, & l'on en fait inſenſiblement deux ſyllabes, comme s'il y auoit vn *e*, en diſant *pelaiſir* pour *plaiſir*, *pereſſé* pour *preſſé*, *beruſler* pour *bruſler*; Ce defaut ſe remarque aiſément dans les endroits où il ſe rencontre deux ou pluſieurs Nottes en deſcendant, car ſans y penſer on met la moitié de la syllabe (qui doit estre vnique) sur la premiere Notte, & l'autre moitié sur les suiuantes. Il y en a vn Exemple de l'vne & l'autre dans la page 74. du second Liure in 8. des Airs grauez, sur le mot de *plaindray*, où faute de serrer de pres l'*l* auec le *p*, on fait comme s'il y auoit *pe-lain*, mettant le *sol* sur *pe*, & le *fa* sur *lain* (qui n'est toutesfois qu'vne mesme syllabe) ainsi que sur *dray*, en disant *de-ray*, & mettant la Notte *re* sur *de*, & l'*vt* sur *ray*, par vne prononciation molle & nonchalante.

Cet Exemple suffit pour mille autres endroits semblables qui se rencontrent dans les Airs. Il faut donc auoir grand soin de serrer l'*r* & l'*l* auec la Consone qui les precede, de peur qu'vne syllabe ne paroisse coupée en deux.

Ce defaut se remarque encore dans les syllabes, où l'*r*, ou l'*l*, & mesmes quelques autres Lettres de l'Alphabet, precedent vne Consone, & que par vne nonchalance semblable à celle dont ie viens de parler, on glisse insensiblement vne maniere de *e* entre deux, & l'on dit sans y penser *parefaitement* pour *parfaitement*, *Perintemps* pour *Printemps*, *malegré* pour *malgré*, *reſſepect* pour *reſpect*, *inſepire* pour *inſpire*, *ademirer* pour *admirer*; lequel defaut ſe remarque évidemment lorſqu'il y a comme j'ay déja dit deux ou pluſieurs Nottes en deſcendant, & qu'il ſemble que l'on coupe vne ſyllabe en deux, mettant vne moitié ſur la premiere Notte, & l'autre ſur les ſuiuantes.

De l'N.

ARTICLE III.

DE toutes les Conſones, il n'y en a point qui contribuë dauantage à l'agrément du Chant que l'*n*, particulierement lors qu'elle eſt jointe auec vn *u*, ou vn *e* qui la precedent : cependant il ſemble que cela ne deuroit pas eſtre, par la raiſon que comme le Chant du nez eſt celuy de tous qui choque le plus, cette Conſone ne ſe peut autrement prononcer que du nez, & c'eſt la ſeule de l'Alphabet qui a ce defaut, ſi on le doit appeller tel, puis que dans elle ce n'en eſt point vn, mais pluſtoſt vn agrément. Si quelqu'vn doute de cette verité, il en peut faire l'épreuue, & se bouchant le nez, nommer toutes les Lettres de l'Alphabet, & il verra que l'*n* y va toute entiere ; Aussi auant que de passer plus outre, ie diray que c'est vn defaut tres-considerable, & duquel toutesfois on ne s'apperçoit gueres à moins que d'y prendre garde de bien pres, de glisser insensiblement vne espece de *n* auant certaines Consones, sur tout auant le *d*, ce qui s'appelle veritablement Chanter du nez. Ce defaut se remarque particulierement lors qu'il y a vn *Accent* ou *Plainte* à faire entre la Voyelle qui precede le *d*, comme par exemple dans la derniere syllabe du mot de *partez*, page 73. du second Liure in 8. on fait sans y penser vne maniere de *n*, ou plutost vn son du nez en suite de l'accent, auant que de prononcer le *d* du mot suiuant de *donc*.

Il y en a encore vn Exemple dans le premier Liure in 8. page 64. sur toutes les trois repetitions de ces mots, *est de n'auoir*, en glissant aussi cette maniere de *n* entre le mot de *est* & le *d* suiuant, on en peut donner cent autres Exemples, & il n'y a presque pas d'Air, où cette méchante prononciation ne puisse auoir lieu, à quoy peu de Maistres prennent garde.

Cette faute est quasi semblable à celle qui se fait lors que pour commencer à Chanter par certaines Consones capitales, comme par vn *P*, vn *B*, vne *F*, on debute par vne autre méchante habitude, ie veux dire par vn *on*, auant que de les former; de sorte que au lieu de dire *Pourquoy*, ou *Beaux yeux*, ou *Faut-il*, on dit comme *on Pourquoy*, *on Faut-il*, *on Beaux yeux*, qui est vn debut le plus desagreable du monde, & c'est ce qui s'appelle précisement Chanter du nez; mais lors qu'il y a veritablement vne *n*, on ne peut pas y trouuer à redire, & l'on peut dire que cette Lettre est priuilegiée en ce rencontre.

Cette Consone a encore vn priuilege fort considerable, qui est de rendre la syllabe longue, lors qu'elle se rencontre apres la Voyelle, & non deuant, comme dans ces mots *languir, encor, bonté*, & non pas dans ceux-cy, *n'auoir, punir, donner* (nonobstant la double *n*) de laquelle obseruation ie parleray plus amplement dans la Troisiéme Partie de ce Traité.

L'*n* est donc vne Lettre qui contribuë fort à l'agrément du Chant, quand elle est suiuie d'vne Voyelle, & principalement de l'*e*, comme i'ay déja dit en parlant des Voyelles, pourueu qu'on ne l'appuye pas auec fermeté (comme font certains Prouinciaux) & qu'on ne fasse que l'efleurer, comme si on la vouloit cajoler, cette Consone voulant estre traitée auec flatterie & douceur, au lieu que l'*r* demande de la force & de la vigueur, & veut estre pour ainsi dire *gourmandée*, à moins qu'elle soit entre deux Voyelles.

Il y a des Exemples particulieres pour la prononciation de cette lettre, & qui ne suiuent point du tout son ortographe; mais c'est aux Grammairiens à en parler. Tout ce que i'en diray, c'est qu'il faut bien prendre garde de dire comme plusieurs font, *enuy, enuyeux*, pour *ennuy* & *ennuyeux*, qui se prononcent presque comme s'il y auoit vn *a* au lieu d'vn *e*; & toutefois il n'en est pas de mesme du mot de *ennemis*, que l'on prononce comme s'il n'y auoit qu'vne simple *n* apres l'*e*, qui ne perd point sa prononciation, & ne se change point en *a*. Pour ce qui est de l'*n* finale de ces mots *bien*, *rien*, c'est encore aux Grammairiens à en parler, & dire que l'on appuye fort l'*n* finale, lors qu'il suit vn mot qui commence par vne Voyelle, comme en ces mots, *bien auant*, quoy que d'ordinaire on ne la frape point ; mais au lieu de changer l'*e* en *a* (comme il le faut presque toûjours quand il se trouue joint à l'*n*) on met vn *i* entre l'*e* & l'*n*, & l'on dit *biein* & *riein*, principalement quand on y arreste, & que les mots ne sont pas liez necessairement auec d'autres.

CHAPITRE VI.

De la Suspension des Consones, auant que de faire sonner la Voyelle qui les suit.

IL y a vne Prononciation qui est tout à fait particuliere au Chant & à la Declamation, qui se fait lors que pour donner plus de force à l'Expression, on appuye de certaines Consones, auant que de former la Voyelle qui les suit; ce que l'on a bien voulu nommer, *gronder*.

De toutes les Consones qui se grondent (pour se seruir de ce mot) l'*m* est la plus considerable, & dans laquelle cette espece de Prononciation paroist dauantage, à cause qu'elle se prononce tout à fait des levres, lesquelles on tient quelque temps assemblées, auant que de faire sonner la Voyelle dans ces mots, *mourir, malheureux, miserable*, lesquels mots sont tres-frequens dans le Chant François.

Il faut toutesfois bien prendre garde que le sens ne s'oppose pas à cette sorte de Prononciation, comme il arriue dans les negatiues. Exemple dans le Liure in 4. page 67.

Ie ne veux mourir, ny changer.

Il est constant que l'm de *mourir*, en ce rencontre, ne doit point estre prononcée auec cette affectation, par la raison de la negatiue, conformement à ce que i'ay dit en parlant de l'r, (& mesme en parlant des fausses Expressions) mais bien dans les Exemples suiuans.

I'aime mieux mourir que changer.

I'ay bien dû songer à mourir.

Ie meurs, vous le voyez.

A quoy se peuuent rapporter toutes les *m* suiuantes.

Ah! qu'il est malaisé.

Dans la page 5. du premier Liure in 8

Apres mille rigueurs.
page 73. du 2. Liure in 8.

Venez heureux moment.
De l'Air, *Ah! qui peut,* &c.

C'eſt à dire la premiere *m* de *moment*, & non pas l'autre qui eſt entre deux voyelles.

Vn Cœur amoureux & tendre.
page 28. du ſecond Liure in 8.

Les mortelles atteintes d'vn malheureux Amant.

Page 39. du 2. Liure in 8. i'entens les deux *m* de *mortelles* & de *malheureux*.

Faut-il que malgré ma raiſon.

Ie n'ay qu'vn mot à dire.

Voila pour ce qui regarde l'*m*, & ce qui ſe doit regler, ſuiuant le bon gouſt, & ne pas faire ces ſortes d'affectations que bien à propos.

Mais il y a encore d'autres Consons qui peuuent estre appuyées de cette maniere, comme l'*f* dans le mot d' *infidelle* & de *enfin*; l'*n* dans le mot de *non*, dans les Exemples suiuans.

Puis que Philis est infidelle.

Enfin vostre rigueur, &c.

Non, ie ne pretens pas.

Non, vous ne m'aimez pas, Climene.

Mesme quelquefois l'*ſ*, comme par exemple dans le mot de *seuere*.

Plus ie vous aime, helas! plus vous m'estes seuere.

Comme aussi l'*j* consone, & l'*v*, dans ces mots, *jamais, vous, volage,*

Ne m'en parle jamais.

Quoy, me quitter? vous que i'adore?

Vn perfide, vn volage.

de bien Chanter. 311

A toucher vos Lions, vos Tigres, & vos Ours.

Veulent estre appuyées, & toûjours auec cette précaution, qu'il y ait quelque expression veritable & non apparente ; car il n'y auroit rien de plus ridicule que de prononcer toûjours l'*v* de *vous*, de *vos*, & de *volage*, auec affectation, ainsi que de *seuere*, & mesme (comme i'ay déja dit) les mots de *mourir*, ou de *malheureux*, supposé qu'il y eust vn sens contraire à cette sorte d'affectation, comme il paroist dans ces Exemples.

Ie ne veux point mourir.

Ie ne suis pas trop malheureux.

CHAPITRE VII.

De la Prononciation des Consones finales.

J'Ay parlé cy-deuant de l'r finale; i'ay mesme dit quelque chose en passant de l'*n* & de l'*l*; & pour ce qui est des autres, à sçauoir de l'*s*, du *t*, & du *z*, i'en parleray autant qu'il sera vtile pour ce qui concerne le Chant, en faisant remarquer par des Exemples les defauts qui se rencontrent dans la prononciation de ces finales, & renuoyant le surplus aux Grammairiens. Commençons par l'*s* finale, & faisons remarquer autant que faire se pourra, les abus qui se commettent dans la prononciation de cette Consone, se rapportant toûjours au jugement de celuy qui a le bon goust.

Il ne faut point prononcer l'*s* finale sans necessité (quand ie dis l'*s*, ie parle

aussi

aussi de l'*x* & du *z*, lors qu'ils ont la mesme prononciation) comme pour distinguer le singulier d'auec le pluriel en certains rencontres; pour éuiter la cacophonie; pour faire mieux entendre les Paroles, sans quoy elles seroient souuent équiuoques, qui est la raison la plus essentielle; ou parce qu'il suit vn mot qui commence par vne Voyelle, & autres semblables raisons, dont le bon goust doit estre le juge. Voicy des Exemples qui peuuent seruir aux endroits qui se trouueront semblables, par lesquels l'on peut juger que la prononciation de l'*s* finale est bien autre dans le Chant & dans la Declamation, qu'elle n'est dans le langage familier, où souuent elle n'a aucun son.

Mon ame faisons vn effort.

Parlons, il n'est plus temps de feindre.

L'*s* finale de *faisons* se prononce comme vn *z*, quoy qu'on la suprime dans le langage ordinaire, ainsi que celle de *parlons*, là où celle de *temps* ne se prononce point à cause qu'elle precede vne

Consone, & qu'il n'y a pas de necessité de la faire sonner,

si ie pers le respect, ie pers aussi la vie.

L's du premier *pers* ne se prononce point du tout, & dans le second elle se prononce à peu pres comme vn z, à cause de la Voyelle qui la suit; & cependant dans le langage ordinaire on la suprime également en tous les deux, ce qui est fort commun dans le Chant à l'égard du mot de *toûjours*, duquel la pluspart suppriment l's lors qu'il suit vne Voyelle, & disent *toûjour auec elle*, & toutesfois il n'en est pas de mesme que dans l'exemple precedent, où l'on prononce l'r & l's de *pers*, là où dans le mot de *toûjours* on supprime l'r, & l'on dit *toûjouz auec elle*, par vne bizarrerie de la Langue Françoise, qui souuent n'est fondée que sur l'vsage. Toutesfois il faut prendre garde que bien que dans le mot de *toûjours* on supprime l'r & l's, soit dans le Chant, lors qu'il ne suit point de Voyelle, il faut en excepter les endroits où il sert de rime aux mots où l'on est obligé de tout prononcer, comme *amours, courts*, lequel embarras fait que l'on devroit bien éviter ces sortes de rimes dans la Poësie Françoise. Voicy d'autres Exemples tirez des Livres gravez.

Sans crainte des rigueurs découvrir leur martyre.

Inutiles pensers d'abandonner Silvie.

Apres mille tourmens soufferts.

Lors que pour me contenter.

Dans lesquels l's se doit prononcer; ce qui est fort commun, lors qu'elle est jointe à l'r, bien que dans le parler ordinaire on en vse autrement : Il arriue pourtant des endroits, où il ne la faut pas faire sonner, comme par exemple, *vos rigueurs m'ont banny*, en quoy on ne peut trouuer de raison solide, si ce n'est en disant que dans les autres Exemples on a égard au repos du Vers, qui est asseurément vne raison pertinente pour faire sonner l's, comme dans cet Exemple,

Que viure en d'autres lieux le plus content du monde.

Où l'*x* qui se prononce comme vne *s* doit estre frapé, mais le mieux est de raporter ces choses au goust des Experts. Il y a vne autre difficulté pour l'Article pluriel de *ils*, dont on suprime l'*l* & l'*s* dans le langage ordinaire, & cependant on les peut conseruer dans certains endroits du Chant, lors qu'il suit vne Voyelle.

Ce que ie viens de dire à l'occasion du mot de *toûjours*, peut encore s'appliquer au mot de *Bergers*, lors qu'il precede vn mot qui commence par vne Voyelle; de maniere qu'il faut suprimer l'*r*, & dire, *Que les Bergez auecque les Bergeres*; mais lors qu'il precede vne Consone, il faut pour l'ordinaire suprimer non seulement l'*r*, mais mesme l'*s*; ce qui se pratique encore dans le mot de *Rochers*, dans les Exemples suiuans,

Que ces Bergers viuent contens.

Tous Rochers que vous estes.

On prononce ces mots *Rochers* & *Bergers*,

comme s'il y auoit vn double e *Rochée*, & *Bergée*, principalement dans les petits Airs, Gauottes, Sarabandes, &c. & tout au contraire dans le singulier de ces deux mots, on suprime rarement l'*r*, soit qu'elle precede vne Voyelle ou vne Consone, ce qui paroist assez bizarre dans la prononciation ; de sorte qu'il est toûjours plus à propos de faire sonner l'*r* dans les Exemples suiuans, que de la retrancher.

Pardonne à ton Berger.

Vn Berger de ce Village.

Rocher, témoin fidelle.

Autrement on douteroit si le mot de *Rocher* seroit pluriel ou singulier, principalement lors que la longueur de la Notte oblige à tenir la derniere syllabe de ce mot longue.

Ie ne veux pas oublier vn Exemple qui fait voir que pour oster l'équiuoque, & pour ne pas prendre vn mot pour l'autre, on est obligé de prononcer l'*r* & l'*s* dans le mot de *pensers*, à moins que

de le confondre auec son feminin, &
dire,

Inutiles pensées,

Au lieu de

Inutiles pensers.

Ce qui feroit vn tres-mauuais effet, non seulement pour la prononciation, mais pour le Vers qui seroit trop long d'vn pied, en faisant trois syllabes pour deux.

Il y a encore vne autre *s* qu'il faut bien prendre garde de retrancher, comme faisoit vn grand Maistre en Chant, mais vn veritable Ecolier en François; c'est dans le mot de *crus*, qui est l'*aoriste* de *croit*, lequel il confondoit fort mal à propos auec *crû*, en disant, *I'ay crû en vous quittant*, au lieu de, *Ie crus en vous quittant*, faute de prononcer l'*s*, & ainsi il rendoit le Vers defectueux par vne cacophonie.

Vne des principales raisons qui oblige de prononcer l'*s* finale, c'est afin de distinguer les pluriels d'auec les singuliers, sans laquelle ils seroient souuent pris l'vn pour l'autre, comme il est aisé de voir dans les Exemples suiuans.

Fleurs qui naissez sous les pas de Siluie.

Arbres, Rochers, doux & charmans Zephirs.

Le tout conformément à la mesure; car si par exemple la mesure estoit trop precipitée, comme il peut arriuer dans certains petits Airs de mouuement il faudroit plutost supprimer l's de *Arbres*, que de rompre la mesure dans cet Exemple de Sarabande.

Arbres, Rochers, aimable solitude.

Il faut donc auoir soin de prononcer l's des deux premiers Exemples, soit qu'on reprenne son haleine, ou qu'on ne la reprenne point : Ie dis cecy, parce que souuent la Prononciation dépend de cette circonstance, & telle finale sera supprimée fort à propos, lors que l'on ne reprend point son haleine, qui ne le seroit pas si on la reprenoit. Comme on peut remarquer dans ces Exemples.

Au secours ma raison.

Quel bruit sous ce Tombeau.

Si ie pers le respect.

Et l'on n'a droit de me charmer.
Page 17. du 2. Liure in 8.

La finale de ces quatre mots, *pers*, *secours*, *bruit*, *droit*, se doit prononcer, si l'on ne les joint pas d'vne mesme haleine auec ce qui suit, comme souuent cela est libre dans le Chant, à quoy ie joins l'exemple suiuant, tiré de la page 76. du 2. Liure des Airs in 8.

Ie veux briser mes fers, ie veux, &c.

Dans lequel Exemple on peut remarquer deux choses. La premiere, que si l'on se repose apres le mot de *fers*, il faut prononcer l's, là où si l'on joint ce mot auec ce qui suit, on doit la suprimer. La seconde remarque, est que le pronom de *mes* sert de fondement à cette suppression, parce que par cette particule le pluriel est assez exprimé, sans qu'il soit besoin de le reiterer par la prononciation de l's de *fers*, ce qui n'est pas dans l'Exemple que i'ay cité.

Fleurs qui naissez, &c.

Où le mot de *fleurs* estant seul, on pourroit douter s'il seroit pluriel ou singulier, si l'on ne prononçoit l's mesme en continuant de la mesme haleine, duquel doute on est deliuré par l'Article de *les* dans l'Exemple suiuant.

Les fleurs qui naissent dans la plaine.

Ainsi l'on est dispensé de prononcer l's, pouruu que l'on ne reprenne point son haleine ; mais au contraire il y a des finales que l'on peut & que l'on doit prononcer lors qu'on les joint d'vne mesme haleine auec ce qui suit, & qui se doiuent retrancher lors qu'on la reprend. Exemples, page 67. du second Liure in 8.

Ie parois si content, Iris, quand ie vous voy.

Et dans la page 50. du mesme Liure,
Il faut endurer constamment vn long tourment.

Le *t* de *content* & de *constamment*, se doit fraper si l'on passe aux Voyelles suiuantes d'vne mesme haleine, là où si l'on se repose, on n'est point obligé de le prononcer; aussi cette regle est plus particuliere pour le *t*, que pour les autres Consones.

Pour ce qui est de l'*l* finale, elle se prononce toûjours dans le Chant, mesme dans les mots *il faut*, il est bon de faire sonner l'*l*, ce qui ne se fait pas dans le langage commun, celuy du Chant ne permettant pas qu'on diminuë de sa force, par le retranchement de certaines Lettres qui luy sont vtiles.

Pour le *t* il n'y a rien de particulier, & l'on suit la prononciation qui est receuë dans le François ordinaire, si ce n'est lors qu'il suit vne r, dans les mots de *fort*, *mort*, *tard*, (où le *d* se prononce comme vn *t*) & que le mot suiuant commence par vne Voyelle, car en ce cas il faut faire sonner le *t*, & dire,

Que voſtre ſort eſt doux.

Que le ſort eſt rigoureux.

La mort a finy ſon martire.

Et non pas comme pluſieurs,

Que voſtre ſor eſt doux.

Que le ſor eſt rigoureux.

La mor a finy ſon martires

Se fondans mal à propos, ſur ce que cette derniere maniere de prononcer eſt bien plus douce que l'autre, comme s'il n'y auoit que la ſimple douceur à conſiderer dans le Chant, ou dans la Declamation, & que la force ne fuſt comptée pour rien.

Il y a encore vne remarque à faire pour le *c*, dans le mot de *auec*, à la prononciation duquel pluſieurs ſe trompent en le voulant ſupprimer, conformément au Pariſien vulgaire, qui eſt vne erreur preſque ſemblable à la precedente : Il ne faut donc pas dire dans la prononciation qui se pratique dans le Chant, *auê vous*, ny *auê luy*, mais faire sonner le *c*, malgré ces delicats, qui comme i'ay dit plusieurs fois, confondent la qualité de *rude* auec celle de *fort*, & celle de *doux* auec celle de *fade*, de *badin* & de *puerile*.

Voila à peu pres les remarques qui se peuuent faire dans la Prononciation, à l'égard du Chant François ; que s'il y en a d'autres, elles dépendent tout à fait du bon goust sans que l'on puisse en donner de regles certaines. Ie sçay qu'il se fait des fautes contre la Prononciation du Chant, outre celles que i'ay marquées ; mais elles sont si grossieres qu'elles ne valent pas qu'on s'y arreste. Il y en a pourtant vne que ie ne veux pas obmettre, puis que les Maistres mesmes n'en sont pas exempts, qui est de reprendre son haleine apres vne finale qui est jointe par élision au mot suiuant, lors qu'il commence par vne Voyelle, en disant.

Ila de sa Berger' attiré le couroux.

Page 77. du Liure in 8. C'est à dire en se reposant apres le mot de *Bergere*, au lieu de les joindre de la mesme haleine auec celuy de *attiré*, lesquels par le moyen de l'élision ne sont qu'vn mesme mot. En voicy encore vn Exemple du 2. Liure in 8. page 56.

Vostre cœur s'en offence, injuste comme il est.

Lors que l'on manque à joindre le mot de *offence*, auec celuy de *injuste*, & que l'on dit seulement d'vne haleine, *Vostre cœur s'en offenc'*, & le reste du Vers d'vne autre haleine, qui est vne faute aussi grossiere, que si l'on se reposoit au milieu d'vn mot de plusieurs syllabes, puis que comme ie viens de dire l'*élision* fait que deux mots ne sont qu'vn mesme mot.

Ceux qui sont sujets à reprendre souuent leur haleine, tombent encore sans y penser dans le defaut de joindre vne Consone finale auec la Voyelle du mot suiuant, en disant à deux fois ces mots, qui sont dans la page 68. du 2. Liure in 8.

Que vous estes aimable.

Et joignant l's auec le mot suiuant de la seconde haleine, c'est à dire en prononçant, comme s'il y auoit,

Que vous este-zaimable.

Mais ce defaut est trop grossier, pour croire que les Maistres du Chant y puissent tomber : tout ce qu'on peut dire, c'est que souuent sans y penser ils ne le corrigent pas dans leurs Disciples, & le laissent passer sans y faire reflexion.

Fin de la seconde Partie.

DE L'APPLICATION
du Chant aux Paroles Françoises, pour ce qui regarde la Quantité.

TROISIESME PARTIE.

CHAPITRE PREMIER.
De la Quantité des Syllabes en general.

JE ne puis assez admirer l'aueuglement de mille Gens, mesme Gens d'esprit & de merite, qui croyent que dans la Langue Françoise il n'y a point de Quantité, & que d'établir des longues & des bréfves, c'est vne pure imagination. Ils disent que cela n'appartient qu'à la Langue Latine, & que les Regles de la Françoise ne sont fondées que sur la rime & sur le nombre des syllabes, sans considerer si ces syllabes sont plus ou moins longues ou bréfves. Il faut demeurer d'accord auec eux, que la Poësie Françoise n'a aucun égard à la Quantité des syllabes, quant à la composition, pourueu que la rime soit conseruée; mais s'il est question de reciter agreablement des Vers, les Chanter, mesme les declamer, il est certain qu'il y a des longues & des bréfves à obseruer, non seulement dans la Poësie, mais aussi dans la Prose; de sorte qu'elles n'ont en ce rencontre aucune difference l'vne de l'autre.

Or il faut remarquer qu'en établissant des longues & des bréfves, ie ne pretens point parler de la composition des Ouurages, soit en Prose, soit en Vers, mais seulement de la Declamation; & lors qu'il est question de les faire valoir en public, & leur donner le poids qui leur est necessaire; & comme le Chant est vne espece de Declamation, comme i'ay dit cy-deuant, il ne faut point douter que l'on n'ait grand égard à la Quantité des syllabes, sans laquelle le Chant seroit fort imparfait.

Il y a donc deux especes de Quantité, l'vne qui se rencontre dans la composition, qui n'est propre qu'aux Vers Grecs ou Latins, & non aux François (pourueu que la rime y soit conseruée, comme i'ay déja dit) & l'autre qui ne regarde seulement que la Prononciation, & qui est tellement détachée de l'autre, que telle syllabe peut-estre bréfve dans la composition des Vers François, & mesme des Vers Latins, qui sera longue, lors qu'il sera question de les reciter auec la grace qui leur est necessaire. (*Nota*, qu'en disant qu'il y a des syllabes longues & bréfves dans les Vers François, cela s'entend seulement de la rime, dont la seuerité fait differer des penultiémes de feminins qui seroient égales pour la Quantité dans le Chant, comme ie diray en son lieu, à l'occasion de certains mots, comme *cruelle* & *mesle*, *merite* & *viste*.)

Pour découurir cette verité, on n'a qu'à remarquer que de tous les mots Latins de deux syllabes ont leur penultiéme longue, lors qu'on les veut reciter agreablement; & cependant il y en a mille dont la penultiéme est bréfve quant à la composition du Vers, comme par exemple,

Arma virumque cano.

La premiere syllabe de *cano* est bréfve, à l'égard du Vers, & cependant pour le bien reciter, il faut appuyer cette mesme syllabe & la faire longue.

Pour mieux découurir cette verité, ie fais la comparaison du mot Latin *fiat*, qui vient du verbe *fieri*, auec celuy de *via*: Y a-t'il rien qui semble si bref, que la premiere syllabe du premier mot quant à la Prononciation? & n'est-il pas vray que celle de *via* paroist mesme vn peu plus longue? toutesfois il n'y a que la premiere qui soit longue quant à la Poësie; mais pour la Declamation elles le sont toutes deux.

Il est donc constant que dans le langage François il y a des longues & des bréfves, sans considerer s'il est joint à la Musique ou non ; mais outre les Obseruations des Regles generales de la Quantité, il y en a de particulieres pour le Chant, qui sont fort inconnuës à toutes sortes de Personnes, non seulement aux Musiciens, mais mesme comme i'ay déja dit aux Sçauans dans la

Poësie, ou dans la Prose, qui souuent ne veulent pas se rendre aux Regles qui en sont établies, soit par présomption, ou par opiniastreté; au lieu que dans les premiers c'est vne ignorance toute pure dont on ne peut quasi les guerir, faute d'étude ou de bon sens, & pour ne pouuoir pas souuent connoistre vne Consone d'auec vne Voyelle.

Il faut aussi remarquer que bien que ces sortes d'Obseruations se doiuent pratiquer non seulement dans l'execution du Chant, mais à plus forte raison dans la composition d'vne Piece de Musique faite sur des Paroles Françoises: On n'est pas toûjours si exact à marquer sur le papier les Nottes longues & bréves, conformément à celles qui se rencontrent dans le langage, que pour la grace de la mesure on ne marque quelquefois vne Notte bréfve, qui toutesfois répondra à vne syllabe longue, laissant à celuy qui a vne connoissance parfaite de la Quantité, à remedier à cet inconuenient, & reparer par son Art & son adresse, ce qui semble estre défectueux sur le papier. Cela se rencontre particulierement dans les Airs qui ont leur mesure reglée, comme sont les Sarabandes, Gauottes, Bourées, &c. à la composition desquelles on est obligé de mettre certaines longues ou bréfves pour venir dans les Cadences, quoy que les syllabes ne s'y rapportent pas toûjours, principalement lors que les Paroles sont faites apres le Chant, & c'est à celuy qui chante à sçauoir corriger ce defaut, en sorte toutesfois que le mouuement n'en soit point interessé. Pour cet effet il est necessaire d'auoir vne parfaite connoissance de la Quantité des syllabes.

Ie sçay qu'il y en a qui diront que sans sçauoir les regles de la Quantité, on peut par vn genie particulier, & par vn long vsage la mettre fort bien en pratique; mais ce sentiment ne part que d'vne vanité toute pure, & quoy qu'il s'en trouue quelqu'vn qui ait cet auantage, il me permettra de dire qu'il a souuent besoin de conseil pour ne pas faire de fautes; & quelque genie dont la Nature l'ait pourueu, joint à vn vsage de longue-main, il seroit encore plus seur s'il auoit la connoissance des Regles.

CHAPITRE II.

De la Quantité des Monosyllabes.

AVparauant que d'examiner la quantité des mots de plusieurs syllabes, il est bon de parler de ceux qui n'en ont qu'vne, & dire premierement qu'il en est de certains qui sont toûjours longs, ou du moins, pour ainsi dire, demi longs, & qui ne peuuét jamais estre tout à fait brefs; mais qu'il n'y en a point de si brefs, qui ne puissent, & mesme qui ne doiuent souuent passer pour longs, selon leur situation, & par le rapport qu'ils ont auec d'autres mots suiuans, soit d'vne syllabe, ou de plusieurs.

Les Monosyllabes qui sont toûjours longs, & ne peuuent jamais estre brefs, ce sont par exemple les Interjections, *ah!* & *ô!* comme aussi les Exclamations *ô Dieux! ô Cieux!* l'vn & l'autre de ces Monosyllabes ne peuuent jamais estre brefs : les Interrogations, *Quoy?* ceux qui sont suiuis de poincts ou de virgules qui les separent d'auec ce qui les suit, comme, *moy, vous, fy, va*, qui d'ailleurs pourroient estre brefs, s'ils estoient joints auec d'autres mots, comme par exemple.

Moy mesme.
Vous autres.
Fy delle.
Va dire.

Quand ie dis qu'ils sont longs lorsqu'ils sont arrestez par des poincts ou virgules, cela s'entend qu'il n'est pas permis de les joindre auec ce qui suit, comme des syllabes brefues, & toutesfois on n'est pas obligé de les tenir longs dans la mesure, au contraire ils ont souuent plus de grace d'estre coupez tout court, mais toûjours auec quelque *Tacet* qui équiuale la longueur.

Il y en a tout plein d'autres, dont toutesfois on ne peut établir de Regles certaines & qui soient tout à fait sans exception, & le mieux est d'en faire quelques Tables en faueur de ceux qui aspirent à la Maniere de Chanter.

Ceux qui se rencontrent le plus ordinairement dans le Chant, ce sont les Articles, Pronoms, & autres Particules du Langage François, comme par exemple, *les, des, tes, mes, ses, ces, aux, vos.* Tous ces Monosyllabes sont tellement longs, que mesme on y peut faire de longs Tremblemens ou Cadences, soit finales, soit mediantes, & il n'y a que les François d'vn certain Climat, qui puissent disconuenir de cette proposition, qui est pour eux vne erreur la plus opiniastre du monde.

Il est donc à propos de tenir ces sortes de Monosyllabes longs, & faire autant qu'on le peut (ainsi que sur ceux qui se trouueront dans l'Extrait que i'en feray au Chapitre suiuant) des marques de longues, c'est à dire des Tremblemens, des Accens, & des Doublemens de Notte qui se font en glissant du gosier, comme i'ay dit cy-deuant, & qui ne se font presque iamais sur des bréfves. Lors que i'ay dit que ces Monosyllabes peuuent quelquefois estre brefs, cela se doit entendre seulement lors qu'ils precedent vn mot feminin de deux syllabes (dont la finale est essentiellement longue) qui commence par vne voyelle comme par exemple, *les autres, les armes vos ombres*, encore a-t'on droict de le tenir vn peu longs, sans que cela choque l'oreille en aucune maniere.

Il y a encore vne Regle generale, & fort considerable, qui est que tout Monosyllabe où il se rencontre vne *n* apres la Voyelle, est presque toûjours long, comme par exemple ces mots, *vn, on, mon, ton, son, rien, bien, tien, sien, long, donc, sans, dans, grand, tant, &c.* tous ces Monosyllabes sont longs, à moins qu'ils precedent vn autre Monosyllabe long, dont la premiere Lettre soit vne Voyelle, ou vn mot de deux syllabes qui soit feminin, & dont la premiere Lettre soit pareillement vne Voyelle, comme par exemple, *on est, vn autre, mon ame, &c.* Ces Monosyllabes sont brefs en ce rencontre, bien qu'il s'y trouue vne *n*, en toute autre ils sont longs, tant la Lettre *n* a de priuilege par dessus toutes les autres de l'Alphabet, comme ie diray plus amplement dans la suite.

Or il est à propos de sçauoir pour bien demesler ces Obseruations, que
lors

lors qu'on dit que tous ces Monosyllabes sont longs, il suffit qu'ils ne soient point brefs naturellement comme d'autres; & s'ils ne sont pas longs au poinct de souffrir vne Cadence finale ou mediante d'vn Air, ou autre long tremblement, on peut y faire du moins vn Accent ou vn Doublement du gosier, qui sont marques de longues, ou du moins de demy-longues pour ainsi dire, & l'on ne peut pas les passer si legerement comme ceux-cy, *de, me, te, le, ce, que*, & autres Monosyllabes qui sont naturellement brefs.

Il faut aussi remarquer qu'en disant que les Monosyllabes qui contiennent vne *n* sont brefs, lors qu'ils suiuent vne Voyelle, cela se doit entendre seulement de ceux dont l'*n* est à la fin; car si elle est suiuie de quelque autre Lettre, la Voyelle qui suit le Monosyllabe n'en empesche point la longueur. Exemples.

Dans vne.
Cent autres.
Sans elle.

Tous ces Monosyllabes sont longs, nonobstant la Voyelle du mot feminin de deux syllabes, car dans les masculins de deux syllabes (dont la penultiéme est toûjours bréfve, à moins d'exception) tous les Monosyllabes qui contiennent vne *n* conseruent leur longueur, & cette regle peut aussi s'appliquer aux mots de quatre syllabes qui ont à proportion le mesme auantage que ceux qui n'en ont que deux, soit masculins, soit feminins, comme ie diray dans les Chapitres suiuans, en parlant des mots de plusieurs syllabes.

Il est donc constant qu'il y a vn tres-grand nombre de Monosyllabes qui sont naturellement longs, & qui ne peuuent iamais, ou rarement estre brefs, lesquels on connoistra par le Chapitre suiuant en forme de Table, qui pour éuiter la confusion sera bornée à ceux qui se rencontrent dans le Chant François.

Mais il n'y a point de Monosyllabe qui soit si bref, qu'il ne puisse estre long selon la situation où il se rencontre; & bien que l'on en puisse faire plusieurs longs de suite, iamais il n'y en peut auoir plusieurs brefs dont on ne puisse en tenir de deux vn long, si le Compositeur ou le Chantre le trouue à propos; quand ie dis vn long, i'entens l'vn des deux, & non pas l'autre, ce qui dépend de l'arangement, & pour ainsi dire de la *simetrie*.

Or pour connoistre cette *simetrie* qui rend les Monosyllabes longs de brefs qu'ils estoient naturellement, il faut sçauoir premierement, que tout mot feminin de deux syllabes a la penultiéme longue, comme ie diray en son lieu, & ce sans exception quelconque; & tout au contraire la penultiéme des mots masculins de deux syllabes est toûjours bréfve, à l'exception de certains mots qui se connoistront par la Table que i'en feray.

Secondement, il faut remarquer les Monosyllabes qui sont essentiellement longs ou demy-longs, & qui ne sçauroient estre iamais brefs.

Ce fondement estant étably, il est certain que tout Monosyllabe bref demeure tel lors qu'il precede vn feminin de deux syllabes, comme par exemple, *de mesme, la flame, se rendre*. Ces M noſyllabes *de, la, ſe,* ſont brefs à l'égard des mots feminins qui les ſuiuent, & ne peuuent eſtre longs en aucune maniere ; là où tout au contraire ſi ces meſmes Monoſyllabes precedent des maſculins de deux ſyllabes, leſquels n'entrent point dans l'exception, ils peuuent eſtre longs, comme on peut remarquer dans les mots ſuiuans, *de l'aimer, la rigueur, ſe flatter.*

Ainſi en retrogradant on peut juger des Monoſyllabes qui precedent ceux dont ie viens de parler, & dire que les Monoſyllabes brefs qui precedent immediatement ceux qui ſont joints à vn mot feminin de deux ſyllabes peuuent eſtre longs, par la raiſon que i'ay alleguée, ſçauoir qu'il n'y a point deux bréfves de ſuite dont on ne puiſſe faire vne longue, ſelon la ſituation où elles ſe rencontrent; & tout au contraire les Monoſyllabes brefs qui precedent immediatement d'autres qui ſont joints à des maſculins de deux ſyllabes demeurent brefs, comme par exemple.

Ny de l'aimer.
A la rigueur.
De ſe flatter.

Les trois premiers Monosyllabes sont brefs naturellement, à l'égard des seconds; & si on ne les jette pas sur les seconds auec assez de vitesse, comme cela est libre, cela n'empesche pas qu'ils ne soient brefs, & que les seconds ne soient longs, s'il plaist à celuy qui chante. Exemple de la regle pour les Monosyllabes qui en precedent d'autres qui sont joints à des feminins de deux syllabes.

Ny de mesme.
A ma flame.
De se rendre.

Les trois premiers Monosyllabes sont longs si l'on veut à l'égard des trois seconds, lesquels trois seconds ne peuuent iamais l'estre à l'égard des mots suiuans de deux syllabes qui sont feminins.

Pour mieux encore juger de cette simetrie, on n'a qu'à entrelacer vn Monosyllabe dans les Exemples que ie viens de proposer, & l'on verra facilement comme quoy vn Monosyllabe deuient bref, de long qu'il estoit, comme par exemple,

De se trop flatter.

A cause du mot de *trop* que l'on aura entrelacé, *se* qui pouuoit estre long à l'égard de *flatter*, deuient bref à l'égard de *trop*. Il en est de mesme en ces mots.

Ny de moy-mesme.

Le Monosyllabe *moy*, estant adjousté & entrelacé entre *de* & *mesme*, rend le Monosyllabe *de*, long à l'égard de *moy*; c'est à dire qu'il peut cesser d'estre bref, ce qui suffit, & il n'est pas necessaire qu'il soit absolument long.

Quant aux Monosyllabes brefs qui en precedent d'autres qui ne le peuuent iamais estre, c'est vne Regle dont l'obseruation est fort necessaire, qui est que ces Monosyllabes brefs ne peuuent iamais estre longs, & cedent toûjours aux suiuans, comme par exemple.

se rend.
Bel art.
A vos.
Le mien.

Les quatre premiers Monosyllabes ne peuuent iamais estre longs, à l'égard des quatre suiuans qui le sont essentiellement, ou parce qu'ils contiennent en soy la lettre *n*, comme i'ay dit cy-deuant, ou parce qu'il y en a vn qui finit par vne *s*, ou parce que le second est contenu dans la Table des longues, sans que l'on puisse établir d'autre regle pour plusieurs Monosyllabes, que le jugement de celuy qui a le bon goust; car mesme l'on peut dire que la regle n'est pas generale pour les Monosyllabes qui finissent par vne *s*, comme il arriue dans ces mots, *vous*, *tous*, que l'on peut quelquefois rendre brefs, comme on voit par les Exemples suiuans.

Vous autres.
Tous lieux.
Vous mesme.

On peut encore mieux remarquer ces Obseruations dans le Vers suiuant, qui est composé de Monosyllabes, & qui est presque connu de tous ceux qui ont pratiqué les Airs François.

Mon cœur qui se rend à vos coups.

Les deux premiers Monosyllabes sont longs naturellement, l'vn à cause qu'il contient vne *n*, l'autre parce qu'il est contenu dans la Table, & qu'ils ne precedent ny l'vn ny l'autre vne Voyelle; car en ce cas ils auroient pû estre brefs : le troisiéme est encore long, si le Chantre le trouue à propos (& non pas naturellement) parce qu'il en precede vn qui doit estre bref necessairement, puis qu'il tombe sur vn autre qui est tres-long & qui ne peut iamais estre bref, & que iamais vn Monosyllabe ne peut estre rendu long, de bref qu'il estoit, si ce n'est qu'il precede vn Monosyllabe qui n'est pas de meilleure condition que luy, & non pas lors qu'il en precede vn qui ne peut iamais estre bref en quelque situation qu'il soit : le sixiéme Monosyllabe par la mesme raison est bref, parce qu'il precede le mot *vos*, qui est essentiellement long, à cause de la Lettre *s* qui le finit.

Il faut aussi remarquer soigneusement les mots de deux syllabes qui sont masculins, & qui sont exceptez de la Regle de ceux qui ont leur penultiéme brésve, par contrarieté de celle des feminins qui ont leur penultiéme toûjours longue sans aucune exception; car s'il arriue qu'vn Monosyllabe precede immediatement ces sortes de masculins de deux syllabes dont la penultiéme soit longue, il deuient bref, & ne peut pas estre long, comme il arriue dans les mots suiuans.

Se plaindra.
Le danger.
Se fascher.
De n'oser.

Tous ces quatre Monosyllabes sont absolument brefs, sans pouuoir estre longs, parce qu'ils precedent des masculins de deux syllabes dont la penultiéme est longue, soit parce qu'elle contient vne *n* (comme ie diray en parlant des mots de plusieurs syllabes) soit parce qu'ils sont contenus dans la Table des longues, quel'on verra dans la suite : au lieu que ces mesmes Monasyllabes peuuent estre longs, s'ils en precedent d'autres qui ne foient point exceptez de la Regle generale des mafculins de deux fyllabes. Exemple.

se flatter.
Le deuoir.
Se fera.
De bannir.

Car bien que dans le quatriéme mafculin il fe rencontre vne *n*, & mefme deux, ces deux *n* ne font contées que pour vne dans la prononciation; & quand i'ay dit que la penultiéme eft longue lors qu'il fe rencontre vne *n*, cela s'entend lors qu'on la prononce telle, & non pas felon l'ortographe: Or eft il que dans la prononciation du mot de *bannir*, on ne fait aucune mention de l'*n* dãs la penultiéme, & l'on doit aufsi remarquer qu'il faut que la Lettre *n* ne precede pas la Voyelle principale de la fyllabe, car en ce cas on n'y a aucun égard, comme i'ay dit en parlant des Monofyllabes qui contiennent vne *n*, comme par exemple.

De n'auoir.
Regnera.

On n'a aucun égard à la Lettre *n* que contiennent ces deux penultiémes pour les rendre longues, & il faut necessairement qu'elles demeurent bréfves, nonobstant l'*n* qui les compose.

Apres avoir parlé de l'arangement des Monosyllabes, & de ceux qui precedent les mots de deux syllabes, soit masculins, soit feminins, il est à propos de parler des mots de trois & de quatre syllabes, & dire qu'il faut garder la mesme proportion qui se rencontre dans les autres, c'est à dire qu'il faut premierement considerer si le mot est feminin, ou masculin; s'il est feminin, il a la penultiéme essentiellement longue, & par consquent celle qui la precede, que nous appellerons *antepenultiéme*, est bréfve, à moins que d'estre dans l'exception par quelque circonstance qui la rende longue : ainsi le Monosyllabe qui le precedera sera long, s'il plaist au Compositeur, quoy que d'ailleurs il soit bref. Exemple.

se defendre.
Ie reclame.

Les deux Monosyllabes sont longs, c'est à dire peuuent l'estre, parce qu'ils precedent des feminins de trois syllabes dont la penultiéme estant longue, l'antepenultiéme doit par raison estre bréve, à moins d'exception; & cependant ces deux mesmes Monosyllabes seront brefs absolument, s'ils precedent des masculins de trois syllabes qui soient contenus dans l'exception, comme il est aisé de connoistre par les Exemples suiuans.

Se comprendre.
Ie l'inspire.

Dans le premier desquels il faut remarquer en passant, que bien que pour l'ortographe on mette vne *m* au lieu d'vne *n*, on s'attache seulement à la prononciation, & l'*m* ne rend la syllabe longue, que parce qu'elle se prononce comme vne *n*.

Il en faut juger de mesme des Monosyllabes qui precedent immediatement des masculins de trois syllabes, dont l'antepenultiéme estant longue (moyennant que la penultiéme qui les suit ne soit pas dans l'exception) le Monosyllabe doit estre bref. Exemple.

Se consumer.
Ie garderay.

Au lieu que s'ils precedoient des masculins, dont la penultiéme fust longue par exception, on pourroit aussi les tenir longs. Exemples.

Se reposer.
Ie reprendray.

Et s'il arriuoit que l'antepenultiéme fust encore exceptée, comme par exemple s'il y auoit vne *n*, qui est toûjours priuilegiée, pour lors ils seroient absolument brefs. Exemples.

Se contenter.
Ie comprendray.

Ces deux Monosyllabes sont brefs, parce qu'ils precedent des syllabes où il se rencontre vne *n*, en quoy presque tous les Musiciens errent, & à quoy ils doiuent bien prendre garde, & ne pas s'opiniastrer à soûtenir le contraire.

On forme icy vne Objection, & l'on demande comment suiuant ces fondemens, on peut aiuster des Monosyllabes ou mesme d'autres mots dans les Chants qui ont plusieurs couplets, & dont ce qui est long dans le premier, est bref dans les autres, & toutesfois sur les mesmes Nottes soit longues, soit bréfves, lesquelles Nottes ont esté placées à propos sur les syllabes du premier Couplet, en sorte qu'elles ne pouuoient l'estre autrement, suiuant les Regles de la Quantité.

C'est vne objection que font plusieurs Gens, soit Ignorans, soit Sçauans en Poësie, mais également ignorans en la maniere de Chanter, & vne erreur que j'ay remarquée mesme dans vne Personne de merite, qui disoit que des Monosyllabes on pouuoit faire ce qu'on vouloit, à l'égard de la Quantité, par la seule raison que ce sont des Monosyllabes.

Il est donc vray qu'il se trouue des Monosyllabes qui sont longs & brefs dans vn premier Couplet, par l'arangement dont j'ay parlé cy-deuant; & cependant s'il

de bien Chanter.

se trouue que dans le second il y en ait d'autres qui ne puissent iamais estre brefs, c'est à celuy qui chante à remedier par son industrie à cet inconuenient, & conseruer autant que faire se peut la mesure & le mouuement de l'Air, ce qui est bien plus aisé (& par consequent indispensable) dans les Chants qui n'ont point leur mesure reglée, que dans les autres qui sont assujettis à vne certaine mesure. Voicy vn Exemple qui pourra beaucoup seruir à remarquer la difference des Monosyllabes qui se rencontrent dans vn premier & vn second Couplet : c'est dans la page 71. du 2. Liure in 8.

Je ne vous dis pas de l'apprendre.

Et dans le second.

Il n'est pas moins doux de l'apprendre.

Les trois premiers Monosyllabes sont brefs, & toutesfois comme il n'y a iamais deux bréfves de suite, dont on n'en puisse faire vne certaine longue selon la simetrie, il se trouue que le

Compositeur a fait celle de *ne* longue fort à propos, parce que celle de *vis*, estant longue naturellement, & celle de *vous* ne l'estant pas toûjours, quoy qu'il y ait vne *s*, comme i'ay déja dit, & que ie repeteray encore en son lieu, elle peut estre precedée d'vne longue, qui d'ailleurs seroit bréfve, qui est la syllabe *ne*; mais dans le second il n'est pas possible de faire aucune bréfve de ces quatre mots, *n'est, pas, moins, doux*; & cependant il a bien fallu reparer ce defaut, comme l'on peut voir la Diminution de cet Air.

Mais comment pourra-t'on obseruer vne mesure & vn mouuement qui soit agreable dans vn Chant dont les Paroles ne seront que Monosyllabes qui sont toûjours longs sans aucune exception, comme on peut remarquer dans le Vers suiuant que i'ay fait expres.

Mon sort n'est pas vn bien, mais las! c'est vn grand mal.

Tous ces douze monosyllabes sont essentiellement longs, & cependant on ne peut pas y faire vn Chant qui soit agreable, à moins qu'il soit entrelacé de quelques Nottes bréfves.

A cela ie répons, qu'il est vray que tous ces Monosyllabes sont naturellement longs, & toutesfois il y en a qui peuuent souffrir vne Notte bréfve qui sera gouuernée par vne longue qui la precedera quant à la composition de l'Air ; mais c'est à celuy qui chante d'y auoir égard, & ne pas faire lesdits Monosyllabes si brefs que l'on ne puisse toûjours leur conseruer vn peu de longueur, & ménager en cela la grace de la Mesure auec celle de la Quantité.

De ces douze Monosyllabes, ceux que l'on peut faire brefs, ou pour mieux dire demy-brefs, ce sont *mon, n'est, vn, mais, c'est, grand* ; si l'on veut faire la Cadence sur *vn*, au lieu de la faire sur *grand*, comme on le peut, moyennant que l'on conserue vn peu de longueur sur le mot de *grand*, ce qui se peut en doublant vn peu du gosier ; & pourtant il faut bien prendre garde de ne pas faire ces Monosyllabes si brefs, qu'on ne leur conserue autant que faire se pourra quelque marque de longueur, c'est à dire tremblement, accent, ou doublement de Notte ; au lieu que si l'on mettoit des Monosyllabes brefs en leur place, il faudroit non seulement n'y pas adjouster lesdites marques, mais mesme les passer bien plus legerement, & auec plus de precipitation. Exemple.

Le sort n'a pas de bien, que las! il a de mal!

On peut faire vn mesme Chant sur ce Vers & sur le precedent ; & pour la grace de la Mesure marquer sur le papier les mesmes *Croches*, qui seront precedées de poincts ; mais dans ce dernier il ne faudra point barguigner, c'est à dire qu'il faudra passer ces bréfves auec autant de legereté que l'on voudra, au lieu que dans les autres il faudra en vser auec plus de moderation, & leur donner comme i'ay dit autant que faire se pourra le caractere qui est affecté aux syllabes longues ; autrement ce seroit renuerser tout l'ordre de la Quantité, qui est preferable à celuy du Mouuement, specialement dans les Chants serieux ; car pour les Airs qui ont leur Mesure reglée, on n'en vse pas auec tant d'exactitude, & l'on prefere souuent le Mouuement à la Quantité, quoy que toûjours auec la consideration qu'il faut auoir pour elles.

CHAPITRE II.

Moyens pour connoistre les Monosyllabes longs.

REGLE I.

TOut Monosyllabe qui contient vne ſ, soit qu'elle soit la derniere Lettre du mot, ou qu'elle soit suiuie d'vne autre, est long: Quand ie dis vne ſ, i'entens aussi l'x, & mesme le z, lors qu'ils se prononcent de mesme qu'vne ſ. Voicy vn Alphabet de ceux qui sont plus frequens dans le Chant François.

Airs.	Blancs.
Ans.	Bois.
As, de *auoir*.	Bras.
Aux.	Cas.
Bas.	Ces.
Beaux.	Ceux.
Biens.	Champs.

de bien Chanter.

Chants.
Choix.
Cieux.
Cœurs.
Corps.
Courts.
Cris.
Crains.
Dans.
Des.
Deux.
Dieux.
Dois, de devoir.
Doux.
Eaux.
Es, de estre.
Est.
Eux.
Fais, de faire.
Faux.
Feux.
Fins.
Fois.
Fonds.
Forts.
Gens.
Grands.
Ieux.

Ioins.
Iours.
Las, de lasser.
Las!
Les.
Lieux.
Lors.
Loix.
Longs.
Lys.
Mais.
Maux.
Mes.
Meurs.
Mieux.
Mis, de mettre.
Moins.
Mois.
Nœuds.
Noirs.
Nos.
Nuits.
Paix.
Pars, de partir.
Parts.
Pas.
Pas, point.
Pers.

Peux.	Sors.
Pieds.	Suis, du verbe estr.
Plais, de plaire.	Temps.
Plains.	Tes.
Plus, am plius.	Tiens.
Prest.	Tiens, de tenir.
Prez.	Traits.
Prix.	Trois.
Pris, de prendre.	Vains.
Puis, de pouuoir.	Vais, de aller.
Quels.	Vers.
Romps, de rompre.	Viens.
Roys.	Vis, de voir, & de viure.
Sans.	
Sens.	Voix.
Sers.	Vos.
Ses.	Vœux.
Siens.	Vrais.
Sois.	Yeux.

Que s'il y a encore d'autres Monosyllabes qui contiennent vne ſ apres la Voyelle, & qui ne ſoient point compris dans cette Table, il faut, ou qu'ils ne ſoient pas fort vſitez dans le Chant François, ou que ce ſoient des pluriels qui ſe peuuent rapporter à d'autres Monoſyllabes de meſme eſpece comme *biens, Loix, beaux,* & autres qui dans le singulier n'ont ny *s,* ny *x,* ou bien qu'ils soient exceptez de la Regle de l's & qu'ils ne soient pas si longs, que les precedens, à sçauoir

Dis, de *dire.* *Sçais.*
Dix. *Six.*
Fis, de *faire.* *Sous.*
Fuis, de *fuir.* *Suis,* de *suiure.*
Ils. *Tous.*
Leurs. *Tres.*
Nous. *Vois,* de *voir.*
Plus. *Vous.*
Ris, de *rire.*

Ces Monosyllabes ne sont pour ainsi dire que demy-longs, c'est à dire qu'ils ne sont pas si longs que les premiers, mais aussi ils le sont assez pour estre distinguez de ceux qui sont naturellement brefs.

Ie sçay que les Critiques trouueront cette difference tout à fait imaginaire & sans fondement ; mais pour peu qu'ils veulent se payer de raison, & qu'ils soient versez dans le Chant, ils seront conuaincus de la verité de ce que ie dis, par des Exemples qui font voir que ces derniers Monofyllabes ne peuuent pas fouffrir comme des premiers toutes les marques de longueur, & en toutes occurrences.

Pour faire donc voir que *dis, ris, fçais, fuis* (de *fuiure*) *vois*, & autres qui font des verbes ne font pas tres-longs, on n'a qu'à éprouuer fi l'on y peut faire de longs tremblemens, mefme des Accens ou Plaintes, & l'on verra facilement qu'ils ne peuuent fouffrir au plus que des doublemens de gofier dont j'ay parlé dans la premiere Partie de ce Traité, & des petits tremblemens. Exemples.

Tu n'en dis rien.

Tu ne fçais pas.

Ie n'en ris point.

Je ne m'y vois pas.

Tu ne me fuis pas.

Tous ces Monofyllabes dans cette fituation

de bien Chanter. 361

tuation sont plus brefs que longs, & ne peuuent souffrir ny tremblement, ny autre marque de longues, & c'est assez pour les distinguer d'auec ceux qui sont contenus dans la premiere Table, lesquels peuuent du moins porter l'*Accent* ou *Plainte*, comme on peut voir par le seul mot de *suis*, du verbe *estre*, dans la mesme situation que *suis* de *suiure*, en disant *Ie ne suis pas*, & mesme de longs Tremblemens ou Cadences, comme par exemple.

Et non pas à mes yeux.

Mais ie n'en suis pas mieux.

On entend dans nos Bois.

Cloris a les yeux doux.

Ie vous cherche en ces lieux.

Ce qui ne se pourroit faire dans cet Exemple, qui paroist estre de mesme nature.

Ie vous cherche en tous lieux.

Q

Parce que le Monosyllabe de *vous*, est de la seconde Classe, ainsi que *vous, nous, sous, plus*, & mesme (ce qui paroist tout à fait bizarre) le Monosyllabe *leurs*. Exemples.

Le mal que vous nous faites.

Ie m'en rapporte à vous-mesme.

Ah! ie meurs sous vos Loix.

Ioüons aux Ieux les plus doux.

Dans lesquels on doit remarquer que sur les mots de *sous* & de *plus*, l'on peut faire le Tremblement & mesme l'Accent; mais comme on peut aussi le supprimer, cela suffit pour les distinguer d'auec les Monosyllabes à s sur lesquels on est contraint de faire ces marques de longues sans pouuoir s'en dispenser, à moins que de vouloir rendre le Chant imparfait par cette obmission. Outre que l'on void assez que le dernier Monosyllabe cede à celuy qui le precede; de maniere qu'il est plus à propos de tenir celuy de *les* plus long que celuy de *plus*, & par consequent ils ne sont pas également longs : Au reste le mot de *plus*, qui est le contraire de *moins*, est different pour la quantité de celuy de *plus*, qui veut dire *amplius* en Latin, lequel est contenu dans la premiere Table, parce qu'il est toûjours long, au lieu que celuy de *magis* (en Latin) est douteux, comme ie viens de dire ; de maniere que s'il y auoit,

Vos yeux ne me seront plus doux.

En ce cas on ne doit point hesiter à tenir long le mot de *plus*.

Quant au Monosyllabe *leurs*, il doit aussi estre excepté de ceux qui sont fort longs, bien qu'il contienne non seulement vne *s*, mais mesme vne *r*, qui semble estre vne double raison pour le tenir plus long que par exemple *les*, & toutesfois il est si vray qu'il est bien moins long que l'on peut faire vne Cadence finale sur celuy de *les*, en disant, *sous les Loix*, qui ne se pourroit pas faire s'il y auoit *sous leurs Loix*, & l'on diroit en vain que c'est que l's en ce rencontre n'est comptée pour rien, puis que l'on pourroit aussi peu cadencer sur *leurs* auec son *s*, que sans *s*, si par exemple il y auoit *de leurs ans*.

REGLE II.

Tout Monosyllabe qui contient vne *n* apres la Voyelle, & non deuant, est toûjours long, pourueu que l'*n* soit suiuie d'vne autre Consone. Quand ie dis vne *n*, i'entens aussi vne *m*, lors qu'elle a le mesme son, comme *temps* & *noms*.

Quoy que cette Regle soit sans exception, ie trouue à propos pour rendre la chose plus plausible, d'en faire vne Table, dans laquelle ie repete quelques Monosyllabes qui sont déja compris dans celle des Monosyllabes à *s*, comme *sans*, *dans*, & autres qui contiennent toutes ces deux Consones ensemble.

Ans.	*Bons.*
Biens.	*Bruns.*
Blancs.	*Champ.*
Blanc.	*Chant.*

Chants.
Craint.
Crains.
Donc.
Dont.
Feins.
Feint.
Fins.
Fonds.
Font, de faire.
Front.
Grand.
Grands.
Long.
Mens.
Miens.
Moins.
Monts.
Noms.
Ont.
Plains.
Point.
Prend.
Prens.
Quand.
Rend.
Rens, de rendre.
Sang.
Sans.
Sens.
Sens, de sentir.
Siens.
Sont.
Tant.
Teint.
Temps.
Tiens.
Tient.
Tiens, de tenir.
Vains.
Viens.
Vient.

Tous ces Monosyllabes sont longs, mesme lors qu'ils precedent vn mot qui commence par vne Voyelle, & dont la premiere syllabe est longue, comme par exemple, *Viure sans elle*; Ils sont aux

Champs, &c. Il faut tenir longs ces mots *sang* & *sont*, ainsi que tous les precedens, c'est à dire leur donner (autant que la mesure le permet) des marques de longues, soit Tremblement, soit Accent, soit Doublement de gosier, & non pas les passer legerement; de maniere que dans le dernier Exemple, il faut conseruer quelque signe de longueur à tous les quatre Monosyllabes, dont il n'y en a pas vn qui soit naturellement bref.

En voicy d'autres qui sont naturellement longs comme les premiers, par la raison qu'ils contiennent vne *n*, apres la Voyelle; mais ils peuuent cesser de l'estre, lors qu'ils precedent vn mot, soit d'vne ou de plusieurs syllabes, dont la premiere Lettre sera vne Voyelle & qui sera longue : En toute autre rencontre on doit leur conseruer quelque maniere de longueur, & mesme on y peut faire de longs Tremblemens ou Cadences, mesme des Cadences finales, en quoy l'*n* est priuilegiée par dessus toutes les autres Lettres de l'Alphabet. En voicy vne Table de ceux qui sont les plus frequens dans les Airs.

Bien.	Non.
Bon.	On.
C'en.	Plein.
Don.	Rien.
D'vn.	Sein.
En.	Sien.
Fin.	Son.
L'on.	Tien.
Main.	Ton.
Mien.	Vain.
Mon.	Vien.
Nom.	Vn.

REGLE III.

LEs Monofyllabes qui contiennent vne *r*, ou vne *l*, auec vne autre Confone, comme *perd*, *sert*, *fort*, ou bien qui precedent vn mot qui commence par vne Confone, ont quelque priuilege par deſſus les Monofyllabes qui ſont naturellement brefs, en ce que l'on peut y faire, & meſme on le doit dans l'occaſion, quelque marque de longuë, mais non pas toutes, c'est à dire quelque demy-tremblement, meſme quelquefois l'Accent, & non pas de longs tremblemens (en quoy ils cedent à ceux qui contiennent la Lettre *n*, qui souffrent toutes sortes de marques de longueur) ou du moins l'on doit les alentir, pour donner le poids necessaire à l'*r*, comme i'ay dit en parlant de la Prononciation. Ie me contenteray d'en marquer quelques Exemples, au lieu d'en faire vne Table, que ie croy estre inutile.

Tirsis perd ses Troupeaux.

Que me sert-il d'estre fidelle?

Que mon sort est étrange!

Ces trois Monosyllabes *perd*, *sert*, *sort*, & leurs semblables, ne peuuent point passer pour brefs; mais aussi ils ne sont pas longs au poinct que l'on y puisse faire toutes sortes de marques de longueur, comme il est aisé de voir dans le second Exemple tiré du Liure in 4. page 44. à l'occasion du mot de *sert*, qui ne peut pas souffrir l'*Accent* ou *Plainte*, comme plusieurs s'imaginent, mais seulement vn doublement de gosier. En voicy d'autres qui ont le mesme priuilege, lors qu'ils precedent vne Consone dans le mot qui les suit, comme *par, pour, car, jour, leur,* & autres qui ne sont ny si longs que les Monosyllabes à *n,* ny si brefs que tous les autres (qui le sont naturellement, & qui ne sont longs que par accident & seulement à l'égard de leur situation) de sorte qu'on les peut nommer pour ainsi dire, *demy-longs:* mais lors qu'ils precedent vn mot qui commence par vne Voyelle, & dont la premiere syllabe est longue, ils deuiennent brefs sans pouuoir conseruer aucune marque de longueur, dans ces Exemples, *pour elle, vn jour entier, car enfin*; ces trois Monosyllabes, *pour, jour, car,* & autres de la mesme espece, sont tout à fait brefs dans cette situation, à moins qu'ils ne soient arrestez par le sens des Paroles, ou par le repos du Vers, ou par quelque poinct ou virgule, car en ce cas on peut les faire longs, ou pour mieux dire, il sied bien de les arrester & ne les pas jetter sur ce qui les suit; ce que l'on peut voir dans ces Exemples, *car il ne faut, vn jou vn malheureux Amant* : ce que s'expliqueray plus au long dans la cinquiéme Regle.

Les Monosyllabes qui finissent par vne *l*, peuuent encore passer pour demy longs lors qu'ils precedent vn mot qui commence par vne Consone, & dont la syllabe est longue ; car comme i'ay dit, si la syllabe estoit bréfve, il n'y a point de Monosyllabe precedent qui n'ait droit d'estre long, quelque bref qu'il soit naturellement. Le nombre de ces Monosyllabes est fort petit, comme *mal, tel, quel, Ciel*, lequel semble auoir quelque priuilege par dessus les autres, en ce que l'on y peut faire dans l'occasion vn *Accent* ou *Plainte* auec moins de précaution : Il n'y a que le Monosyllabe *il*, qui iamais ne peut estre long à ce poinct, soit que l'on frape l'*l* (ce qui n'arriue pas toûjours comme dans les autres) soit qu'on la supprime.

REGLE IV.

LA *Dyphtongue*, ou Voyelle composée *au*, est longue mesme au premier degré, c'est à dire qu'elle peut toûjours supporter l'Accent, & quelquefois vne longue Cadence ou tremblement, en quoy elle est priuilegiée par dessus les autres *Dyphtongues*, comme on peut voir par ces Exemples.

Il vaut mieux,
Page 45. du Liure in 4.

Où l'Autheur veut fort à propos que l'on fasse vn Tremblement sur *vaut*, dans lequel il ne faut simplement considerer que l'*au*, & non pas le *t* qui est nul en ce rencontre.

Au moins, Cruelle, reuenez, page 75.

Mais permettez au moins,
Page 57. du 2. Liure in 8.

Il ne faut pas jetter ce mot *au* sur celuy

de *moins*, sans faire vn *Accent* ou *Plainte* (c'est à dire vn *mi* legerement touché, adjousté au *re*) qui est vne grande marque de longueur.

Il en faut dire de mesme de ces Monosyllabes, *beau, haut, faut*, lesquels il faut toûjours tenir longs, bien qu'ils soient joints à d'autres tres-longs, comme par exemple, *le beau temps, il ne faut pas*.

Il faut toutesfois en excepter ce mot *eau*, qui est souuent bref lors qu'il precede vne syllabe longue dans ces Exemples, *eau claire, eau d'ange, &c.*

Voila pour la Dyphtongue *au*, mais pour les autres à sçauoir *oi*, ou *oy*, comme, *loy, moy, roy, toy, soy, quoy*, & autres semblables, ils n'ont pas toûjours la mesme prérogatiue de longueur que ceux que i'ay citez, *au, beau, faut, haut*, sur lesquels on peut faire des Accens, mesme lors qu'ils sont joins à d'autres mots, comme par exemple *le beau temps, au mal, il ne faut pas*; ce qui ne se pourroit pas faire sur *moy, quoy, soy*, dans ces Exemples, *moy mesme, à soy mesme, de quoy dire, à quoy sert?*

On en peut dire autant des Monosyllabes qui contiennent d'autres Voyelles composées, comme *ou, tout, peu, lieu, luy, fuit, vray, ay*; tous ces Monosyllabes peuuent estre brefs, & ceder à d'autres syllabes longues, dans les Exemples suiuans, *ou bien; tout parle; vn peu trop; luy dire; ie vous ay veus; il fait tout.*

Il faut pourtant en excepter certains mots substantifs, comme *vœu, nœud*, & autres qui peuuent souffrir vn Accent, mesme lors qu'ils precedent des syllabes longues, en disant, *le nœud dangereux, le vœu solemnel.*

REGLE V.

Tout Monosyllabe qui sert de rime ou de cesure dans le Vers, ou qui precede immediatement des poincts interrogans, admiratifs, & autres, ou qui s'arreste par le sens des Paroles, ou par le repos du Vers, peut estre long, quelque bref qu'il soit naturellement. Cette Regle est purement pour les masculins, comme *dis, fait, peu, &c.* De maniere que ce Monosyllabe *dis*, qui est bref de soy, lors que rien ne l'arreste, comme on peut voir par cet Exemple,

On n'en dit rien,

peut estre long, ou pour mieux dire, sied bien, de n'estre pas jetté sur ce qui le suit, comme sont d'ordinaire les Syllabes bréves, dans cet Exemple,

Lors que l'on dit que l'amour est vn mal.

Car en ce cas ce seroit pecher contre la quantité, que de passer ce mot *dit* legerement, pour arrester sur *que*, qui est long dans cette simetrie, comme precedant vne penultiéme bréve. Il faut donc arrester apres ce mot, suiuant que le sens des Paroles le permet plutost dans ce rencontre que dans le precedent, mesme quand il y auroit seulement ces mots pour former le Vers entier, *Lors qu'on dit que l'amour.* Il siéroit encore bien mieux d'arrester apres *dit*, que de le jetter sur *que*, à moins que d'y estre contraint par la mesure, par exemple, d'vne Gauotte, ou d'vne

Chanson, qui aura sa mesure reglée; & c'est au bon goust à regler ces choses, & à remarquer, s'il y a lieu de tenir certains Monosyllabes longs, lors qu'ils ne le sont pas essentiellement, & qu'il se peut trouuer des endroits où ils seront brefs, comme sont tous ceux-cy, qui ne sont ny si brefs, que les Monosyllabes feminins *de, le, que, me, se, te*, (sur lesquels on ne peut iamais s'arrester, & qui sont faits pour estre ioints à d'autres mots) ny si longs que d'autres dont i'ay parlé, qui le sont en toutes rencontres.

Voicy d'autres Exemples touchant les Monosyllabes, qui bien qu'ils en precedent d'autres ausquels il semble qu'ils doiuent ceder, comme longs essentiellement, ne laissent pas de conseruer aussi quelque longueur, bien qu'ils soient naturellement plus brefs que longs. Dans le Liure in 4. page 17.

Mais sur tout quand on est aimable.

Le mot de *tout* qui de soy est bref, dans ces Exemples, *tout languit; tout l'Vniuers, &c. vous soûpirez tout haut*, est long dans ce rencontre, à cause du repos du Vers.

Par la mesme raison le mot de *luy* est long dans l'Exemple suiuant.

Dites-luy qu'enfin ie me meurs,

Lequel toutefois est naturellement bref dans cet autre exemple,

I'ay tâché de luy plaire.

Cette Regle est encore pour les interjections, *Ah! & Ha! O! Eh! & Hé!* bien que ces deux derniers Monosyllabes soient presque toûjours joints auec celuy de *Quoy?* en disant, *Eh! quoy?* ou *Hé! quoy?* auquel cas ils luy cedent.

Il faut donc prendre garde de ne pas dire côme plusieurs, *Odieux* & *Aquand*, comme si ce n'estoit qu'vn mot, au lieu de *O Dieux!* & *Ah! quand, &c.* Ce qui se peut appliquer à mille endroits, où faute de distinguer les mots, on les prend souuent les vns pour les autres. Ce qui est encore vne Regle, pour ne pas jetter certains Monosyllabes brefs sur ce qui les suit; mesme pour éuiter la *cacophonie*, que le Poëte n'aura pas eu ſoin luy-meſme d'éuiter, comme cela arriue quelquefois, ainſi que l'on peut remarquer dans ce Vers, page 66. du Liure in 4.

Et ſi ie change, ie l'oblige.

La derniere Syllabe de *change* eſtant naturellement bréve, ne ſe doit pourtant pas jetter auec precipitation ſur le Monoſyllabe de *ie*, qui a le meſme ſon, pour éuiter, dis-je, la *cacophonie* ; laquelle finale ſe pourroit fort bien paſſer ſur vn autre mot qui ſeroit en la place, comme par exemple, s'il y auoit,

Et ſi ie change, c'eſt pour elle.

Il reſte à répondre aux objections qui ſe forment contre les Regles de la quantité des Monoſyllabes.

Premierement, on demande pourquoy ie veux abſolument que les Monoſyllabes qui contiennent vne *s* ou vne *n*, ſoient longs, & s'il n'eſt pas vray que ſouuent on y met des Nottes bréves meſme entre deux longues, ie veux dire vne *Creche* entre deux noires, ou vne noire entre deux blanches, & ainsi des autres Nottes qui sont bréues, par comparaison à celles qui les precedent : comme pour exemple, ne peut-on pas sur le second de ces mots *de mon cœur* mettre vn *fa* bref entre deux *mi* qui seront longs, en disant *mi fa mi* ? & ne peut-on pas en vser de mesme sur ces mots, *sous vos Loix*, & ainsi des autres, non seulement dans cette situation de Nottes, mais en toutes sortes d'endroits ?

A cela ie répons, qu'il est vray que pour la grace de la Notte, on peut, comme i'ay déja dit en vn autre lieu, marquer sur le papier vne Notte bréve sur ces Monosyllabes qui sont longs, mais il faut que ce soit toûjours auec cette précaution de ne les point passer legerement comme d'autres qui sont brefs naturellement, & leur donner quelque marque de longueur autant que faire se peut, qui en fasse connoistre la difference. On peut donc mesme faire la Cadence sur *sous*, & par consequent faire *vos* bref, pour tomber sur *Loix*, en disant *mi re re*, principalement dans les **Airs** de mouuement, qui ont leur mesure reglée, sur tout dans des Chansons à danser ; mais il faut le faire à regret, & comme pour ainsi dire, en *barguignant*. Outre que c'est toûjours vne preuue de leur longueur, lors qu'il est permis au Compositeur de mettre des Nottes tres-longues sur ces mots ; & que s'il ne le fait pas, il faut que celuy qui chante leur donne l'ornement necessaire, soit en faisant vn Accent, soit en tremblant, soit en doublant la Notte, ou du moins en ne les passant pas si legerement, s'il n'y a pas lieu d'y faire aucune des marques longues.

Secondement, on demande s'il n'est pas vray que sur vn Monosyllabe, quelque bref qu'il soit, on puisse faire vne fort longue Diminution de plusieurs Nottes bréves, qui peuuent équiualer la plus longue Notte qui soit dans la Musique.

Il est vray que sur vne bréve Monosyllabe, ou autre, on peut faire vn passage fort long, & toutefois auec certaines précautions, & auec bien moins de seureté que sur vne Syllabe longue:

mais si l'on reduisoit toutes les Nottes du passage en vne, il est constant que la Syllabe bréve ne la pourroit pas suporter; de sorte que l'on peut dire que huit *Croches* ne font pas toûjours vne *blanche* en toutes manieres, de mesme qu'on peut dire qu'vne *blanche* ne fait pas huit *Croches* quant à l'application aux Paroles; & comme il n'est pas permis de les mettre toûjours sur vne Syllabe, quoy que fort longue, on ne peut pas aussi toûjours mettre vne blanche sur vne Syllabe bréve.

3. On propose vne difficulté, touchant les Monosyllabes brefs, lesquels souuent on tient longs, quoy qu'ils precedent vne Syllabe qui est naturellement longue, comme par exemple, *si, il, que*, dans ces trois Exemples.

Si mes soûpirs.

Que faut-il que ie fasse?

Que seruent tes conseils?

Il faut répondre que c'est toûjours le plus seur de les tenir brefs, parce qu'il pourroit arriuer qu'en d'autres rencontres qui paroiſſent ſemblables, ce ſeroit vne faute de les rendre longs; & ie puis dire du troiſiéme Exemple, qu'il eſt plus à remarquer qu'à imiter: & quant au premier, il y a quelque difference entre *ſi*, qui eſt le meſme en Latin, & *ſi*, qui eſt le *tam* Latin, dont le dernier eſt ſans doute bref, ſans aucune exception, comme on peut voir dans ces Exemples, *ſi conſtant, ſi content, ſi doux*: au lieu que ſur le premier on peut en quelque façon s'arreſter tant ſoit peu; ce qui eſt d'autant plus agreable, qu'il ſemble que cela marque en quelque façon ce que l'on appelle *hypotheſe*, qui veut que l'on heſite vn peu, & que l'on ne paſſe pas outre auec tant de precipitation; ce qui paroiſt encore dauantage dans les endroits que la Grammaire nomme *optatifs*.

Si ie pouuois vous plaire.

Si vous vouliez m'aimer.

Pour ce qui eſt du ſecond Exemple, le

mot *il est arresté par le sens des Paroles*; de sorte qu'il n'est pas lié auec ce qui suit, comme s'il estoit deuant le verbe *faut*; auquel cas il n'a pas lieu d'estre long.

4. On demande si les Monosyllabes naturellement brefs, comme sont tous les feminins, cedent à toutes sortes de Syllabes suiuantes, soit longues, soit demy-longues, indifferemment; ou s'ils peuuent estre longs auant des penultiémes de masculins, qui ne le sont pas tout à fait, comme par exemple, *Berger, Respect*, & autres dont la penultiéme n'est pas longue en toutes rencontres, & qui ne peut souffrir ny accent ny long tremblement, dont ie parleray plus au long dans le Chapitre suiuant.

Il faut distinguer si les Monosyllabes brefs precedent les penultiémes de ces masculins à la fin d'vn Air, ou mesme en d'autres Cadences en descendant, ils peuuent estre longs, par la raison que ces penultiémes ne pouuant pas souffrir vn long tremblement, il faut qu'il se fasse sur le Monosyllabe, qui sert comme d'antepenultiéme : mais en toute autre rencontre, il sied bien de les tenir

brefs, pour paſſer à vn doublement de
goſier, ou vn appuy de la Conſone qui ſe
fait ſur ces ſortes de penultiémes qui
precedent vne autre Conſone dans la
Syllabe ſuiuante. Ainſi il eſt plus à propos de faire *le* & *du* brefs dans l'Air ſuiuant,

Le Verger du Berger Tirſis.

pour appuyer les deux *r* qui les ſuiuent
meſme auec quelque doublement de
goſier, que de les faire longs, pour paſſer auec trop de legereté ces deux Syllabes *Ver* & *Ber*, & leur oſter toute la
force de leur prononciation.

Au reſte, comme ſouuent le bien ſe
connoiſt mieux par ſon contraire, que
par ſoy-meſme, ie trouue à propos auant
que de finir le Chapitre des Monoſyllabes, d'adjouter aux Obſeruations que
i'ay données, vne faute fort frequente
par-cy par-là dans le Chant François,
qui eſt d'obmettre la veritable quantité
de ces Monoſyllabes *des, ſes, mes, tes, ces,
vos, les, eſt*, & autres ſemblables, en les
prononçant comme s'il n'y auoit point
d'*s*, laquelle bien qu'on ne faſſe pas ſon-

ner, sur tout quand il suit vne Consone, leur est affectée pour vne marque de lôgueur qui les distingue des autres auec lesquels ils seroient confondus, en disant *cê lieux* pour *ces lieux*, *qu'il ê doux* pour *qu'il est doux*; de sorte qu'il semble dans le second Exemple qu'on prononce la conjonction &, ainsi que dans le premier le mot de *sept*; ce que l'on peut voir encore par cet Exemple, qui est dans la page 56. du premier Liure in 8.

L'Amour fait aimer ses coups.

Si l'on ne donne à *ses* quelque caractere de longueur, il semble que l'on dit *sept*.

Lequel mot de *ses* par le mesme abus semble estre confondu auec celuy de *seize*, en disant *seize ans* pour *ses ans* (faute de donner au mot de *ses* vne marque de longue qui ne se doit pas à celuy de *seize*, quoy qu'il semble aussi long que l'autre) ainsi que *des* auec *de*. Dans la page 73. du 2. Liure in 8. en disant *de maux* pour *des maux*, c'est à dire en ne donnant pas à *des* ou vn accent, ou vn petit tremblement, pour le distinguer d'auec l'autre, l'autre ; & *les* auec *le* par la mefme raifon, en difant *le coups* pour *les coups* dans la page 65. du mefme Liure, c'eſt à dire en obmettant l'*Accent* ou *Plainte* qui fe doit faire en ce rencontre fur le mot de *les*, ainfi que *par mille champs*, au lieu de *parmy les champs*, dans la page 59.

Comme il n'y a prefque pas d'Air, où cette Remarque n'ait lieu ; elle eſt d'autant plus confiderable, qu'il eſt vray que fort peu de Maiſtres y prennent garde.

Ce defaut fe remarque encore fort clairement dans la page 64. du 1. Liure in 8. en difant *& de n'auoir*, au lieu de *eſt de n'auoir*, c'eſt à dire faute de tenir long le mot de *eſt* ; mais c'eſt aſſez parlé des Monofyllabes.

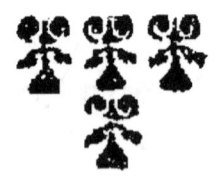

CHAPITRE III.

De la Quantité des Mots de deux Syllabes, & premierement des Feminins.

Dans la Seconde Partie de ce Traité, au Chapitre III. i'ay parlé de la difference qu'il y a entre vn masculin & vn feminin, soit d'vn, de deux, ou de plusieurs syllabes. Il s'agit presentement de parler de leur Quantité, & en établir des Regles certaines autant que faire se pourra; car il est constant que souuent le bon goust en doit estre le juge, à cause de la trop grande *bigarrure* de nostre Langue.

Pour commencer par les feminins, ie diray que toute penultiéme d'vn mot feminin, soit de deux ou de plusieurs syllabes, est toûjours longue; & cette Regle est si generale, qu'elle ne peut souffrir aucune exception.

Ie sçay que les Sçauans dans la Langue Latine, ont de la peine à gouster cette proposition, ne pouuant s'imaginer que les mots de *inutile* & *vnique*, & autres semblables, ayent plus de priuilege dans le François que dans le Latin; mais pour peu que ces Docteurs ayent de lumiere dans le Chant, on leur fera aisément comprendre que de ces mots la penultiéme est tellement longue, que non seulement elle peut souffrir la Cadence finale, mais elle le doit, sans que l'on puisse en vser autrement; & c'est assez pour en prouuer la longueur, puis que ç'en est la principale marque à laquelle toutes les autres cedent.

Si donc vn Chant se termine par ces mots,

La mort est le remede vnique.

Que de repentirs inutiles!

Il faut par necessité que la Cadence se fasse sur les penultiémes syllabes *ni* & *ti*, & non pas sur l'antepenultiéme; & si cela semble rude en quelque rencontre, comme il peut arriuer dans le premier Exemple, c'est au Poëte à corriger le defaut, & changer ce mot en vn autre, & non pas au Musicien, qui est necessité d'en vser selon sa Regle, qui ne souffre iamais d'exception.

On forme icy vne difficulté touchant les feminins, dont la finale estant suiuie d'vn mot qui commence par vne Voyelle souffre vne élision, c'est à dire vne suppression de la finale qui ne fait plus qu'vne syllabe d'elle & de celle qui la suit, comme par exemple,

Ie veux taire en mourant.

La derniere syllabe de *taire* & *en*, n'en font qu'vne, non plus que s'il y auoit *tair' en* à cause de la Voyelle *e* de *taire*, qui est supprimée par l'autre *e* suiuant du mot *en*.

On demande si en ce cas la penultiéme de *taire* conserue sa longueur comme si elle demeuroit dans son entier. Ce qui donne lieu à cette objection, c'est que par exemple le mot de *taire* cesse apparemment d'estre feminin & deuient masculin par le mot *en*, & que pour l'ordinaire la penultiéme d'vn masculin est bréfve : Il faut donc distinguer en ce rencontre, & dire premierement qu'il y a des Exemples dans lesquels on est forcé de faire la penultiéme des feminins bréfve de longue qu'elle estoit naturellement, quand il arriue vne élision par vn mot suiuant qui n'a qu'vne syllabe, comme par exemple s'il arriuoit qu'vn Air finit par ces mots.

La Cruelle qu'elle est.

Il en aime vn.

Il faudroit en ce cas que la penultiéme de *aime* & de *qu'elle* deuint bréfve ; mais comme ces Exemples sont rares, & n'ariuent presque iamais, il vaut mieux dire que nonobstant l'élision il est à propos, & mesme souuent necessaire (pour aider à la Prononciation, & rendre le sens plus intelligible) que la penultiéme des feminins demeure longue principalement lors qu'elle l'est par vne double raison, c'est à dire par la raison de ce qu'elle est penultiéme d'vn feminin, & secondement parce qu'elle a quelque marque particuliere qui la rend longue de soy, quand mesme elle seroit penultiéme du mesme mot, tourné en masculin, comme on peut remarquer dans les mots suiuans,

Ie vous laisse en repos.

Ie vous vange en mourant.

De ces deux mots *vange* & *laisse*, la penultiéme est doublement longue nonobstant l'élision, parce que ces deux mesmes mots estans tournez en masculins, *laisser* & *vanger*, *laissé* & *vangé*, sont naturellement longs, l'vn à cause de la Lettre *n*, & l'autre à cause de la double *ss*, comme ie diray dans le Chapitre suiuant.

Ce n'est pas que la penultiéme des feminins qui n'est pas longue naturellement, & qui ne l'est que par l'accident de l'*e muet*, ne puisse quelquefois estre bréfve par le moyen de l'élision, pourueu que cela ne gaste point la Prononciation; & mesme il arriue quelquefois que l'on est obligé de la faire bréfve, quand elle est suiuie d'vn Monosyllabe tres-long, comme on peut voir dans l'Exemple que i'ay allegué cy-dessus.

La Cruelle qu'elle est,
page 66. du Liure in 4.

Comme aussi dans l'Exemple suiuant du 2. Liure in 8. page 62.

Quand vous nous dites que vostre ame.

Dans lequel on peut remarquer deux choses, à sçauoir, que la penultiéme de *vostre* est absolument bréfve, & en outre que la Lettre *s* n'empesche point qu'elle ne soit bréfve, quoy que presque toûjours l's rende la syllabe longue, comme ie diray dans le Chapitre suiuant.

On ne peut éuiter de faire bréfve la penultiéme de *quelle*, à cause du mot *est* qui la suit; mais comme ces Exemples sont rares, il faut s'en rapporter à ceux qui ont le *bon goust*.

I'ay dit cy-deuant que l'on doit prendre garde de conseruer l'agrément de la Prononciation autant que faire se peut dans les Exemples des penultiémes qui peuuent eftre bréfves par élifion, comme on peut remarquer dans l'Exemple,

Ie veux taire en mourant,
Page 34. du Liure in 4.

A quoy l'Autheur a iudicieufement remarqué qu'en faifant la penultiéme de *taire* bréfve, comme affeurément il le pouuoit, on n'auroit pas entendu fi diftinctement ce mot comme on l'entend en la faifant longue, & c'eft le fecret de l'Art de diftinguer autant qu'on le peut les fyllabes dans vn fecond Couplet, lefquelles font fouuent embarraffées par les Paffages & Diminutions, qui d'ailleurs en font tout l'ornement, & qui malgré les Critiques font tout à fait neceffaires, fi l'on veut que les autres Couplets ayent leur agrément, comme le premier.

Ie reuiens encore à la propofition que i'ay auancée, à fçauoir, que la penultiéme des feminins eft toûjours longue, qui femble s'oppofer à la difference que la Poëfie établit mefme pour diftinguer vne bonne rime d'auec vne mauuaife par les penultiémes longues ou bréfves, comme on peut remarquer dans ces mots, *batre, quatre, aime, parole, place*, dont la penultiéme n'est pas si longue que de ceux-cy, *idolatre, albatre, mesme, controlle, grace*; Ie soûtiens qu'en matiere de Chant toutes ces penultiémes sont également longues, puis que selon l'occasion qui se rencontre on y peut faire des tremblemens aussi longs que l'on voudra.

Apres auoir étably la Regle de la penultiéme de deux syllabes, laquelle peut seruir pour tous les autres feminins, soit de trois & de quatre, &c. il faut examiner la Quantité de la derniere syllabe de ces sortes de feminins, ce qui n'est pas sans difficulté. Ie ne veux point icy repeter ce que i'ay dit dans la Seconde Partie de ce Traité, au Chapitre III. touchant la marque du feminin, qui est l'*e muet*, il s'agit seulement d'en établir la Quantité, à laquelle il semble y auoir de la contradiction, si l'on a égard à la qualité de *muet*, laquelle ayant esté donnée à ces sortes de syllabes semble les exclurre de toute Quantité; mais comme i'ay dit dans le mesme Chapitre, bien que l'*e* de ces sortes de syllabes, soit *muet*, quant à la Prononciation qui se pratique dans le langage familier, il est souuent si long dans le Chant, qu'il ne peut l'estre dauantage, autrement il faudroit coupper court tous les Airs qui finissent par vn feminin; ce qui seroit vne faute épouuantable contre le Chant, qui ordonne positiuement de soûtenir la finale d'vn Air.

Disons donc premierement, que dans les Cadences, soit mediantes, soit finales, & autres Cadences principales des Airs, la finale du mot feminin peut estre tant longue que l'Air le pourra permettre. Ie dis cecy, parce que dans les Gauottes, Sarabandes, Courantes & autres Chants qui ont leur mesure reglée, les Vers feminins ont presque toûjours la finale bréfve; mais cela n'arriue que dans le feminin qui fait la rime, & non pas dans les autres endroits de l'Air.

Pour mieux encore m'expliquer, ie dis que tout feminin qui finit le Vers, peut estre long dans sa finale, & mesme l'est presque toûjours dans les Airs serieux, & tout au contraire dans les Airs qui ont leur mesure reglée.

La difficulté n'eſt donc pas pour la derniere ſyllabe des feminins qui ſont pour la rime, car cela dépend abſolument du genre de Chant, & non pas du mot qui peut en ces rencontres eſtre tantoſt bref, & tantoſt long; mais ſeulement des mots qui ſe trouuent dans le milieu, ou dans les autres endroits d'vn Vers.

La Regle que i'ay établie dans le Chapitre des Monoſyllabes, peut beaucoup ſeruir à celle qui ſe preſente pour les autres mots, en diſant qu'il faut obſeruer la ſimetrie & l'ordre des mots dont la penultiéme eſt abſolument longue, comme ſont tous les feminins; de ceux dont elle eſt bréve, comme ſont la pluſpart des maſculins; de ceux dont elle eſt longue par exception, comme ſont les maſculins contenus dans la Table des reſeruez; & enfin des Monoſyllabes qui ſont toûjours longs.

Cela eſtant, il faut dire que toute finale d'vn feminin de deux ou de pluſieurs ſyllabes, qui tombe ſur vn autre feminin de deux ſyllabes, doit eſtre bréfve ſans aucune exception. Exemple.

Par vne belle flame.

2. Toute finale d'vn feminin qui tombe fur vn mafculin de deux fyllabes qui foit dans l'exception, doit eftre bréve. Exemple.

Vne langueur.

ne eft bref, & ne peut eftre long au regard de la fyllabe de *langueur*.

3. Toute finale d'vn feminin qui tombe fur vn mafculin de deux fyllabes qui n'eft point contenu dans la Table des referuez, eft brefve ou longue, comme il plaift au Compofiteur. Exemple.

Vne rigueur.

Et toutesfois fi cela fe rencontre dans vne Cadence finale, & autres Cadences femblables, la finale du feminin doit eftre longue, comme il eft aifé de voir par cet Exemple, où mal gré que l'on en ait, il faut faire la Cadence finale fur la derniere fyllabe du mot *vne*, n'y ayant qu'elle qui la puiffe fouffrir.

4. Toute finale de feminin qui tombe sur vn Monosyllabe qui est naturellement long, doit estre bréfve. Exemple.

Vne moins cruelle.

En vn mot toute finale d'vn feminin qui precede vne longue, soit d'vn Monosyllabe, soit d'vn dissyllabe, trissyllabe & ainsi du reste, est toûjours bréfve; mais la finale d'vn feminin qui precede vne bréfve, n'est pas toûjours longue (à moins que la Voix soit obligée de former vne Cadence mais peut estre bréfve, & mesme a souuent plus de grace en conseruant sa briefveté.

Au reste il faut remarquer que bien que ie passe pour Regle generale, que toute finale de feminin est bréfve à l'égard d'vne longue qui la suit, il n'est pas toûjours necessaire de la faire si bréfve, qu'en certaines rencontres on ne la separe de l'autre sans la laisser tomber sur elle qui semble la gouuerner; mais il faut que l'adresse de celuy qui chante paroisse en cela, comme il arriue dans les feminins qui sont coupez par quelque poinct ou virgule. Exemple,

I'aime: c'est vn grand mal.

Comme elle, ie voudrois moy-mesme.

Ou distinguez par le sens mesme des Paroles. Exemple.

I'aime toute ma vie.

Le mot *i'aime*, dans ces deux Exemples, bien qu'il tôbe sur des lôgues, ne doit pas auoir sa finale si bréfve qu'elle se doiue jetter auec précipitation sur le mot suiuant: mais aussi cette finale ne doit pas auoir le mesme priuilege que si c'estoit la fin d'vn Vers comme plusieurs croyent; car bien qu'on la puisse tenir longue, il est encore plus excellent de la faire bréve, & sur tout il faut que la Voix se taise vn peu de temps entre ce mot feminin & ce qui le suit, autrement le sens & la construction en seroient interessez, comme il arriue dans cet Exemple.

I'aime toute ma vie.

Dans lequel à moins de faire vn peu de silence entre le mot de *i'aime*, & ce qui le suit, on ne pourroit sçauoir si ces mots, *toute ma vie*, seroient en accusatif ou en ablatif, pour parler en termes de Grammaire.

CHAPITRE IV.

De la Quantité des Masculins de deux Syllabes.

S'Il y a de la difficulté à bien examiner la Quantité des feminins (fur tout de leur finale) il y en a encore cent fois dauantage aux masculins, puis que la Regle estant generale pour la penultiéme des vns que i'ay prouuée estre toûjours longue sans aucune reserue, il n'en est pas de mesme du contraire; c'est à dire que s'il y a vne Regle generale pour rendre par contrarieté la penultiéme des masculins bréue, elle est embarrassée de tant d'exceptions, que sans doute le nom de generale semble luy estre donné auec peu de merite & de fondement : Et pour ce qui est de la derniere syllabe des masculins, c'est encore vn labyrinthe dont il est tres mal aisé de sortir à son honneur. Mais enfin c'est toûjours beaucoup pour l'inſtruction de ceux qui ignorent tout à fait les choſes de leur donner quelques lumieres, ſi l'on ne peut pas les leur donner toutes enſemble.

Auant que de paſſer plus outre, il faut remarquer qu'vn meſme mot peut eſtre long & bref, ſelon qu'il ſera maſculin ou feminin, comme on voit par ces mots feminins, *aime, donne, flate,* dont la penultiéme eſt longüe, laquelle d'ailleurs eſt bréve dans ceux-cy, *aimer, donner.*

Ie ſçay que pluſieurs croiront auoir trouué des exceptions merueilleuſes, pour établir la longueur des penultiémes des maſculins, par le moyen des Voyelles, c'eſt à dire de l'*a* & de l'*e* ouuert, des Dyphtongues, des Accens aigus qui ſe marquent ſur le papier, & qui ont eſté inuentez pour la reformation de l'ortographe, en la place de la lettre ſ, comme par exemple, *lâcher* au lieu de *laſcher, ſoûtien* au lieu de *ſouſtien,* &c. Mais ce qui eſt encore de plus ridicule, c'eſt que pluſieurs croyent, & principalement les Gens de Latin, que la longueur d'vne ſyllabe ſe doit prendre par l'abondance des Conſones qui la composent, en sorte qu'il suffit pour qu'vne syllabe soit longue, qu'elle soit suiuie d'vne double Consone, ou pour mieux dire, que la penultiéme syllabe d'vn masculin finisse par vne Consone, & la derniere commence par vne autre.

Pour refuter toutes ces erreurs, il faut premierement dire, que pour rendre vne syllabe longue au premier degré, il ne suffit pas qu'elle soit finie de Consone qui en precede vne, & mesme deux autres dans la syllabe suiuante, comme on voit par ces Exemples, dont la penultiéme est plus bréve que lógue, ou pour ainsi dire, n'est que *demy longue*.

Esprit,
Espoir,
Respect,
Partir,
Pourtant,

qui ne sont pas si longs que d'autres masculins, qui n'ont qu'vne simple Consone auec sa Voyelle, comme les mots de *oser, reposer, appaiser*.

2. Il ne suffit pas pour rendre la syllabe longue, qu'elle ait vn Accent

marqué (bien que si on auoit le soin de marquer les Accens, cela pourroit souuent contribuer à faire connoistre les syllables longues.) Exemple des syllabes, qui nonobstant l'Accent, demeurent bréves.

Détruit pour *destruit*,
Epris pour *espris*,
Dépit pour *despit*,
Soûtien pour *soustien*,
Soûpir pour *souspir*.

Toutes cés penultiémes sont bréves.

3. Ce n'est pas assez que la syllabe ait vne Dyphtongue pour la rendre longue. Exemple.

Plaira,
Moitié,
Loisir,
Choisir,

& autres qui ont la penultiéme bréve.

Il y a pourtant vne circonstance qui rend non seulement ces penultiémes longues, mais encore d'autres, où il n'y a de soy aucune apparence de longueur, c'est à dire lors que le masculin de deux ou de plusieurs syllabes se trouue joint à vn Monosyllabe qui finit vn Air, & que la finale du masculin n'est pas assez longue pour y former la Cadence requise, pour lors on est contraint de faire la penultiéme longue, quoy que de soy elle soit tres-bréve. Exemples, *Qui ne le croiroit pas* ; *Ie ne le diray point* ; *De ne vous aimer pas* ; les penultiémes de ces mots, *aimer*, *diray*, *croiroit*, sont longues; ce qui est fort digne de remarque, à cause que les finales de ces mots ne sont pas assez longues pour pouuoir souffrir vn long tremblement.

La seule Regle generale pour rendre les penultiémes des masculins longues, est lors qu'il s'y rencontre vne *n* apres la Voyelle, pourueu que la lettre *n* ne soit pas suiuie d'vne autre *n*, comme *donner*, *entonner*, car en ce cas elles se nuisent l'vne à l'autre par leur vnion. Mais il se forme vne difficulté, sçauoir, si l'*n* rend la syllabe toûjours également longue en tous les mots, & s'il n'y en a point de ces sortes de syllabes qui soient plus longues que d'autres. A quoy on répond, que bien qu'il soit vray qu'il y a des syllabes où il entre vne *n*, qui sont plus longues que d'autres, c'est à dire qui sont si longues, qu'elles peuuent souffrir la Cadence finale, comme par exemple, *langueur, consentir, vanger, &c.* au lieu que les autres ne peuuent pas souffrir de longs Tremblemens ou Cadences, comme *instant, combat,* (où la lettre *m* tient lieu de *n* dans la prononciation) *santé,* &c. Toutes ces penultiémes sont pourtant assez longues, pour ne pouuoir iamais estre bréves; & s'il arriue qu'ils soient à la fin d'vn Air, & que l'on fasse la Cadence sur la syllabe qui les precedera, comme dans ces Exemples, *vn instant, le combat, la santé,* il n'est pas permis de faire les penultiémes si bréues, que l'on ne leur conserue encore quelque marque de longueur, c'est à dire vn peu de redoublement de la Notte, à laquelle ils sont joints; ce qui se fait adroitement du gosier, & dont i'ay déja fait mention en plusieurs endroits.

Cette obseruation peut s'appliquer aussi aux autres pénultiémes de masculins qui sont longues, & qui pourtant ne le font pas au poinct de pouuoir souffrir de longs tremblemens.

De toutes lesquelles remarques, il faut inferer, que le plus à propos est de faire quelques Tables qui contiendront à peu pres tous les masculins de deux syllabes qui sont vsitez dans le Chant François, laissant les autres à part, dont le nombre seroit infiny, & ne feroit qu'embarasser les esprits. Desquels Masculins exceptez de la Regle, il sera aisé de juger de ceux qui ont leur penultiéme bréve; & toutesfois parce qu'il y en a de longs de plusieurs especes, ie les diuise en deux classes, c'est à dire que bien qu'ils ne soient pas si longs que d'autres, ils doiuent toûjours auoir quelque caractere de longueur, soit accent, soit simple tremblement, soit doublement de Notte, bref quelque chose qui les distingue d'auec vne syllabe bréve.

Bien que i'aye assez fait entendre les penultiémes des masculins qui sont exceptez de la Regle des syllabes bréves, en disant que toute syllabe où il se trouue vn *n* apres la Voyelle est longue, ie ne veux pourtant pas laisser d'en donner des Exemples, tant pour rendre la chose plus claire, que pour distinguer autant que faire se pourra les masculins, dont cette penultiéme peut passer pour longue au plus haut degré, d'auec ceux qui ne l'ont pas si longue, & qui tiennent comme le milieu entre les premiers, & d'autres qui sont pour ainsi dire *demy-longs*. Voicy donc à peu pres ceux qui sont plus frequens dans les Airs qui peuuent porter vne Cadence finale, qui est la grande marque de longueur, *changer, danger, offencer, langueur, languir, songer, ranger, vanger*: ce que ne peuuent pas supporter bien d'autres mots, si ce n'est dans quelques petits Airs, comme, *tantost, constant, content, honteux, entier, enfin, flambeau, rendu, pensé, santé, bonté*, sur tout le mot de *instant*, qui semble demander par sa signification plus de briéueté.

De laquelle obseruation, le bon goust doit estre la Regle, car il peut arriuer que le mesme mot pourra supporter vne longue Cadence sur sa penultiéme, qui ne le pourroit pas en certaines rencontres; & le plus seur est, de se contenter d'y faire quelque autre marque de longue, pour conseruer le priuilege de l'*n*, en faisant la Cadence sur l'antepenultiéme en retrogradant ; car par ce moyen on est à couuert de la censure, & mesme il y a des endroits où absolument il faut éuiter de faire la Cadence sur ces sortes de penultiémes, de peur d'alterer la mesure, ou pour mieux dire, le mouuement de mille petits Airs par cette trop grande affectation, comme par exemple dans vne Gauotte ou vne Sarabande. Mais enfin c'est toûjours vne Regle generale pour l'*n*, en disant qu'elle peut souffrir du moins vn *accent* en toutes rencontres, qui est vne marque de longueur qui ne conuient pas ny à l'*r*, ny à l'*l*, ny à toutes les Consones qui se joignent à d'autres, comme *pourquoy, malgré, suspect, absent, excez, victoire.*

Il faut donc passer pour constant, que toutes ces Consones n'ont pas le mesme auantage que l'*n*, qui rend la syllabe longue au poinct de pouuoir souffrir vn long tremblement, ou du moins vn accent, bien qu'elles puissent souffrir certains petits tremblemens ou doublemens de gosier, comme sont toutes les penultiémes des masculins qui contiennent ment vne r après la Voyelle, comme on peut voir dans ces mots,

Alarmer.	Martyr.
Ardeur.	Parler.
Berger.	Parmy.
Charmant.	Perdu.
Chercher.	Pourquoy.
Dernier.	Pourtant.
Desormais.	Regarder.
Dormir.	Seruir.
Garder.	Superflus.
Hardy.	Surpris.
Horsmis.	Tarder.
Liberté.	Tirsis.

Sur toutes ces penultiémes on ne peut faire vn *Accent* ou *Plainte*, ce qui est tres-digne d'obseruation par la raison que fort peu de Musiciens y prennent garde, & font également cette marque de longue sur *charmant* que sur *content*, sur *Berger*, que sur *vanger*.

Voila pour ce qui est de l'r, ce qui se peut appliquer aussi aux autres syllabes, soit penultiémes des masculins, ou *antepenultiémes*, bref à toutes sortes de syllabes.

S.

Il y a fort peu d'Exemples de l'*l* qui a la mesme quantité que l'*r*, lors qu'elle precede immediatement vne autre Consone, comme *malgré*, *quelqu'vn*, *siluie*, *reuolter*, toutes ces *l* qui deuroient estre bréfves en qualité de penultiémes de masculin, ou antepenultiémes de feminin (qui sont de mesme nature en ce rencontre) sont demylongues, & demandent quelque agrément particulier qui les distingue d'auec les syllabes bréfves, c'est à dire vn peu plus d'appuy, & mesme quelquefois vn doublement de gosier.

En voicy d'autres penultiémes qui peuuent encore passer pour demy-longues, par la mesme raison qu'elles contiennent vne Consone qui en precede immediatement vne autre de differente espece, sans qu'il soit permis d'y faire qu'auec bien de la précaution autre marque de lõgueur, sinon de ne les passer si legerement que des bréfves, *absent*, *desespoir*, *espoir*, *destin*, *discret*, *excez*, *esprit*, *extrême*, *objet*, *resister*, *respect*, *suspect*. Il ne faut pas, dis-je, se hazarder d'y faire seulement vn doublement de gosier; & si l'on en fait quelquesfois sur le mot de *respect*, ou *espoir* (ce qui se pourroit en quelques rencontres, & iamais sur *esprit* & *discret*) il faut que le bon goust en soit la regle.

Et tout au contraire lors que l'*s* n'est point frapée, ie veux dire appuyée, mais qu'elle est comme suprimée mesme dans l'ortographe moderne; elle rend souuent la syllabe longue au poinct de pouuoir faire mesme d'assez longs tremblemens ou des accens, & toûjours auec quelque précaution, comme sont ces Exemples, *Blasmer, brusler, cesser, empescher, fascheux, gouster, passer, tascher, resuer, oster, presser*, mais non pas ceux-cy qui demeurent brefs nonobstant l'*s*, *assez, chasser, dessein, estoit, mespris, pousser, ressens, tousjours*. Ie sçay que l'on dira que la différence de *chasser* & *lasser*, se comprend assez d'elle-mesme; mais quand ie diray que l'on me donne vne raison pourquoy la penultiéme de *pousser* est moins longue à l'égard du Chant que celle de *passer*, ie ne croy pas que l'on m'en donne autre que le bon goust, qui m'apprend cette verité dans l'Exemple suiuant d'vn Air assez connu de tout le monde.

S ij

I'auois déja passé pres d'vn jour sans la voir,

Dans lequel il est constant que l'on peut faire vn tremblement sur la penultiéme du mot *passé*; ce que l'on ne pourroit pas, si l'on mettoit en sa place le mot de *poussé*.

Les Voyelles composées, autrement Dyphtongues, rendent aussi la syllabe longue, mais non pas toutes, ny en toutes rencontres.

La Dyphtongue *ai*, est vne de celles qui donne plus de difficulté, car souuent elle rend la syllabe longue au plus haut degré, comme on peut voir par ces mots *appaiser, plaisir, raison, saison, baiser*, sur la penultiéme desquels on peut faire iusqu'à des Cadences finales; ou ceux-cy *enchaisner, maison*, qui ne sont pas tout à fait si longs que les autres, & toutesfois il se rencontre des syllabes que cette Dyphtongue n'a pas le pouuoir de rendre longues en aucune maniere, comme sont ces mots *faisoit, traiter, souhaiter*, & mesme (ce qui paroist assez bizarre) le mot de *plaisoit*, qui constamment n'est pas si long que celuy de *plaisir*.

On en peut dire de mesme de l'*au*, comme on peut voir par ces mots qui sont longs en toutes manieres, *autant, beauté, cruauté*, qui peuuent souffrir mesme vne Cadence finale auec bien plus d'apparence que ceux cy, qui toutesfois peuuent souffrir d'assez longs tremblemens, & des accens; *aussi, beaucoup, causer, échauffer*, mais non pas ces mots qui sont brefs, & se doiuent passer auec vitesse & legereté, sans pouuoir souffrir la moindre marque de longueur, *aura* & *auray, aupres, sçauray* ou *sçaura*, bien que ce dernier paroisse long dans cet Exemple du Liure in 4. page 63.

On sçaura bien,

Ainsi que dans le 2. Liure in 8. page 7.

Aussi bien sçaurez-vous.

Et toutesfois cette penultiéme n'est longue que par accident, en tant que ce mot est joint auec le Monosyllabe *bien* ou *vous*, qui rend longues ces sortes de penultiémes de masculins, quelques

S iij

brèves qu'elles soient naturellement, côme il est aisé de voir par ces Exemples.

Quoy? voulez-vous.

Ie n'en diray rien

Aussi l'on peut voir que l'on n'a point balancé de faire la penultiéme bréfve du mot de *sçaura*, de cet Air,

Qui les sçaura mes secrettes amours?

La Dyphtongue *oi*, qui semble estre autant considerable que celle de *ai*, ne l'est pourtant pas, & l'on ne peut pas faire, ny longue Cadence, ny mesme Accent, sur ces mots *moitié, choisir* & *loisir*, comme on feroit sur *plaisir*. Il en faut dire de mesme des autres, à sçauo r *ou*, dans ces mots *couler, douceur, douter, douleur, couleur, vouloir, mourir, soudain, courir,* mesme *pousser* & *couster*, quoy qu'il semble que l's leur donne quelque priuilege de longueur du moins autant qu'à ce mot *gouster*, qui constamment est plus long, comme on peut remarquer dans cet Exemple.

Couſtons bien les plaiſirs, &c. ſur la penultiéme duquel on peut faire vn accent, ce qui ne ſe pourroit s'il y auoit le mot *couſtons*. Il ne faut donc iamais faire comme la pluſpart des Chantres, la penultiéme de *douceur*, ou de *mourir*.

Il y a d'autres penultiémes de maſculins qui ſont fort longues, meſme au plus haut degré, bien qu'elles ne contiennent qu'vne ſeule Voyelle, comme dans ces mots, *repoſer*, *oſer*, *refuſer*, *excuſer*.

D'autres enfin qui ſont douteuſes, & que l'on fait tantoſt longues, & tantoſt bréfves, comme ces mots, *Helas! Iris, Cloris, Oyſeaux*, ſur la penultiéme duquel l'Autheur de ce Dialogue ancien *Tirſis, que i'aime ce ſéjour*, a voulu que l'on fît vne Cadence finale; ce qui pourtant eſt plus à remarquer, qu'à imiter.

CHAPITRE V.

Des Masculins de plusieurs Syllabes.

CE que ie viens de dire à l'égard de la penultiéme des masculins de deux syllabes, peut s'appliquer à ceux de trois & de quatre syllabes : aussi les ay-je confondus dans plusieurs Exemples que i'ay apportez, mais il s'agit de parler des autres syllabes en retrogradant. On demande donc comme quoy il en faut vser pour la quantité des mots qui ont plus de deux syllabes?

Ce que i'ay dit touchant les Monosyllabes, se peut fort bien appliquer en cette occasion, c'est à dire que tout ainsi qu'il n'y à iamais plusieurs Monosyllabes brefs de suite, que de deux il n'y en ait vn qui ait droit d'estre long par la simetrie qui se fait en retrogradant; par cette mesme simetrie il n'y a point deux sillabes de suite dans vn mot de plusieurs syllabes, dont il n'y en ait vne qui soit longue si l'on veut.

Et comme j'ay dit que tout au contraire il pouuoit y auoir plusieurs Monosyllabes longs indispensablement, il peut y auoir tout de mesme plusieurs syllabes absolument longues, suiuant les Regles que j'en ay données, tant de la Lettre *n* & *s*, que des autres Lettres qui ont quelque prerogatiue particuliere : Si donc il se rencontre dans vn mesme mot plusieurs syllabes qui contiennent vne *n*, elles ont toutes vn mesme droit de longueur, comme on peut voir dans ces mots *inconstant*, *entendu*, *confondu*, *insensé*, & autres, dont la penultiéme, & celle qui la precede, sont toutes deux longues.

Pour rendre encore la chose plus claire, il faut premierement remarquer si la penultiéme du masculin (qui doit estre naturellement bréfve) est exceptée, soit par vne *n*, ou par quelque autre circonstance qui la rende longue; si cela est, il faut que celle qui la precede, que nous appellons antepenultiéme, perde son rang en qualité de longue, & deuienne bréfve, à moins qu'elle ait aussi vne pareille prerogatiue de longueur que la penultiéme que si cela arriue, il faut que celle qui precede l'antepenultiéme qui est longue soit bréfve, à moins qu'elle ait aussi quelque marque qui la distingue.

Il en est de mesme des feminins de plusieurs syllabes, qui ont toûjours la penultiéme longue, & par consequent l'antepenultiéme bréfve, s'il n'y a raison de la faire longue: Toutes lesquelles marques de longueur se doiuent prendre sur le pied de celles que j'ay alleguées cy-dessus dans le Chapitre des Monosyllabes, ainsi que des masculins, soit par la consideration de l'*n*, ou de l'*s*, ou de l'*ai*, ou de l'*r*, ou autres circonstances.

CHAPITRE VI.

De la Quantité des Finales Masculines.

Quant à la finale des mots masculins, il est aussi difficile d'en établir des Regles, qu'il est malaisé d'en faire vne Table de longues & de bréfves; & toutefois il est à propos d'en raisonner autant que faire se pourra, puis que c'est elle qui tient le plus souuent les Compositeurs en balance, & qui fait aux plus fins bien de l'embarras & de la difficulté.

Il semble que la finale d'vn masculin, deuroit auoir le mesme priuilege de longueur que la penultiéme d'vn feminin, puis qu'il est vray que la pluspart des masculins ont vn si grand rapport auec leurs feminins, quant à la Prononciation, qu'il est presque impossible de les distinguer, que par le sens des Paroles, & que sans y penser on laisse glisser vne espece d'*e muet*, à la fin de plusieurs masculins, principalement lors que la Prononciation oblige de faire sonner jusqu'à la derniere Lettre, & de l'appuyer ; de sorte qu'on ne peut quasi distinguer de soy ces masculins, *martir, brutal, eternel, vermeil, reduit, mortel*, d'auec ces feminins, *martire, brutale, eternelle, vermeille, reduite, mortelle*, quant à la prononciation, & lors qu'on les nomme seuls,

Aussi est-il constant que ces sortes de finales sont presque toutes longues, principalement lors que le mot suiuant commence par vne Consone, & non par vne Voyelle ; car en ce cas elle pourroit estre bréfue, comme par exemple.

Vn martyr enflamé,
Me conduit au trépas.

Les obseruations que i'ay faites, tant pour les Monosyllabes, que pour les penultiémes des masculins, peuuent beaucoup seruir en ce rencontre, en disant premierement que tout masculin dont la finale contient vne *n* qui soit apres la Voyelle est longue. Exemple.

constant, entens, charmans, amans, tourment, deuient, feront, &c. Toutes les finales de ces mots sont longues, soit qu'il suiue vne Voyelle ou non, parce qu'outre qu'il y a vne *n*, cette *n* est suiuie d'vne autre Lettre, sçauoir d'vne *s* ou d'vn *t* qui en augmente la longueur; en sorte que la Voyelle d'vn mot suiuant ne peut l'empescher; car autrement s'il n'y auoit qu'vne *n* simplement & qu'il suiuist vne Voyelle d'vn mot qui eust la premiere syllabe longue, il faudroit en ce cas que la finale luy cedast, nonobstant la Lettre *n*, comme il arriue dans ces mots,

Si quelqu'vn eut iamais.

Ma raison autrefois.

C'est vn mal commun entre nous.

Les finales de *raison*, *quelqu'vn*, & *commun*, peuuent estre bréfves, parce qu'elles sont suiuies de syllabes longues qui commencent par vne Voyelle; car si ces syllabes estoient bréfves, pour lors l'*n* conserueroit sa longueur.

Exemple.

Si quelqu'un a pensé.

Il est commun à tous.

La seconde Regle generale, & qui est sans aucune exception, est que la finale de tous les masculins, & mesme des feminins (pourueu qu'il n'y ait point d'élision) est toûjours longue lors qu'elle est arrestée par vn poinct, ou virgule, ou par le repos, ou par la fin du Vers. Exemples.

Ah! qu'il est malaisé, quand l'amour est extrême.

Elle a changé cette Inhumaine.

Enfans de ma langueur & de mon desespoir.

Les dernieres syllabes de *malaisé*, de *changé*, & de *langueur*, sont longues, par la seule raison, qu'elles font le repos de ces deux Vers, lesquelles autrement pourroient estre bréves, comme on peut remarquer dans les Exemples suiuans.

Le Ciel a changé son couroux.

Soûpirs de langueur & d'amour.

En ce cas on peut faire bréfves les finales de ces mots, *changé* & *langueur*, sans que la Quantité en soit interessée.

3. On doit auoir grand égard aux mots qui finissent par vne *s* jointe à l'*r*, comme i'ay dit au Chapitre des Monofyllabes; par exemple, ces mots, *diuers, plaisirs, dehors, alors, ailleurs, couleurs, discours, secours,* & autres semblables, doiuent passer pour longs,

4. On peut encore appliquer à ces finales de masculins, ce que i'ay dit des Monofyllabes qui finissent par vne *s* simple, lesquels par cette circonstance ont mesme droit de longueur, comme sont par exemple ces mots, *helas, trêpas, soucis, esprits, épris, auis, depuis, refus, confus, superflus, dessous, &c.* sur lesquels on peut faire quelque marque de longueur; ce qui se doit aussi entendre des mots terminez en *x* & en *z*, comme sont ceux-cy, *couroux, fascheux, heureux, amoureux, honteux, cheueux, injurieux,*

jaloux, &c. excez, beautez, aprez, auprez.
Il faut pourtant excepter de cette Regle, certains z, qui se rencontrent dans les verbes masculins dont la penultiéme est longue, à laquelle la finale de z, cede & est bréfve, lors qu'il suit vn Monosyllabe, comme on peut voir dans cet Exemple du Liure 2. in 8. page 59. *Reposez-vous*, où l'Autheur a fort à propos remarqué que la penultiéme du mot *reposez*, estant longue naturellement, il falloit que la derniere luy cedast & passast sur le mot de *vous*, au lieu que dans le premier Couplet il n'en est pas de mesme, sur ces mots, *Vous pourrez bien*, car la penultiéme de *pourrez* estant bréfve, il a conserué la longueur du z, & pretend que l'on y fasse vn accent. Il est vray que l'on peut dire que ces Exemples sont rares. En voicy toutesfois encore d'autres pour rendre la chose plus claire.

Que pretendez-vous?
Vous l'entendez mal.
Que ne me laissez-vous?
Vous n'y pensez pas.

A cauſe que de ces mots *entendez, pretendiz, laiſſez, penſez*, la penultiéme eſt longue, il faut que le z luy cede; ce qui ne ſe feroit pas dans les Exemples ſuiuans,

Me direz-vous.

Vous deuez bien.

Et cependant il faut rapporter cette obſeruation au bon gouſt, car meſme on fait ces ſortes de z brefs, quand la penultiéme du maſculin ſeroit bréfve naturellement, comme on peut voir dans cet Air.

Non vous ne m'aimez pas.

Ce que l'on peut dire, c'eſt que pour l'ordinaire les z du *futur* des verbes (pour parler en termes de Grammaire) ont plus de droit d'eſtre longs que ceux du preſent : ainſi ie tiens que le z de *pourrez* & de *donnerez*, eſt plus long que celuy de *pouuez* & de *donnez*. Mais la Regle eſt encore plus generale pour l'imperatif des verbes, dont le z eſt presque toûjours bref, quoy que la penultiéme soit naturellement bréfve, comme on peut voir dans ces Exemples, *Consolez-vous*; car pour *Hastez-vous*, & *reposez-vous*, cela ne souffre pas de difficulté.

J'ay dit *presque toûjours*, parce qu'il est certain que cela dépend souuent du bon goust, sans que l'on en puisse donner aucune Regle certaine, comme il est aisé de remarquer dans cet Air connu de tout le monde,

Disposez de mon sort, &c.

Où l'Autheur a fait le *z* de ces mots, *Ordonnez-moy*, long; & en mesme temps la fait bref dans ce qui suit, *Mais ne m'ordonnez point*; & l'on peut dire qu'il l'a fait fort à propos, nonobstant la contrarieté que les Critiques y peuuent remarquer, aussi bien que dans ces Exemples,

Ie vous dis toûjours aimez-moy!

Ah! que ne m'aimez-vous?

Non, vous ne m'aimez pas, Climene,

Où l'on peut remarquer que dans les deux premiers on pretend que la finale soit longue (sans considerer dans le premier la *Cacophonie* des deux *m*, qui n'a point lieu dans le second exemple) & bréfve dans le troisiéme.

Au reste, quand ie dis que ces sortes de *z* sont le plus souuent bréfs, lorsqu'ils precedent vn Monosyllabe, cela se doit entendre lors que le Monosyllabe est seul, & qu'il ne passe pas outre pour tomber par exemple sur quelque autre Monosyllabe plus long; comme on peut voir dans les mots suiuans.

Sçauez-vous bien pourquoy?

Ou le *z* conserue sa longueur naturelle à cause du mot *bien*, qui est plus long que *vous*.

Enfin il faut prendre garde si la penultiéme des masculins est longue par exception; car suiuant cette obseruation, la finale doit, ou du moins peut-estre bréfve, principalement lorsqu'elle ne finit point par vne *r* qui se frape, vne *l* & vn *s* qui ne soit point suprimé dans la Prononciation; car si elle finissoit par vne Consone qui se prononce, & qu'il suiuit, vne autre Consone dans le mot suiuant, c'est vn grand préjugé pour la pouuoir tenir longue.

Là où si la penultiéme est bréfve, il y a bien du fondement pour faire la finale longue, ou du moins l'arrester, sans passer sur ce qui la suit.

FIN.

A PARIS,
De l'Imprimerie de C. BLAGEART, ruë S. Iacques, à la Cloche Rouge. 1668.

Extrait du Priuilege du Roy.

PAr Grace & Priuilege du Roy, Donné à Paris le 22. Ianvier 1668. Signé, Par le Roy en son Conseil, PAPAREL. Il est permis au Sieur D. B. de faire imprimer, vendre & debiter, par tel Libraire qu'il voudra choisir, vn Liure de sa composition, intitulé, *Remarques curieuses sur l'Art de bien Chanter*, pendant le temps de sept ans entiers & accomplis, à compter du jour que ledit Liure sera acheué d'imprimer pour la premiere fois : Et defenses sont faites à tous Imprimeurs & Libraires, & autres personnes, de quelque qualité & condition qu'elles soient, d'imprimer, ou faire imprimer ledit Liure, sans le consentement de l'Exposant, ou de ceux qui auront droict de luy, à peine aux contreuenans de trois mille liures d'amende, confiscation des Exemplaires contrefaits, & de tous despens, dommages & interests, ainsi que plus au long il est porté par lesdites Lettres de Priuilege.

Regiftré sur le Liure de la Communauté des Imprimeurs & Libraires de Paris le 23. Fevrier 1668. suiuant l'Arrest du Parlement du 8. Avril 1653 & celuy du Conseil Priué du Roy, du 27. Fevrier

Signé, THIERRY, Adjoint du Syndic.

Acheué d'imprimer pour la premiere fois le 23. Mars 1668.
Les Exemplaires ont esté fournis.

ERRATA.

Page 5. au lieu de tons, *lisez*, Nottes. page 35.l.3. au lieu de tant, *lisez*, autant. page 39. l. derniere, *lis.* lenteur. page 40.l.15. au lieu de ils, *lis.* elles. page 80.l.9. *ostez* &. page 91.l.18. *lis.* bon dans. page 112.l.20. *lis.* certain Compositeur. page 128.l.1. au lieu de dis-je, *lis.* déja. page 135.l.11 *lis.* puissent. page 150.l.24. au lieu de seconds, *lis.* deux. page 151. l.13. au lieu de d'vne. *lis.* de. page 152.l.11. *lis.* les mots. page 172 l.4. *lis.* le, au lieu de la. page 178. l.18. *ostez* ces mots, dont i'ay parlé cy-deuant. page 194. l.11. au lieu de pour, *lis.* par. page 215. l.22. mettez vne parenthese auant *loin*, & la fermez apres *borner*. page 218.l.3. *ostez* seules. page 230. l.4. *ostez* haute, & mettez apres *plus* le mot de *hautes.* page 241.l.14. *lis.* ces. page 248. l.6. *ostez* de parler. page 264. l. 25. au lieu de, soit composé, *lis.* en ait, & contient, au lieu de, est formée. page 268.l.3. *ostez* &. page 282.l.20. *lisez* changer, pour alterer page 283.l.15. *lis.* eu, pour en. page 284.l.12. *lis.* cinq. page 286.l.15 *ostez* & page 290.l.14. *lis.* embarrassées. page 298.l.3. *lis.* pardonne à ton Berger. page 329.l.24 *ostez* de. page 337.l.17. *lis.* precedent, au lieu de suiuant. page 352.l.13. *lis.* dans la Diminution.

www.ingramcontent.com/pod-product-compliance
Lightning Source LLC
Chambersburg PA
CBHW071110230426
43666CB00009B/1905